L'HUMOUR-THÉRAPIE

Paru dans Le Livre de Poche :

Le Bonheur d'être soi

La Dépression, une épreuve pour grandir ?

Guérir son enfant intérieur

MOUSSA NABATI

L'Humour-thérapie

ÉDITIONS BERNET-DANILO

ISBN : 978-2-253-13149-6 – 1re publication LGF

À mes fils
En souvenir de mon père

Préface

Cher Moussa Nabati,

Ma gratitude est grande envers vous de m'avoir offert la lecture de votre livre : *L'Humour-thérapie*.

Je l'ai reçu non sans une certaine inquiétude, ayant été nourri, dans nos milieux, de tant d'histoires juives que chacun croit avoir atteint le point de saturation. En fait, la lecture de votre livre donne à vos histoires une virginité nouvelle. Les plus connues, sous votre plume, paraissent neuves. Elles suscitent encore et encore le rire salutaire, puisque le rire est le propre de l'homme.

Dans mon adolescence, à Aïn Témouchent, le principal héros de toutes les histoires bouffonnes était Djoha, dont le nom se prononçait aussi Jéha. Nul ne se souciait de savoir qui était réellement ce personnage associé à la vie quotidienne de nos communautés. Était-il juif ou musulman ? Nul n'en avait cure. L'important était de répéter ses histoires cocasses et d'en rire bruyamment. Notre vie quotidienne ne cessait de servir de source au flot ininterrompu de leur drôlerie. Pour la plupart d'entre nous, Djoha faisait partie du lieu, comme un personnage local indissociable de notre existence journalière. À peu près personne n'avait entendu prononcer le nom de Nasr Eddine, sous lequel Djoha vit sous d'autres cieux, en Perse, en Turquie, ou ailleurs encore.

Vous soulignez bien le caractère anhistorique de Nasr Eddine, alias Djoha. Mais n'a-t-il pas de proches parents dans toutes les cultures, et Jacques Bonhomme n'est-il pas son lointain cousin ?

Vos lecteurs savoureront donc les « histoires orientales du Mollah Nasr Eddine ». À Jérusalem, il vous serait difficile de raconter jusqu'au bout plusieurs de vos histoires. Dès la deuxième phrase, vous risqueriez d'être interrompu par quelqu'un, qui vous en proposerait une bien meilleure version. Loin de vous formaliser d'une telle impertinence, vous y verriez une nouvelle preuve de la vitalité de l'humour. Sa vie est multiple et multiforme.

À vrai dire, j'ai savouré chacune de vos anecdotes et ri de bon cœur, même à la lecture de celles que je croyais bien connaître. Votre manière de les raconter les rend le plus souvent irrésistibles.

Le fils d'Abraham, Itzhak, a un nom dérivé d'une racine qui signifie le rire. Ainsi, le plus ténébreux des patriarches d'Israël a un prénom qui évoque le rire que l'annonciation de sa naissance arrache à Abraham.

Il rit et dit en son cœur :
À un centenaire, il naîtrait ?
Et si Sarah... Une nonagénaire... Elle enfanterait ?

Ainsi le rire naît-il ici de la confrontation de l'homme avec l'impossible. Il est jumelé, pour l'homme, avec l'émerveillement d'être. Il libère la créature de ses liens et de ses entraves. Le rire a toujours puissance de libération.

Le deuxième psaume le dit avec force :

Ils se postent, les rois de la terre
Les potentats unis se liguent contre IHVH et contre son messie.
Arrachons leurs liens
Rejetons loin de nous leurs entraves !
L'Habitant des ciels se rit ;
Adonaï se moque d'eux.

Ainsi, le rire a aussi valeur tout à la fois divine et messianique.

La deuxième partie de votre recueil, « L'humour juif et la psychanalyse », prouve la vertu de ce que vous désignez justement comme l'humour-thérapie. Aux pires heures de notre histoire, sous l'occupation nazie en Europe, ou pendant les guerres au Proche-Orient, l'humour fonctionnait comme le ferait une fabrique d'adrénaline. Il fallait, contre le malheur des temps, permettre à nos communautés, si cruellement attaquées, de survivre.

L'humour juif remplissait cette fonction vitale. Merci de nous l'avoir rappelé.

Je souhaite un grand succès à votre grand livre. Avec mes vœux les meilleurs.

Amicalement à vous,

André Chouraqui
Jérusalem, le 1er janvier 1997

Faites l'humour, pas la guerre !

L'humour est souvent considéré en psychanalyse comme un sous-produit, un genre mineur, un parent pauvre, comparé à la noblesse, au sérieux et à la gravité d'autres manifestations de l'inconscient : symptômes névrotiques, rêves, actes manqués, mythes et légendes.

Il a, dans l'ensemble, suscité peu d'intérêt, a été pauvrement conceptualisé. Mis à part l'ouvrage de Freud *Le Mot d'esprit et ses rapports avec l'inconscient*[1], rares sont les recherches et études qui lui ont été consacrées. Du coup, ses dimensions bénéfiques, ses vertus cathartiques et thérapeutiques se sont trouvées, sinon ignorées, tout au moins grandement négligées.

Le rire représenterait-il une jouissance honteuse et coupable, comme naguère la sexualité ? La psychanalyse doit-elle continuer à se cantonner dans l'austérité des drames et des pathologies ? Les psychanalystes craignent-ils enfin qu'on les prenne pour des farfelus s'ils se penchaient sur d'autres thèmes, plus légers ?

---

1. Sigmund Freud, *Le Mot d'esprit et ses rapports avec l'inconscient*, Paris, Gallimard, 1905.

Malgré ses apparences, l'humour est un sujet on ne peut plus sérieux. Il représente une production culturelle humaine, expression signifiante de l'inconscient, au même titre que l'activité onirique au niveau individuel, et à la même enseigne que la création artistique, littéraire ou mythologique sur le plan collectif. Les humains ont de tout temps ri et fait rire, tout au long de l'histoire et partout dans l'espace.

D'ailleurs, notre époque moderne, malgré toutes les assertions savantes de nos experts sur la morosité générale et la déprime, attribuées à la crise économique, à la paupérisation, aux insécurités et délinquances, au chômage et aux divorces, n'est probablement pas plus maussade qu'une autre.

Montesquieu écrivait déjà : « Le temps n'est plus ce qu'il était. Il y a quarante ans, tout le monde était plus gai. On ne demandait qu'à rire et à danser. À présent tout le monde est d'une tristesse insupportable. »

Cette phrase date de 1718. Il y a de cela trois siècles, deux cent quatre-vingt douze ans exactement !

Plus le sujet se trouve assailli par la déprime ambiante et les inquiétudes existentielles, plus il éprouvera le besoin de recourir à l'antidote de l'humour pour s'en protéger.

Paris fourmillait, durant la Seconde Guerre mondiale, de cabarets, et de théâtres de chansonniers. La vie étant toujours plus forte que la mort, l'éros ne laisse jamais le champ entièrement libre au thanatos !

Justement, l'humour, à quoi ça sert ? Pourquoi rions-nous ? Quelle est l'utilité de toutes ces blagues que l'on se raconte ? Pourquoi plaisantons-nous ?

La première fonction de l'humour, la plus visible, consiste évidemment à rire et à faire rire, pour donner et obtenir du plaisir, distraire, divertir, amuser, détourner l'attention, libérant ainsi le Moi, ne serait-ce qu'un instant, des réalités pénibles. Il favorise le relâchement du corps et de l'esprit. Il libère une énergie positive et bénéfique, nécessaire à la décrispation de l'atmosphère et des relations. C'est d'ailleurs le motif pour lequel de plus en plus de conférenciers et d'hommes politiques, notamment aux États-Unis, débutent leur exposé par *a joke* avant d'aborder les sujets « sérieux ». Faire rire leur procure ainsi un certain ascendant sur le public, les faisant paraître sûrs d'eux et sympathiques.

Cependant, l'humour va bien au-delà de cette première fonction de relaxation, procurant gaieté et soulagement. Loin de se réduire à un luxe, il représente en réalité une nécessité impérieuse pour le fonctionnement psychologique, dans la mesure où il facilite l'expression de certaines craintes, tout en leur proposant une issue heureuse, un dénouement positif, impossible à trouver autrement, d'une façon « sérieuse », c'est-à-dire policée et rationnelle.

Face à certaines réalités douloureuses, difficiles à modifier ou à maîtriser concrètement, il aide le sujet à changer de regard et à prendre de la distance, lui permettant ainsi de supporter l'insupportable.

La vertu libératrice, défoulante, thérapeutique de l'humour découle précisément du fait qu'il réussit à dévoiler une préoccupation sérieuse, difficilement exprimable et gérable d'une manière conventionnelle et convenable. On rit de ce qui pose problème et angoisse. On rit pour ne pas pleurer ! On rit pour cicatriser une blessure, réparer une peine, un échec, un chagrin, une déception, une douleur.

A contrario, l'évocation d'un événement ordinaire, banal, normal, ne mobilisant pas l'anxiété de l'auditeur, incapable de le placer donc dans une atmosphère de crispation et de suspens, laissera tout un chacun impassible, sans provoquer le moindre sourire.

Une histoire ne deviendra ainsi drôle, avec une chute susceptible de déclencher l'hilarité générale, que parce qu'elle aura réussi le double pari de provoquer, d'une part, un état de tension, devenant progressivement intenable, et de proposer, d'un autre côté, une résorption positive rapide, une détente immédiate. Ouf, j'ai eu peur, rien de vraiment sérieux, ni de grave donc. C'était pour rire ! Tout finit bien !

L'intensité du rire est à chaque fois proportionnelle au poids de l'angoisse chatouillée.

L'humour devient ainsi le miroir où se projettent et se dénouent l'ensemble des préoccupations humaines : ambivalence, rapports tendus avec la loi, travail de deuil, relations compliquées dans le couple, peur de la différence de l'autre, etc., bref, tout ce que le Moi serait incapable d'énoncer et d'apaiser de façon distante et sereine.

Il permet, bousculant un peu les règles et transgressant certains tabous, de verbaliser librement, sans crainte de jugement, de culpabilité ni de représailles, « des choses qui ne se disent pas » !

Voici un petit échantillon :

Gaby rentre plus tôt que d'habitude de son travail. Il surprend sa femme Rachel au lit avec son meilleur ami Simon.

– *Vraiment, tu me déçois, Simon ! Moi encore, je suis obligé, mais toi, pourquoi ?*

Il s'agit évidemment là d'une scène dramatique, susceptible de faire écrouler subitement les deux piliers du psychisme de tout être humain : l'amour et l'amitié. Certains peuvent devenir capables, dans ce genre de situation, de commettre des actes suicidaires ou meurtriers irréparables, sans nul contrôle ni conscience de soi, plus agis qu'acteurs, comme possédés par une force mystérieuse. Seul l'humour parvient, tout en soulageant une tension dramatique, à présenter en deux temps, trois mouvements, c'est-à-dire d'une manière succincte, dense, condensée, mais en même temps simple et rapidement intelligible, un foisonnement de sens. Cette petite blague synthétise en peu de mots, sans périphrases ni digressions, de nombreux sujets graves, exigeant chacun à lui seul un livre entier ou des heures de discours-fleuve, pour pouvoir être « sérieusement » traité.

Ainsi, la fonction dédramatisante, réparatrice et thérapeutique de l'humour, son absolue supériorité en tant que moyen de communication sur tous les autres procédés d'échange, proviennent justement de sa dimension économique, de sa concision, de sa richesse, condensée, subtile et parlante, assimilable instantanément. L'humour n'a, en effet, pas à expliquer, à démontrer, à justifier quoi que ce soit. Il expose et dénoue tout simplement une crainte, une tension, difficiles à exprimer et à apaiser autrement.

Voici, à titre d'exemple, quelques thèmes contenus dans cette petite blague :

Le hasard, l'imprévu, appelé chance ou malchance. Le fait d'arriver seulement quelques secondes plus tôt ou plus tard, pile ou face, suffit parfois à bouleverser, en un clin d'œil, plusieurs vies, de nombreux destins.

La fidélité, en amour ou en amitié, l'extrême douleur d'avoir été trahi par ceux qu'on croyait si proches, qu'on chérissait, persuadé d'être aussi aimé par eux, en qui on avait placé naïvement sa confiance, certain de bien les connaître, sans mystère, ni méfiance.

Cette blague aborde aussi le thème **des rapports entre les sexes**, par essence difficiles, la crainte masculine surtout de ne pas réussir à satisfaire sexuellement « cette inquiétante étrangeté » qu'est sa femme, la hantise infantile d'être abandonné par elle, comme s'il s'agissait de sa mère !

Détail intéressant, les prénoms utilisés dans cette courte histoire ne sont sans doute pas tout à fait neutres, simples effets du hasard : Gaby, Rachel et Simon, personnages juifs, on en convient ! Cette blague, en apparence si drôle, évoque pourtant le thème tragique de l'antisémitisme, ou plus exactement celui du juif persécuté. Celui-ci, craignant pour sa place et sa survie, même lorsque tout semble aller bien, ne peut s'autoriser à baisser la garde. Susceptible d'être trahi par n'importe qui, y compris par ces êtres si proches et chéris que sont sa femme et son meilleur ami, il se contraint à rester vigilant, méfiant, sans cesse sur le qui-vive.

La qualité essentielle de l'humour consiste donc à exposer, à énoncer un point pénible, voire tragique, tout en lui aménageant une issue heureuse, impossible à concevoir d'une autre façon avec autant d'efficacité.

La « chute » de la blague (– Vraiment, tu me déçois Simon ! Moi encore je suis obligé, mais toi, pourquoi ?) cherche ainsi à signifier que Gaby, finalement davantage inquiet pour son meilleur ami qu'épouvanté par le traumatisme qu'il est en train de subir, ne souffre nullement de la déloyauté de sa femme. Celle-ci ne compte pas tant à ses yeux, n'est pas si importante, ni surtout vitale pour lui. Si Gaby vit à ses côtés, et fait l'amour avec elle, c'est plutôt par pitié, pour lui rendre service, disons par obligation éthique ! L'humour agit donc en inversant les réalités et les émotions, sans les dénier toutefois : Non, je ne ressens pas de haine à l'égard de mon ami, mais de la compassion. Je ne souffre nullement pour moi-même, mais pour lui que je cherche à protéger. Ce n'est pas moi qui suis dépendant de ma femme, mais c'est elle qui a besoin de moi.

Ainsi, en énonçant et en liquidant, par le même mouvement, une tension anxieuse, l'humour réussit à sauver le sujet du désespoir et de la dépression. Il ne s'agit nullement de refouler les sentiments pénibles, en fermant les yeux, en se taisant ou en passant l'éponge, mais, au contraire, de les aborder autrement. Pour ce motif, il permet au Moi de se protéger en relativisant, en prenant de la distance pour envisager les difficultés et conflits plus sereinement. Son but ne consiste donc pas à occulter le tragique de l'existence, mais, à l'inverse, le reconnaître, et l'exprimer, afin de l'amortir. Il « change les idées » et « remonte le moral », comme on dit, dans la mesure où il contribue à oxygéner l'âme, à aérer le psychisme pour le délivrer, même provisoirement, de la déprime. Rire, en définitive, pour ne pas pleurer !

Dès lors, une bonne blague peut produire naturellement les mêmes résultats qu'un antidépresseur ou un tranquillisant, sans l'inconvénient majeur des effets secondaires, polluant chimiquement l'âme et le corps.

Pourrait-on cependant rire de tout, impunément ? Il existe, certes, des circonstances dramatiques qu'il conviendrait de ne pas chercher à dédramatiser sur-le-champ : si vous assistez par exemple à un enterrement, si vous croisez une collègue qui vous tend sa lettre de licenciement ou un ami qui vient de surprendre sa femme dans les bras d'un amant !

L'aide la plus précieuse serait, dans ce genre de situations, de leur offrir votre écoute, votre amitié, votre compassion et, surtout, votre présence.

Tourner d'emblée tout événement pénible en dérision ne fera qu'empoisonner l'atmosphère et détériorer les relations. Surtout, toute souffrance qui a été empêchée de se dire et de se vivre, en temps et lieu, souffrance blanche, c'est-à-dire déniée, tue, sautée, avortée, risquera de se transformer en fantôme errant et persécuteur, empêchant le deuil de s'accomplir et la page de se tourner. De même, il est tout à fait recommandable de sélectionner son auditoire, en s'interdisant de plaisanter avec n'importe qui, indifféremment. Certaines personnes, spécialement les paranoïaques, manquent singulièrement de sens de l'humour. D'un esprit rigide et étroit, méfiant, susceptible et soupçonneux, elles risquent de ne pas vous trouver drôle du tout, interprétant mal, c'est-à-dire au premier degré, à la lettre, tout mot d'esprit. Elles ne manqueront alors pas d'y trouver des allusions, des sous-entendus malveillants, dirigés intentionnellement contre elles. Se croyant sans cesse persécutées, incapables de subtilité et de nuances, elles confondent volontiers l'humour et la moquerie méchante. Ce genre de malentendus peut ainsi servir d'outil de diagnostic, de test, pour repérer les « paranos ».

Justement, comment serait-il possible de distinguer l'humour de la moquerie ou de l'ironie ? La différence essentielle entre ces deux procédés tient à ce que la moquerie railleuse vise surtout une personne précise, avec l'intention consciente de la déprécier, de la ridiculiser, de l'humilier, de manière perverse, pour lui nuire.

Nous avons tous souffert, à des degrés divers, dans notre enfance et souffrons peut-être encore au présent, de railleries, sarcasmes et ricanements malicieux de nos anciens camarades de classe ou de certains collègues se moquant de nos différences : couleur de peau, religion, corpulence, habillement, démarche, accent, idées, etc.

En revanche, tout à fait à l'opposé de la moquerie, l'humour tend à pointer, non pas un individu particulier, mais, de façon impersonnelle et anonyme, une situation, un thème, une préoccupation commune, une question susceptible d'interpeller tout humain : tension dans le couple, crainte relative à la sexualité, maniement de l'argent, rapports avec la transcendance, etc. Autrement dit, dans la moquerie, l'agresseur s'esclaffe en excluant et en blessant l'autre, le différent, qui pleure, lui, d'amertume. Par contre, l'humour ne cherche à éliminer personne, mais à intégrer chacun, à rassembler dans une communauté solidaire de rieurs, autour d'un thème qui les touche, soulageant les uns et les autres. Dans l'humour, d'une certaine façon, on se moque gentiment de soi-même, dans la moquerie, de manière agressive, des autres !

Voici deux exemples de moquerie, assez répandus de nos jours, prenant pour cibles les Belges et les blondes.

Question : Pourquoi par temps d'orage et d'éclairs, les Belges se précipitent-ils sur leur balcon ? Parce qu'ils veulent être à tout prix sur la photo !

Question : Quelle différence entre une échelle belge et une échelle française ? Sur la dernière marche de l'échelle belge, il est écrit STOP !

« Le Belge » représente le presque semblable, le prochain, celui qui n'est ni tout à fait comme nous, ni complètement différent. Il est inquiétant en ce qu'il perturbe les limites de notre propre identité. Les liens avec lui sont alors teintés d'une grande ambivalence fantasmatique, un certain mélange de curiosité et d'intérêt, mais aussi de crainte et de rejet. Il devient, pour ces motifs, le bouc émissaire parfait. On a tendance à projeter sur lui notre ombre. On se défoule en lui attribuant bêtise, ringardise, manque de finesse et niaiserie, dans le but de se valoriser à son détriment, de se rassurer soi-même sur son intelligence et sa finesse. En outre, comme il est toujours plus facile de voir la paille dans l'œil de son voisin plutôt que la poutre dans le sien, il est bien plus tentant de qualifier les Anglais d'orgueilleux, les Suisses de lents, les Italiens de machos, les Auvergnats et les Écossais de radins ou les Corses de paresseux, que de se remettre en question en s'interrogeant sur son fonctionnement et ses propres défauts.

Les blagues sur les blondes constituent, quant à elles, un phénomène culturel historiquement récent. Elles ne datent que d'une quinzaine d'années.

Que dit une blonde quand son médecin lui annonce qu'elle est enceinte ?

– Mais, docteur, vous êtes sûr qu'il est bien de moi ?!

Un professeur d'histoire-géographie donne un cours à une classe composée de jeunes filles blondes. Une fois la leçon terminée, il pose la question suivante :

– Où se trouve l'Amérique sur cette carte ? Qui peut répondre ?

Audrey se lève et montre l'Amérique. Le professeur, étonné, dit :

– C'est bien, Audrey.

S'adressant ensuite à toute la classe, il demande :

– Dites-moi, qui a découvert l'Amérique ?

Toutes les filles se lèvent et répondent en chœur :

– C'est Audrey, Monsieur !

Une brune et une blonde se promènent ensemble à la campagne. La première s'écrie soudain :

– Ah, regarde, ce pauvre petit oiseau mort !

La blonde se met nerveusement à scruter le ciel dans toutes les directions en demandant :

– Où ça ? Où ça ?

Ces blagues taxent les blondes de manque d'intelligence, mais souvent aussi de nymphomanie. Elles représentent, sans doute, un retour du refoulé, à savoir la vieille misogynie qui, après avoir été combattue et censurée à l'apogée du féminisme, s'exprime de nouveau, certes plus discrètement, en feignant de se focaliser sur un type particulier de femmes. La tromperie est si efficace que les femmes elles-mêmes tombent aisément dans le panneau, riant de bon cœur de leurs consœurs platines.

Ces moqueries remplissent en réalité une double fonction. Elles aident, d'un côté, les hommes à reprendre le dessus sur la gent féminine, devenue inquiétante ces dernières décennies, en raison de son indépendance et de sa réussite, intellectuelle et sociale. De l'autre, elles permettent des règlements de compte entre femmes, sur fond de rivalités et de jalousies. Celles-ci tiennent, en outre, au fait que la blondeur a, de tout temps, symbolisé la beauté. De Dionysos au roi David, les héros sont souvent représentés blonds. La blonde est devenue progressivement, avec la pin-up et Marilyn Monroe, le standard et l'idéal érotique, récupéré de nos jours, par la société de consommation, à travers la publicité.

Une dernière question : Comment les hommes et les femmes se situent-ils par rapport à l'humour ?

On pourrait avancer qu'en général les deux sexes ne réagissent pas de façon semblable. Dans l'ensemble, les femmes plaisantent moins que les hommes. Elles se montrent, par contre, bien plus sensibles à l'humour, rient plus volontiers, davantage, et constituent un meilleur public, un auditoire de premier choix.

Si les femmes plaisantent moins que les hommes, ce phénomène n'a pas pour origine un manque de créativité et d'intelligence. Cette différence tient, entre autres, à leur pudeur et à leur discrétion. Elle s'explique cependant par le fait qu'étant bien moins inquiètes face aux épreuves, les femmes auraient moins besoin que les hommes de recourir de façon active à ce procédé d'abréaction et de défoulement. Elles jouissent donc de possibilités de régulation d'angoisse plus variées, font preuve de capacités de mise à distance plus efficaces.

En outre, elles font appel à d'autres procédés d'expression et de purification, pour gérer au mieux leurs tourments. Elles ne trouvent aucune gêne à s'ouvrir à des confidentes, à se plaindre ouvertement ou à s'éclater, comme on dit, en « chialant ».

Par contre, « le sexe fort », bien plus faible qu'il n'en a l'air en réalité, semble beaucoup plus réticent à exprimer son chagrin ou des émotions pénibles par ce genre de soupape, qu'il croit réservé uniquement aux « bonnes femmes ». Il est plus difficile aux hommes d'ôter le masque de leur supposée virilité, pour se reconnaître fragiles et vulnérables.

Voilà pourquoi en plaisantant, ils se mettent dans une position de force, évidemment illusoire, cherchant à sauver ainsi la face. D'ailleurs, certains se servent de l'humour pour conquérir et conserver, séduire le cœur féminin. Les femmes trouvent, il est vrai, un certain charme, une certaine sensualité, à l'homme qui réussit à les faire rire aux éclats. Ce qu'elles apprécient chez lui, c'est son côté naturel, léger, insouciant, optimiste, jeune et vivant. Elles ont tendance à s'écarter des hommes trop sérieux, guindés, empruntés, tristes, graves, et par conséquent insécurisants.

L'humour peut donc devenir une arme de séduction !

J'ai souhaité me référer principalement, dans ce livre, à l'humour juif et à l'humour musulman. Ce choix s'explique d'abord par le souci d'éviter la platitude et la vulgarité charriées par nombre de plaisanteries ordinaires. Il comporte surtout deux autres avantages. En premier lieu, les histoires drôles du grand humoriste musulman Mollah Nasr Eddine Hodja ainsi que les désopilantes blagues juives seront susceptibles d'initier un minimum le grand public à la philosophie de ces deux cultures. Cette lumière pourra ensuite contribuer, je l'espère, à désencombrer ces monothéismes du poids écrasant de nombre de clichés et préjugés, simplistes et négatifs, dus certainement à la méconnaissance dont elles sont injustement victimes.

Ces deux cultures partagent au fond, nonobstant leurs particularités respectives, rituelles et religieuses, la même quête du sens, la même éthique et surtout une commune obsession de la vérité.

Il serait, pour ce motif, tout à fait arbitraire de les qualifier d'austères, tristes, coupées des réalités de la vie moderne, ou enfin animées par un esprit intolérant et belliqueux. Les deux mots *shalom* en hébreu et *salam* en arabe, signifiant « la paix », ont la même racine étymologique. Ismaël, l'ancêtre de l'islam, et Isaac, le patriarche du judaïsme, bien qu'issus de mères ennemies, Agar et Sarah, étaient frères tous deux fils du même miséricordieux Abraham !

Les deux communautés recourent aussi fréquemment – phénomène non coutumier en Occident – à l'humour comme langage, comme instrument de communication dans le but d'exprimer et de résorber certains conflits et tensions interpersonnels. Parfois, au lieu de s'épuiser dans des lamentations ou de s'aventurer dans des palabres, l'Oriental, adepte de Nasr Eddine, ou l'héritier de Rabbi Jacob préfèrent raconter une petite histoire drôle. Le soufflé retombe par miracle ! À bon entendeur, salut !

Je nourris enfin, à travers mon choix de réunir ici l'humour juif et l'humour musulman, l'espoir qu'un jour le fratricide israélo-arabe ne constituera plus qu'un triste souvenir, et que les descendants d'Isaac et ceux d'Ismaël réussiront enfin à fraterniser et à rire ensemble !

La vraie paix, celle qui s'enracine dans les cœurs et résiste aux assauts du temps, n'est décrétée ni dans les états-majors ni par les diplomates. Elle germe et grandit, jour après jour, dans la concrétude de la vie quotidienne, à travers des échanges et partages – musique, danse, littérature, cuisine, et l'humour, pourquoi pas ?

PREMIÈRE PARTIE

Les histoires orientales de Mollah Nasr Eddine

Qui ne connaît Mollah Nasr Eddine ?

Le titre de Mollah, ou Mulla, désigne dans l'islam chiite un maître, un docteur de la Loi coranique. Nasr Eddine signifie « la victoire » ou « le gardien » de la religion.

Mollah Nasr Eddine est connu pratiquement dans le monde entier. Une quantité impressionnante de livres, d'essais, de thèses, d'articles et de conférences lui ont été consacrés. Il est apprécié aux États-Unis, en Chine communiste et dans l'ex-Union soviétique où il joue dans un film le rôle d'un héros pourchassant les vilains capitalistes. Même Goethe, le grand poète allemand, dont nul n'ignore l'intérêt pour la poésie persane, s'intéressa à lui.

En Europe, nombre d'« Associations des Amis de Nasr Eddine », le considérant comme un maître mystique, détenteur de secrets ésotériques, décortiquent, en s'en délectant, ses plaisanteries succulentes, dans le but de découvrir leur sagesse profonde, leur sens initiatique. Beaucoup de ses plaisanteries sont utilisées par les soufis comme exercices spirituels pour parvenir à la connaissance transcendantale.

Nasr Eddine est également célèbre au Liban et au Pakistan.

Mais, qui est ce personnage fantastique ? Où est-il né et mort ? À quelle époque a-t-il vécu ?

Il est né en Turquie, dans la ville d'Akshéhir, disent les Turcs. Mais non ! protestent les Persans, il est né en Perse, sans nul doute possible. Erreur ! s'exclament les Grecs, Nasr Eddine est de sang grec. Assez de bêtises ! protestent les Arabes, Ch'ha ou Jehâ ou Ghoa ou Joha (c'est par ces noms que la culture arabe le désigne) est un Arabe, bien de chez nous sans conteste.

En ce qui concerne la période historique, il a vécu très précisément... entre le XIIIe et le XVIe siècle. On n'est tout de même pas à trois cents ans près !

Ces premières remarques nous renseignent déjà sur deux éléments d'une importance capitale.

Premièrement : Bien que revendiqué par la plupart des cultures, Nasr Eddine n'appartient de façon indiscutable à aucune d'entre elles. Il s'inscrit d'emblée dans une pluralité culturelle, en mouvement. Il ne s'enferme dans aucune catégorie ethnique, dans nul territoire géographique fixe, rigide et limité. Il est, pourrait-on dire, la propriété commune de la littérature universelle. Même le judaïsme s'attribue certaines des histoires de Mollah Nasr Eddine (Ch'ha) en les qualifiant d'humour juif !

En second lieu, le flou de la chronologie de la vie de Mollah ne fait que jeter paradoxalement une clarté singulière sur l'aspect anhistorique, c'est-à-dire intemporel, de ses plaisanteries.

Ainsi, Nasr Eddine échappe aux griffes sanguinaires du temps qui passe, annihilant tout sur son passage. Ce personnage serait en dehors du temps, de tout temps par conséquent, d'hier, d'aujourd'hui et probablement de demain.

Mais peut-être que, tout compte fait, Mollah Nasr Eddine n'a jamais réellement existé. Peut-être n'est-il, après tout, qu'une simple fiction inventée et entretenue dans l'imaginaire des conteurs orientaux ? Hypothèse parfaitement plausible, en l'absence de sources historiques valables, mais dont la confirmation paraît dénuée d'importance.

Beaucoup d'humains naissent et meurent sans qu'on ait la certitude qu'ils aient un jour existé vraiment. Nasr Eddine existe bel et bien dans l'éternité de la culture et de la mémoire collective, alors que le doute quant à son existence réelle est total ; c'est même le seul fait qui soit certain.

En fait, il conviendrait de considérer Mollah non en tant que personne physique, en chair et en os, mais plutôt en tant qu'archétype, esprit, genre, style, symbole, philosophie, personnage. D'autant plus qu'il ne subsiste par ailleurs aucune preuve de la paternité génétique des histoires nasreddiennes.

Il est, au contraire, fort probable que beaucoup sinon la totalité d'entre elles ont été inventées, enrichies et transformées au cours des générations successives et attribuées postérieurement à Nasr Eddine. Dans ce sens, ces plaisanteries représentent une création ancestrale collective, irréductible à une époque précise, forcément dépassable, non prisonnière d'une aire géographique orientale : turque, persane, grecque, afghane ou arabe.

Que sait-on encore sur la biographie de ce personnage fantastique, voire fantasmatique ?

Nous retrouvons là aussi le même concept de pluralité, la même idée de non-fixité. Il aurait exercé de nombreux métiers : instituteur, juge, paysan, gardien de troupeaux d'oies, bouffon à la cour du roi, tailleur, gardien du mausolée d'un saint, prédicateur, marchand et même trafiquant d'ânes !

Toujours sous le signe de la multiplicité, Nasr Eddine tourne en dérision toutes les autorités et institutions, s'attaque à des domaines différents de la vie quotidienne : la politique, la religion, la justice, mais aussi tout simplement les relations entre voisins ou les tumultes de la vie conjugale. Ses critiques parfois acerbes n'épargnent aucune personnalité ou personnage. Chacun, sans exception, en prend pour son grade, qu'il soit simple paysan ou roi.

En ce qui concerne plus précisément sa psychologie profonde, ses traits de caractère, le personnage de Nasr Eddine se révèle, là aussi, d'une complexité redoutable, pratiquement inclassable. Impossible de l'encager, de le séquestrer, de le cataloguer dans une seule définition. Il défie toutes nos classifications rationnelles et raisonnables. Il a horreur de tout ce qui est unidimensionnel, figé, unilatéral. Il se présente constamment comme un diamant à multiples facettes, à plusieurs visages.

S'il se fait souvent passer pour un cancre, un demeuré, un simplet, l'idiot du village, derrière ces apparences trompeuses, il fait preuve d'une intelligence hors du commun. S'il se montre dans la plupart des situations sous les traits d'un ignorant, inculte et analphabète, il cache, sous ce masque, une vraie connaissance de la vie, un savoir profond empreint d'une sagesse inégalable. S'il fait semblant d'être naïf, crédule, niais, « pigeon » et « poire », c'est pour mieux dissimuler son côté rusé, finaud, astucieux, retors, débrouillard et roublard. Chez cet acrobate virtuose, l'habit ne fait jamais le moine.

Mais il n'en reste pas moins que, dans la majorité des histoires, Nasr Eddine prend un malin plaisir à collectionner les qualificatifs négatifs, en accumulant les défauts les plus criants. Il se présente sous les traits d'un citoyen amoral, pouilleux, sale, portant des habits misérables. Il est fainéant, oisif, paresseux, voleur, jouisseur, canaille, menteur, malhonnête et de mauvaise foi. Il est vulgaire, arrogant, grossier, trivial, indécent, prétentieux, irrévérencieux, grivois. Il peut être aussi égoïste, pingre, radin, mesquin, tricheur, agressif et désagréable.

Pourtant, ce tableau ne parvient nullement à noircir le personnage, à le rendre antipathique aux yeux de ceux qui rient de ses histoires. Bien au contraire, puisque sa notoriété est en constante expansion depuis des siècles dans le monde entier. Pourquoi ? Pour deux raisons principales :

D'abord, parce que le conteur et le rieur savent très bien, sans se l'être jamais dit, que derrière cette apparence d'imbécillité et de folie se dissimule en réalité un grand sage, et que ce délabrement physique et moral n'est qu'un déguisement. Par conséquent, la vraie perle, le vrai sens, est à rechercher à l'intérieur du coquillage. Tout le monde sait, de façon intuitive, que ces histoires ne sont pas à prendre au premier degré, mais qu'elles exigent, pour être comprises, un travail de décodage.

La seconde raison du succès planétaire de Nasr Eddine, nonobstant son écorce repoussante et inamicale, tient au fait que ce bouffon incarne, représente en dernière analyse, la négativité refoulée et contenue en chaque être humain.

Cet anti-héros non conventionnel, non conformiste nous tend un miroir. Il nous invite à nous regarder nous-mêmes en face, à nous remettre, un tant soit peu, en question afin de prendre conscience de nos imperfections, de nos travers, de nos vices et tares, bref, du mal qui sommeille au plus profond de chacun.

Psychanalyste avant la lettre, Nasr Eddine nous aide à dévoiler, pour la sacrifier partiellement, l'image infantile de grandeur et de toute-puissance que nous avons de nous. Il cherche à mettre constamment à mal, par le biais de l'humour et de la dérision, notre hypocrisie, notre orgueil, notre arrogance, notre vanité puérile et notre tartuferie bondieusarde.

Mais que dit exactement Nasr Eddine ? Quel est son message ? son enseignement ? sa philosophie ?

La pierre angulaire de la philosophie nasreddienne est la quête de la vérité. Alors appliquons d'emblée cette exigence à nous-mêmes, en étant sincères. Nul ne peut prétendre connaître de façon exhaustive ce que Mollah a dit ou pas, ce qu'il a voulu dire ou pas. Les plaisanteries de Nasr Eddine n'ont probablement aucune signification évidente, intrinsèque, définitive, irréversible. Le sens en psychanalyse n'est pas une chose extérieure à l'observateur, que celui-ci pourrait découvrir muni d'une lunette astronomique ou d'un microscope électronique. Le sens d'une plaisanterie, comme celui d'un acte manqué, d'un symptôme, d'un rêve, d'une œuvre d'art, d'un mythe ou même d'un texte coranique ou biblique, est toujours une projection du désir, qui émane de celui qui voit ou qui entend. Le sens est sans cesse de l'ordre d'une création subjective vivante, d'une interprétation, d'une herméneutique comme on dit savamment, et non d'une perception neutre, rigoureuse, objective, exégétique et exhaustive.

Pour comprendre, il ne s'agit pas de lire mot à mot mais de dé-lire, c'est-à-dire de lire toujours autrement, de façon subversive. Il existerait donc une multiplicité de significations, différentes, contradictoires d'un individu à l'autre et d'une génération à une autre, bref, relatives dans l'espace et le temps.

Vous aussi, lorsque vous aurez terminé de rire des histoires de Mollah, vous pourriez, en faisant appel à votre sensibilité propre, les interpréter autrement afin d'en extraire une autre substance susceptible de vous soutenir de manière positive dans votre avancement.

Tout texte est un prétexte pour s'exprimer et chercher à se comprendre. La clé de voûte de la philosophie nasreddienne est la quête de la vérité. Celle-ci n'est pas à prendre dans l'optique du concept abstrait, fumeux et parfois inintelligible de la philosophie classique. Elle est par ailleurs dépourvue de toute connotation morale, moralisatrice, du genre : « Le mensonge est un vilain défaut dont il faut se départir. »

La vérité est celle du désir profond, de la subjectivité. Elle naît de cette harmonie entre le conscient et l'inconscient, entre l'intime et l'apparent. En un mot, la vérité signifie la loyauté envers soi-même. La vraie faute n'est pas de mentir à quelqu'un mais à soi-même.

L'essentiel pour Nasr Eddine consiste à se dégager de la dictature du « politiquement correct », du désir normatif collectif en se libérant des ligatures invisibles de l'ordre établi afin de découvrir son propre Moi, son propre désir, sa propre sensibilité. Il faut constamment se dépêtrer de la confusion du « on » anonyme qui fait obstacle à la réalisation de soi pour apprendre à parler en son propre nom et de sa vraie place. Qui suis-je ? Qui parle à travers moi ? Ce sont là des questions que Mollah se pose et nous pose à travers nombre de ses histoires.

De même, devenir soi, vrai signifie s'affranchir des apparences, des images stéréotypées, des façades ravalées mais trompeuses et illusoires, pour atteindre l'esprit profond au-delà de la lettre, le message intime par-delà les masques et les camouflages. Ainsi, Nasr Eddine nous invite à nous méfier, à prendre de la distance vis-à-vis de nos jugements instinctifs, de la perception de nos sens, de ce que nos yeux et nos oreilles voient et entendent. Quelquefois, nous projetons sur un vrai « salopard » les vertus d'un saint et vice versa. Souvent, nous sommes convaincus de faire bien, trop bien même, et nous faisons mal. À l'inverse, parfois nous nous croyons victimes d'une méchanceté qui paradoxalement nous pousse à faire du chemin. Rien n'est donc, dans l'absolu, bon ou mauvais en soi. La réalité n'existe pas. Tout dépend de notre désir, de notre sensibilité et de notre regard.

C'est la raison pour laquelle, contrairement aux moralistes classiques, Nasr Eddine ne glorifie nullement les vertus réputées cardinales. Au contraire, il n'a cesse de nous mettre en garde contre l'illusion perverse et dangereuse de toutes les hautes valeurs morales qui, appliquées à la lettre, de manière excessive et fanatique, deviennent nuisibles et produisent les pires dégâts : la religion et la spiritualité excessives, la justice et la bonté démesurées, le bonheur à tout prix, le courage et l'acharnement au travail.

Pour lui, le meilleur et le pire ne sont pas contradictoires. Évidemment, cette vérité psychologique, et Nasr Eddine nous le répète inlassablement à travers nombre de ses histoires, personne ni aucun maître ne pourrait prétendre la détenir une fois pour toutes, comme un oiseau en cage. Voilà pourquoi Mollah ne répond jamais à aucune question, fût-elle la plus banale. « – Comment dit-on "la soupe froide" en arabe ? lui demande quelqu'un. – Les Arabes ne mangent jamais de soupe froide ! » De même, il répond souvent à une question en en posant une autre : « – Pourquoi répliques-tu toujours à une question en en formulant une autre ? lui demande un voisin. – Pourquoi pas ? répond Mollah. »

Nasr Eddine en arrive même à douter de tout ce qui, pour le commun des mortels, fait partie des certitudes les plus inébranlables. Souvent, il ne sait plus qui il est, ni même s'il est mort ou vivant. Nasr Eddine ne reconnaît donc aucune vérité officielle, aucune croyance définitive, aucun dogme clos. Il met constamment en doute la Vérité toute faite, prête à porter, unique, afin d'encourager chacun à chercher la sienne en développant sa propre vision et sa propre sensibilité. L'objectif suprême pour le psychanalyste Nasr Eddine, c'est d'accéder un jour à son propre désir, de parler en son propre nom, différents et non interchangeables avec ceux d'un autre. Il n'existe pas, d'un côté, ceux qui ont raison et, de l'autre, ceux qui se trompent.

En un mot, la vérité nasreddienne n'est pas de l'ordre d'une grâce révélée, donnée une fois pour toutes sur un plateau. Elle est plutôt une marche/démarche, une quête/enquête jamais finie de façon définitive, à poursuivre perpétuellement.

Disons un petit mot, pour clore cette brève présentation, sur l'âne de Mollah, son inséparable compagnon, omniprésent à tous les instants de sa vie, quelquefois haï, mais plus souvent adulé et chéri.

Nasr Eddine ne parvient manifestement pas à se passer de lui. Même lorsqu'il décide, maintes fois, de s'en débarrasser, il s'arrange toujours pour faire échouer son entreprise. Il est souvent vendu ou perdu, mais, chaque fois, il est récupéré de justesse et regagne son domicile.

Cet animal, anonyme et silencieux, a cependant une fonction centrale et signifiante. Il reflète probablement l'âme de Mollah, il est son double, son alter ego, son jumeau, son autre Moi, le Soi de Nasr Eddine.

L'âne est un symbole à la fois positif et négatif. D'une part, il symbolise l'ignorance, la stupidité, l'incompétence et l'entêtement. Il incarne l'obscurité, l'imposture et les tendances sataniques enfouies dans chaque vivant. D'autre part, il est figure de la sublimation, de la possibilité de vaincre, de surmonter les instincts, de dépasser une vie platement terrestre et sensuelle.

Il représente, dans la philosophie nasreddienne, le devenir, la perfectibilité, l'approche de la sagesse, de la tolérance et du discernement. L'âne, c'est le guide, l'initiateur, l'accompagnateur de Mollah, celui qui lui permet de retrouver son âme et de la sauver de l'égarement.

* * *

Ce livre contient environ cent cinquante de ses histoires. Celles-ci ne constituent évidemment pas l'œuvre complète attribuée à Mollah, qui en compterait probablement le double ou le triple, bien qu'il soit impossible de les comptabiliser avec exactitude.

Par ailleurs, la classification opérée par thèmes peut, à juste titre, paraître au lecteur une démarche quelque peu subjective, voire arbitraire, dans la mesure où la même plaisanterie peut revêtir, nous l'avons déjà mentionné, des significations nombreuses et relever par conséquent d'une autre thématique.

Quelques blagues, de caractere grivois, provocateur, grossier ou obscène, ont été volontairement conservées. Cela afin de ne pas artificiellement raboter, policer et javelliser ce personnage hors norme, bizarre, dont l'insanité affichée camoufle et révèle à la fois un trésor de sagesse et de subtilités inégalables.

Gardons constamment à l'esprit que les maîtres mots de Maître Nasr Eddine sont pluralité et différence.

CHAPITRE 1

Je suis celui qui devient

À travers les histoires qui suivent, Nasr Eddine semble s'interroger et nous interroger en même temps sur le thème de l'identité profonde au-delà des apparences. Qui suis-je vraiment ? À quels signes suis-je reconnaissable ? Qu'est-ce qui prouve que je ne suis pas quelqu'un d'autre mais réellement moi ?

* * *

Nasr Eddine vient d'apprendre que le juge de la ville, ayant obtenu une promotion, organise un grand festin, où sont invités tous ses concitoyens. Mollah décide de s'y rendre. Quand le gardien le voit vêtu de son manteau usé et froissé, il le relègue dans un coin perdu, loin du grand buffet et des convives de marque.

Pensant qu'ainsi il ne pourra même pas manger les restes des restes, Mollah, vexé, se lève et regagne son domicile.

Chez lui, il sort un manteau tout neuf du placard, se coiffe de son turban réservé aux grandes circonstances, peigne soigneusement sa barbe et retourne au festin.

Cette fois, il est accueilli avec respect par le même gardien, qui le fait asseoir tout près du buffet garni des meilleurs plats. Nasr Eddine plonge sa main, saisit une cuisse d'oie grillée et la frotte contre ses habits de prince.

Étonné par ce comportement, le juge demande à Nasr Eddine de lui expliquer les raisons de son geste.

– C'est facile, répond Mollah. C'est bien grâce à ce manteau et à ce turban que je suis assis à cette place. C'est eux qui sont accueillis à cet endroit et pas moi. Je leur donne alors la part qui leur revient.

* * *

Nasr Eddine se réveille en pleine nuit, saisi par une sombre appréhension. Regardant par la fenêtre de sa chambre, il aperçoit dans l'obscurité une forme humaine dans le jardin.

Persuadé qu'il a affaire à un voleur, il réveille Kadija, qui, effrayée, préfère se réfugier sous sa couverture et laisser Mollah se débrouiller avec le brigand. Nasr Eddine ouvre doucement la porte, saisit une grosse pierre et la jette de toutes ses forces sur le voleur. La forme blanche s'écroule par terre, immobilisée.

Mollah s'approche alors pour reconnaître l'intrus, et retourne vers Kadija, tremblant de tous ses membres :

– Tu as failli ne plus jamais revoir ton mari. Je viens d'abattre non pas un voleur, mais ma chemise de nuit que tu avais suspendue sur la corde à linge. Je l'ai échappé belle. Pense un peu, si j'avais été dedans !

* * *

Kadija entend un bruit assourdissant résonner dans la chambre à coucher où se trouve Nasr Eddine. Elle fonce vers la chambre.

— Ce n'est rien, ma chérie, la rassure Mollah. C'est mon manteau qui vient de tomber par terre.

— Mais comment ton manteau a-t-il pu faire un tel bruit ?

— Parce qu'à ce moment précis je me trouvais dedans.

* * *

Lors d'un de ses voyages, à la tombée de la nuit, Nasr Eddine décide de faire escale dans une auberge.

— Toutes les chambres sont déjà louées, lui déclare l'aubergiste. Il ne me reste plus qu'un seul lit dans le grand dortoir.

Nasr Eddine se voit obligé d'accepter, mais à la condition formelle que le patron le réveille à l'aube le lendemain.

— N'oublie pas de me réveiller. J'ai un rendez-vous très important demain, que je ne voudrais à aucun prix manquer. Surtout ne te trompe pas de personne. Tu vois, je suis le seul dans ce dortoir à porter un turban. Alors ne te méprends pas. Réveille l'homme au turban.

L'aubergiste rassure Mollah et lui promet de suivre scrupuleusement ses recommandations. Épuisé par le voyage, Nasr Eddine s'endort aussitôt.

Le lendemain matin, l'aubergiste réveille Mollah. Celui-ci s'habille, déjeune, monte sur son âne, mais, dans son empressement, oublie de mettre son turban.

Après avoir parcouru une longue distance, il s'arrête à une petite fontaine pour se débarbouiller et apaiser sa soif.

En se penchant au-dessus de l'eau, il aperçoit sa tête chauve, évidemment sans turban. Il se redresse affolé.

— Quel idiot, cet aubergiste ! Il n'a pas respecté mes recommandations. Il a réveillé quelqu'un d'autre. Il s'est trompé de personne. Je lui avais pourtant dit et répété qu'il fallait réveiller l'homme au turban.

* * *

On discute aujourd'hui, à la maison de thé, des us et coutumes des Africains, par bien des côtés étranges par rapport aux Orientaux. Quelqu'un dit :

— Il fait tellement chaud en Afrique que ses habitants vivent tout nus, sans même chercher à se cacher des regards.

— Dans ce cas, demande Nasr Eddine avec étonnement, comment arrivent-ils à distinguer un homme d'une femme ?

* * *

Nasr Eddine, qui ne se reconnaît pas lui-même lorsqu'il n'est plus coiffé de son turban, se demande comment les Africains vivant nus peuvent distinguer un homme d'une femme. Il déclare à Kadija que son manteau vient de faire une chute bruyante parce que lui-même se trouvait dedans, etc.

On pourrait, *a priori*, qualifier ces propos de naïfs, de ridicules ou de nébuleux, dans la mesure où consciemment, notre carte d'identité à l'appui, nous savons parfaitement qui nous sommes. Nous connaissons nos nom et prénom, âge, sexe, signes particuliers, domicile, profession et même notre taille exacte.

Seulement, ces indications, aussi irréfutables soient-elles, ne parviennent pas à dissiper les incertitudes de notre inconscient qui persiste à ignorer qui nous sommes et où se situe exactement notre place.

Quelle est l'origine de ces doutes et irrésolutions ? Elle est à rechercher dans notre enfance. Le nourrisson vit à sa naissance dans un état de fusion/confusion totale. Il n'a nulle conscience de son identité. Il ne distingue rien de rien. Il ne différencie pas son corps de celui de sa mère, ni celle-ci de son père, ni son bras de sa tête, ni les étoiles du pommier, ni le chat de la chienne. Il est comme du sucre dilué dans de l'eau. Il vit dans tout et tout vit en lui.

Par exemple, jusqu'à l'âge de un an, ne faisant encore aucune distinction entre son propre corps et ses vêtements, il crie et pleure lorsque sa maman le change ; comme si elle lui arrachait sa peau, et le privait sauvagement de son enveloppe charnelle.

De même, ne se différenciant pas de son entourage, il pleure à chaudes larmes jusqu'à l'âge de dix-huit mois en « se » regardant dans le miroir, persuadé de voir en face de lui un autre que lui-même, un étranger.

Progressivement, ce tohu-bohu informe s'organise en des unités de plus en plus séparées et précises. L'enfant devient peu à peu conscient de lui-même et se différencie des choses et des êtres de son environnement, dans lequel il était confondu auparavant. Il signe son appartenance à l'espèce humaine. Il repère les différentes parties de son corps ainsi que la fonction spécifique de chaque membre. Il intègre la différence des sexes en s'acceptant comme fille ou garçon. Il s'inscrit dans l'ordre des générations, etc. Bref, chemin faisant, il devient capable de différencier le moi du non-moi.

Ensuite, au moment de l'adolescence, qui représente pour lui une espèce de renaissance, il sépare son désir, sa sensibilité, ses croyances, sa voie et son destin de ceux de ses parents, afin de s'exprimer en son propre nom et de sa vraie place.

Mais, évidemment, devenir soi et conscient de son identité en mettant de la distance, ce n'est pas une œuvre qui s'achève à l'adolescence. Ce travail se poursuit bien au-delà de cet âge. On pourrait même avancer qu'il s'agit d'une recherche interminable.

Certains ne parviendront pas à se différencier de ce qui les entoure, ni des autres humains. La conscience d'être soi, différent des autres, est une conquête difficile, et fragile, tellement notre inconscient nous pousse à sombrer dans les imitations, fusions/confusions et mélanges.

Citons à titre d'exemple le cas de l'enfant schizophrène qui se regarde sans cesse dans le miroir sans se reconnaître, sans la certitude de percevoir sa propre image. Il a rarement le sentiment intime d'être lui-même, avec son nom propre et un corps entier, intègre. Quelquefois il se prend pour un arbre, mange et se comporte comme un animal. De même, le problème de la différence des sexes et des générations lui paraît comme une énigme insoluble, comme un casse-tête chinois.

Lorsqu'il perd un objet ou voit sa chemise déchirée, il se montre effrayé comme s'il s'était perdu lui-même ou comme s'il s'était déchiqueté. Il s'exprime peu par des mots mais, lorsqu'il parle, il verbalise non pas ses propres affects mais, à haute voix, les sentiments non dits de son entourage. Il est plus parlé qu'il ne parle.

Évidemment, il s'agit là d'une situation de non-évolution, d'une maladie mentale grave, heureusement plutôt rare. Mais il n'en reste pas moins que la conscience d'être vraiment soi, séparé, non confondu dans les choses et les autres, constitue pour chacun une question capitale. L'inconscience relative à son identité de l'enfant schizophrène nous renseigne sur un double aspect paradoxal.

La question « Qui suis-je ? » appelle une double réponse contradictoire :

1) D'un côté, notre inconscient nous pousse à la confusion avec les objets et les êtres de notre environnement. Chacun de nous, à l'image du nourrisson à sa naissance, participe d'une multiplicité d'identités différentes. Je ne suis pas seulement moi, un, isolé, tout à fait séparé et distinct. Je suis tout, homme et femme, jeune et vieux à la fois. Mon pyjama, c'est moi, ma peau, ma membrane. Je suis tour à tour la plante du jardin et l'âne. Je suis mon père, et mon fils est moi. Lorsque je parle ou désire, ce sont les autres qui parlent et désirent à travers moi.

Par conséquent, mon inconscient plonge ses racines dans un bouillon d'identités où règnent l'indistinction et la fusion/confusion la plus totale. Je suis tout et tout est moi :

L'âne de Nasr Eddine s'est égaré. Malgré sa tristesse, au lieu de se lamenter ou de rechercher son compagnon, Mollah parcourt les ruelles du village en criant :

— Allah est le plus grand, Allah est le plus grand !

Les villageois, étonnés de voir Nasr Eddine rendre grâce au Seigneur pour la perte de son âne, lui demandent la raison de son étrange comportement.

— Vous ne comprenez rien mes amis, leur répond Nasr Eddine. Je remercie Allah de n'avoir pas été sur mon âne lorsqu'il s'est égaré.

* * *

Lors des festivités du Nouvel An, un voisin demande à Nasr Eddine son âge.

— J'ai trois ans de plus que mon frère.

— Comment le sais-tu ? reprend le voisin.

— C'est évident, répond Mollah. L'an passé, mon frère m'a dit qu'il avait deux ans de moins que moi. Une année s'est écoulée depuis. L'écart entre nous deux est donc de trois ans maintenant. Dans quelques années je serai en âge d'être son grand-père.

* * *

Une bande de voleurs déguisés en religieux va de village en village, abusant de la confiance des croyants. Ils organisent des soirées de prière au cours desquelles ils extorquent leurs biens.

Un soir, Nasr Eddine et son fils, ayant entrepris un long voyage, sont invités à participer à l'une de ces réunions. Les faux religieux les reçoivent chaleureusement. Après une brève conversation théologique, ils prennent Mollah par la main et se mettent à exécuter des danses circulaires et à prononcer des litanies. Au bout d'un moment, lorsque les têtes sont bien étourdies, le chef des voleurs suggère à Nasr Eddine de crier à haute voix : « Je vous donne mon âne ! Je vous donne mon âne ! »

Mollah, comme les autres croyants, reprend le refrain :

— Je vous donne mon âne ! Je vous donne mon âne !

Le rythme de la danse s'accélère peu à peu jusqu'à ce que Nasr Eddine s'effondre, épuisé et inconscient.

Lorsqu'il revient à lui, quelques heures plus tard, les voleurs ont disparu, ainsi que son âne. Il gronde alors son fils.

— Pourquoi les as-tu laissés partir avec l'animal ? Ne t'avais-je pas confié sa garde ?

— Oui, père. Mais lorsque le chef des derviches est venu prendre l'âne, je suis venu te demander ce qu'il fallait que je fasse. Tu as répondu sans hésiter : « Je vous donne mon âne ! Je vous donne mon âne ! » J'ai cru alors que tu leur faisais cadeau de ton âne.

Nasr Eddine, découvrant la supercherie, dit à son fils :

— Ne te tourmente pas, mon garçon, mais sache désormais que quelquefois on est plus parlé qu'on ne parle.

* * *

2) Mais cette identité originaire, archaïque, bien que nécessaire et naturelle, n'est pas humainement satisfaisante ni viable. Il me faut tendre perpétuellement à devenir moi. Je ne suis ni la plante, ni mon manteau, ni l'âne. Je ne suis qu'un homme ou une femme, jeune ou vieux, mais pas les deux à la fois. Je suis le fils de mon père et le père de mon fils, inscrit dans un ordre irréversible et non permutable. Bref, je dois sans cesse œuvrer à devenir, à me dégager des mélanges, à mettre de l'ordre et des repères dans mon espace, à me différencier des choses mais surtout des autres humains. Car, paradoxalement, en étant tout, je ne suis rien, je ne suis pas moi. Pour être, je deviens, je me sépare.

Dès lors, le vrai travail, c'est celui que l'on opère sur son intériorité profonde et non sur sa façade. Nous connaissons tous en effet autour de nous des personnes insuffisamment séparées et différenciées, qui se comportent dans la vie un peu comme Nasr Eddine, le nourrisson ou l'enfant schizophrène.

Certaines sont encore, même avancées en âge, aliénées par le désir parental. Elles pensent, désirent et agissent non pas selon leur propre goût et sensibilité, mais conformément au modèle familial normatif qu'elles ont intériorisé.

Elles sont habitées, inconsciemment orientées, par les fantômes envahissants de leur entourage. Elles superposent leur destin propre au destin familial. Elles n'osent pas être des personnes singulières, à part, différentes de la masse. D'autres, toujours engluées dans la confusion, vivent dans et par le copiage, l'imitation, s'évertuant non pas à devenir ce qu'elles sont vraiment, mais à ressembler aux modèles valorisés par l'extérieur.

De même, nous connaissons aussi des êtres qui confondent leur personnalité profonde avec l'avoir. Ils sont secrètement persuadés qu'ils ne pourront exister qu'à condition de posséder une quantité impressionnante d'argent ou de gloire.

Mais, curieusement, la possession et l'accumulation de tous ces biens ne leur font aucun bien, ne parviendront jamais à combler leur manque à être fondamental. Enfin, certains, confondant leur apparence physique et leur être intérieur profond, s'évertuent à démontrer aux autres, mais surtout à eux-mêmes qu'ils sont des gens de valeur en se donnant en spectacle, comme s'ils participaient à un défilé de mode, comme des mannequins. Ils manifestent un souci exagéré de leur apparence corporelle et de leurs vêtements. Ils croient qu'ils n'ont pas le droit d'exister ou qu'ils valent moins que les autres parce qu'ils sont de petite taille ou trop gros ou non habillés de vêtements de marque. Ils gaspillent alors tout, leur temps, leur énergie et leur argent, à se conformer à des images sociales : devenir mince, tiré à quatre épingles, ignorant que l'habit ne fait jamais le moine. Étrangement, plus ils ravalent la façade et plus leur manque à être, leur vide intérieur, se boursoufle et se dilate.

* * *

Nasr Eddine se rend, habillé de manière pauvre et négligée, au hammam. L'employé de l'établissement, se basant sur l'apparence modeste de Mollah, le traite avec désinvolture, et lui lance un gant de toilette, une serviette et un bout de savon déjà utilisé.

Nasr Eddine ne dit rien. Il se lave, se rhabille et en partant donne comme pourboire une belle pièce d'or à l'employé. L'homme, très étonné, se dit que s'il avait mieux traité son client, il aurait peut-être eu un pourboire encore plus conséquent.

Mollah retourne au même hammam la semaine suivante, dans la même tenue que précédemment. Cette fois, il est reçu comme un prince : belle serviette, courbettes par-ci par-là, massage et parfum.

En quittant le bain, Nasr Eddine remet au serviteur une petite pièce de cuivre, sans valeur. L'employé, stupéfait, interroge de son regard ébahi Mollah. Celui-ci lui lance :

— Cette pièce, c'est pour l'autre fois. La pièce d'or de l'autre jour, pour maintenant !

* * *

Nasr Eddine apprécie les bananes. Aujourd'hui, il en a acheté plus de deux kilos et il les avale avec gourmandise, l'une après l'autre, avec leur peau. Un voisin qui assiste à la scène lui demande pourquoi il ne fait pas comme tout le monde en enlevant d'abord l'enveloppe.

— Pauvre imbécile, lui répond Mollah, je sais parfaitement ce qu'il y a à l'intérieur de la banane, alors je n'ai pas besoin de l'éplucher pour me rendre compte de ce qu'il y a dedans.

* * *

Si Nasr Eddine mange la banane avec sa peau, ce n'est point parce qu'il est idiot, mais parce que, sachant ce qu'il y a à l'intérieur, il n'a nul besoin de se préoccuper de son apparence. Être n'est ni de l'ordre du paraître, ni de celui de l'avoir. Je suis celui qui devient.

Dès lors, si je ne doute plus de mon identité, je serai aisément reconnu et identifié par mon entourage :

Une nuit, Nasr Eddine se promène dans les rues du village, une bougie allumée enfoncée dans son turban. Il croise un des clients de la maison de thé, qui l'interroge sur cet étrange comportement.

– Où vas-tu, Nasr Eddine en pleine nuit, de la sorte ? Il est impossible de pouvoir éclairer ta route avec une simple bougie sur ton turban. La preuve, c'est que tu ne m'avais même pas vu.

Nasr Eddine explique :

– Qui t'a dit que cette bougie est destinée à te voir, toi ? C'est plutôt pour que toi, tu me voies !

CHAPITRE 2

La question est plus importante que la réponse

On pourrait conclure, en lisant ces blagues de façon hâtive, qu'en ne répondant pas aux questions qui lui sont posées, Nasr Eddine cherche soit à s'esquiver, soit à camoufler son inculture, soit encore à se moquer de son interlocuteur.

* * *

Nasr Eddine voyage dans une contrée étrangère. Un inconnu l'arrête pour lui demander quel jour on est.

– Je serais incapable de te le dire. Je suis étranger dans ce pays et je ne connais nullement les jours de la semaine par ici.

* * *

Un paysan interroge Nasr Eddine :

– J'ai mal à l'œil. Que me conseilles-tu de faire ?

— L'autre jour, j'avais mal à une dent. Je me la suis fait arracher. Fais comme moi si tu veux.

* * *

Un jour, les habitants d'une ville, voyant en Nasr Eddine un saint homme, lui demandent de prononcer le sermon du vendredi. Le Hodja consent et monte en chaire. Interpellant la foule des fidèles, il leur demande :

— Mes chers frères, savez-vous de quoi je vais vous parler aujourd'hui ?

Tous répondent en chœur :

— Non, nous ne le savons pas.

Nasr Eddine leur lance :

— Dans ce cas, vous êtes tous des ignorants. Vous ne méritez pas que je vous fasse un sermon.

Il descend illico de la chaire et rentre chez lui. Décontenancés, les croyants supplient le Hodja de bien vouloir retourner à la mosquée et de remonter en chaire. Nasr Eddine accepte de recommencer son sermon.

— Mes chers amis, à présent savez-vous de quoi je vais vous parler ?

Cette fois, ils répondent tous d'une même voix :

— Oui, nous le savons.

— Dans ce cas, répond le Hodja, il est tout à fait inutile que je prenne la parole, si vous savez ce que j'ai à vous dire.

Il se lève de nouveau, et quitte les lieux. L'assemblée, ébahie par cette deuxième sortie, décide alors, après réflexion, d'inviter une troisième fois Nasr Eddine. Si la question est reposée, la moitié de la salle répon-

dra : « Oui, nous le savons » et l'autre moitié répondra : « Non, nous ne le savons pas. »

Mollah est supplié de remonter encore une fois en chaire. Il accepte et reformule la même question :

— Chers fidèles, savez-vous à présent de quoi j'ai l'intention de vous parler ?

— Oui, nous le savons, répondent certains.

— Non, nous ne le savons pas, crient les autres.

— Parfait, répond le Hodja, que ceux qui savent le disent à ceux qui ne le savent pas.

Cette fois encore, il se lève et retourne chez lui.

* * *

— Comment dit-on « la soupe est froide » en arabe ? demande un jour un ami au Hodja.

— Les Arabes ne mangent jamais de soupe froide.

* * *

À la maison de thé quelqu'un interroge Nasr Eddine sur son âge.

— Quarante ans, répond Mollah.

— Tu as donné la même réponse il y a deux ans quand on t'a demandé ton âge.

Nasr Eddine répond :

— Alors pourquoi me posez-vous une question dont vous connaissez déjà la réponse ? Et puis, j'ai l'habitude de m'en tenir à ce que j'ai dit.

* * *

Une paysanne analphabète reçoit un jour une lettre. Elle l'amène à Nasr Eddine et le prie de la lui lire.

Mollah saisit la lettre et la parcourt des yeux. Soudain ses traits se crispent, son visage s'obscurcit et il se met à pleurer.

— Qu'est-il écrit là-dedans, Mollah ? demande la vieille paysanne. De quelle terrible nouvelle s'agit-il ?

Mais Nasr Eddine ne répond pas et continue sa lecture en silence. Quelques instants plus tard, le visage de Mollah s'illumine et un irrésistible fou rire remplace la crise de larmes.

— Qu'est-il écrit là-dedans, Nasr Eddine ? reprend la vieille dame. Ne me fais plus attendre. Pourquoi les larmes ? Pourquoi ce rire maintenant ?

Le Hodja dépose alors la lettre et dit à la paysanne :

— Je pleurais tout à l'heure en pensant que tu es incapable de lire cette lettre. Maintenant je ris parce que moi non plus je ne sais pas la lire.

* * *

Les familiers de la maison de thé où se rend régulièrement Nasr Eddine sont habitués aux reparties, quelquefois amusantes et à d'autres moments assassines, de Mollah.

Un ami lui demande un jour :

— Existe-t-il une question à laquelle tu sois incapable de répondre ?

— Oui, répond Nasr Eddine. Un jour, je volais des pommes dans un verger, le propriétaire, me surprenant en train de remplir mon panier, me demanda : « Que

fais-tu là, fils de chien ?» J'avoue que je n'ai pas su quoi lui répondre.

* * *

Nasr Eddine renvoie donc dos à dos ses auditeurs du haut de sa chaire, conseillant à ceux qui connaissent l'objet de sa causerie de le raconter à ceux qui l'ignorent. Il rit et pleure tout à tour en « lisant » la lettre adressée à une paysanne analphabète. Il prétend que les Arabes ne mangent jamais de soupe froide, etc. Pourtant ces questions sans réponse portent une multitude de sens.

Chacun de nous est quotidiennement l'objet d'une kyrielle d'interrogations : Pourquoi ? Où ? Quand ? Comment ? Mais en fait pourquoi posons-nous des questions ? En existe-t-il des bonnes et des mauvaises ? Quelle est l'utilité de la réponse ? Sommes-nous vraiment capables de répondre ?

Première question : Pourquoi la question ?

Celle-ci remplit, dans l'évolution psychoaffective de l'enfant, une fonction structurante. Elle est signe du bon fonctionnement de son intelligence. Elle lui permet de se familiariser avec la vie et l'environnement en satisfaisant sa curiosité naturelle, sa soif d'apprendre et de comprendre.

À ses yeux, rien n'est évident. Tout lui paraît mystérieux, énigmatique, étranger et étrange et, par conséquent, angoissant. D'où ses interrogations naïves qui embarrassent ou font éclater de rire les grands. Les adultes ont oublié leur enfance.

Mais surtout, tous ces « pourquoi » et « comment » l'aident à transiter d'un état d'indifférenciation et de mélange, où tout est dans tout, à une position où il devient capable d'opérer des séparations et des différenciations, entre l'interdit et l'autorisé, le bon et le mauvais, le proche et l'étranger, mais aussi entre les objets, les corps, les sexes, les générations, les désirs et les demandes. « Pourquoi maman n'a pas un zizi comme papa ? », « Pourquoi je ne dois pas épouser papa quand je serai grande ? » La question est l'outil de la différenciation par excellence.

Plus un enfant est curieux et plus il est éveillé, conscient, dégourdi, ouvert, intelligent et respectueux des règles.

En ce qui concerne les adultes, ils sont également animés par les mêmes nécessités. Ils ont besoin de chercher, de comprendre, mais surtout de différencier, de séparer les êtres et les choses afin d'établir des repères et des barrières sécurisantes. La question manifeste toujours une volonté d'organiser l'inorganisé, une tentative de mettre de l'ordre dans le désordre, dans le chaos, l'imbroglio du vivant, afin de trouver une cohérence à l'incohérence. Elle aide non seulement à maîtriser la peur de l'inconnu, mais aussi à ordonner l'homogénéité en créant du sens. « Qu'est-ce que la liberté ? », « Que devient-on après la mort ? », etc.

Deuxième question : Existe-t-il de vraies et de fausses questions? De bonnes et de mauvaises? Comment serait-il possible d'en faire la distinction ?

Il est impossible d'établir une hiérarchie de valeurs en les classant. Pourtant elles ne sont pas toutes dictées par les mêmes motivations. Elles ne comportent pas toutes le même sens. Certaines représentent des tentatives d'effraction de l'intimité, dénotent une curiosité malsaine et indécente, du genre : « Avez-vous encore le même amant? » D'autres sont mal venues, déplacées, incongrues : « Où vous procurez-vous votre caviar? », « Où partez-vous cette année en vacances? », alors qu'on est en train de s'apitoyer sur le sort des malheureux sans logement.

D'aucunes sont destinées, non pas à obtenir des renseignements, mais à tester vos connaissances, pour éventuellement vous humilier en vous mettant face à votre ignorance. D'autres servent à obtenir des confidences pour vous piéger en les utilisant à votre détriment. Certaines représentent pour le questionneur l'occasion privilégiée d'exhiber sa propre érudition et son omniscience. Quelques-unes, camouflées sous une forme interrogative, sont en réalité des affirmations agressives et blessantes, du genre : « Croyez-vous être à la hauteur de vos fonctions? » Ce qui sous-entend : « Vous êtes un incapable de premier ordre ! »

Et puis, formulées de façon sournoisement interrogative, mais provocantes, désapprobatrices et agressives, celles du genre : « Pensez-vous réussir là où tout le monde a échoué auparavant? » Façon de sous-entendre que « vous allez vous casser le nez encore plus lamentablement ».

Enfin, il existe une multitude de questions silencieuses, celles qui ne sont jamais exprimées verbalement, par pudeur, par timidité, par culpabilité, par crainte de faire mal à l'entourage : « Dis, maman, pourquoi ne m'aimes-tu pas? Pourquoi tu bois, papa?

Pourquoi tu ne peux m'accepter que quand je suis malade ? »

Peut-être même que la plupart des questions, apparemment anodines et banales, conformistes et plates, sont énoncées pour faire écran, pour taire ces véritables questions : « Quelle est mon utilité ? Où est ma place ? Quel est mon désir à moi ? » Par conséquent la *vraie* question n'est pas toujours celle que l'on croit. Une question en cache plein d'autres, comme le train, ou l'arbre qui camoufle la forêt tropicale.

Troisième question : Quelle serait donc, dans ces conditions, l'utilité de la réponse ?

Elle est souvent quasiment nulle, parfois même dangereuse. L'essentiel, aussi bien pour l'enfant que pour l'adulte, n'est pas tant la réponse, mais la question, la fouille, la recherche, l'investigation.

Une jeune femme me demandait si je pensais qu'elle aurait besoin d'entreprendre une psychothérapie pour « sauver son couple ». J'ai rapidement réalisé que j'étais le énième psychanalyste à qui elle présentait sa « colle/doléance ». Tous les autres lui avaient répondu de manière affirmative en l'encourageant. Paradoxalement, elle demeurait toujours hésitante, perplexe, indécise, flottante. Je lui ai déclaré : « Non, madame, vous n'avez pas *vraiment* besoin d'entreprendre une psychothérapie. Ce n'est pas encore le moment. » Elle fut ravie de mon verdict et me remercia chaleureusement. Elle me demanda néanmoins, en partant, si j'étais d'accord pour la recevoir quelque temps plus tard.

Cette femme ne me demandait nullement ce que moi, psychanalyste, je pensais de sa demande, mais elle voulait que je lui dise, en miroir, ce qu'elle souhaitait entendre. Sa question n'était qu'une réponse préparée d'avance. De même, beaucoup de questions sont des réponses déguisées que l'on cherche à faire verbaliser par autrui, sans se donner le courage de l'exprimer clairement, du genre : « Veux-tu aller te reposer quelques jours, chez tes parents, ma chérie ? » Ce qui signifie : « Fous le camp quelques jours pour que je puisse me reposer en ton absence. Mais c'est toi qui le désires et non pas moi ! »

Ces situations mises à part, la réponse peut s'avérer parfois périlleuse, dans la mesure où elle serait susceptible d'empêcher le demandeur de réfléchir par lui-même, de sa vraie place, en fonction de sa sensibilité, de son désir et de sa vérité propre, grâce à un travail intérieur.

C'est la raison majeure pour laquelle Mollah Nasr Eddine ne répond précisément à aucune question. Il ne se désigne jamais comme le dépositaire d'une Vérité immuable. C'est aussi le sens essentiel du silence du psychanalyste qui invite à chercher, non à l'extérieur, mais au-dedans de soi.

* * *

Un étudiant en théologie apprend que Nasr Eddine est un puits de science et qu'il est capable de répondre à toutes les questions, même les plus complexes. Il décide un jour de le consulter.

Dès que Mollah l'aperçoit, il l'interroge sur le contenu du panier qu'il porte avec lui.

— Des grenades, Maître.

— Eh bien, reprend Nasr Eddine, je veux bien répondre à toutes tes questions, à condition que tu me donnes une grenade pour chaque réponse.

L'étudiant accepte le marché. Il pose une question à Nasr Eddine et lui tend une grenade que Mollah mange tout de suite après avoir répondu.

Le troc, une grenade pour une réponse, continue jusqu'à épuisement du stock de grenades et de celui des questions, une trentaine environ.

— J'ai encore une question à te poser, conclut l'étudiant : comment as-tu pu manger en une seule fois tant de grenades ?

— Désolé, répond Nasr Eddine, je ne peux répondre à ta question, car tu n'as plus de grenade à m'offrir.

* * *

Nasr Eddine se rend aujourd'hui sur la place du marché et se met à sermonner les gens.

— Mes chers coreligionnaires, voulez-vous connaître la vérité sans effort, distinguer le vrai du faux, le progrès sans renoncement ?

Une foule considérable s'attroupe autour de lui, criant d'une même voix :

— Oui, oui, nous le voulons !

— Bien, répond Nasr Eddine. Si un jour je la trouve, je vous tiendrai au courant. Pour l'instant je voulais seulement me faire une idée de vos exigences.

* * *

Lors d'une discussion philosophique un jeune disciple demande au Hodja :

— *Qu'est-ce que la Vérité, Maître ?*

— *Quelque chose que je n'ai encore jamais dit et que je ne dirai sûrement jamais.*

* * *

En effet, si le psychanalyste occupe, par son mutisme, la place du mort, désertant ainsi celle du maître supposé savoir, c'est pour permettre au seul qui sait, c'est-à-dire au patient impatient, de faire surgir sa vérité profonde. La cure analytique ne s'inscrit point dans un contexte d'échange commercial, réponse contre argent comptant. Il n'existe pas, d'un côté, le psychanalyste qui saurait tout et, de l'autre, le patient ignorant qui ne demanderait qu'à apprendre. D'ailleurs si quelqu'un sait quelque chose, c'est bien le patient. La seule fonction du psychanalyste consiste à aider le sujet à désapprendre, à dépoussiérer son entendement de l'encombrement des évidences, afin de s'autoriser enfin à s'exprimer, à penser et à désirer autrement, subjectivement, face aux secrets de l'existence.

* * *

Un étudiant harcèle Nasr Eddine en lui posant toutes sortes de questions. Mollah répond chaque fois, sans avoir l'impression de satisfaire entièrement le jeune homme. Un jour celui-ci interpelle le maître :

— *Tout ce que vous me dites est très intéressant, mais j'aurais souhaité que vous me donniez des directives plus explicites.*

— Et pourquoi donc ? l'interroge Mollah.

— Il est vrai que j'apprends beaucoup avec vous et que j'ai fait pas mal de progrès, mais je voudrais aller plus vite et bien plus loin. Donnez-moi votre secret, comme vous l'avez donné aux autres.

— D'accord, répond Nasr Eddine. Je te le donnerai quand tu seras prêt.

Peu de temps après, l'étudiant pressé et impatient se dit prêt à recevoir le secret de la connaissance.

Nasr Eddine répond :

— D'accord. Mais sais-tu que tu dois désormais m'imiter dans tous mes comportements ?

— Oui, Maître, répond le jeune étudiant.

— Peux-tu garder un secret ?

— Je le promets. Je ne le communiquerai à personne.

— Parfait. Dans ce cas je ne te dirai rien, car moi aussi j'ai appris par mes anciens maîtres à garder un secret aussi bien que toi.

* * *

Dans cette perspective, contrairement à l'illusion des parents, ce que les enfants réclament aux adultes, ce ne sont nullement des réponses qui, d'ailleurs, s'avèrent souvent décevantes. Les enfants sollicitent une écoute et une présence vraies, un accompagnement et non une information objective qui risquerait de bloquer leur imagination et de réduire leur vie fantasmatique à néant.

L'enfant n'est pas l'élève de ses parents enseignants. C'est plutôt lui qui les élève en s'élevant. La question classique : « D'où viennent les bébés ? » par exemple, n'est jamais à prendre au premier degré, au sens littéral. Cette question est formulée pour signifier une demande latente inexprimable verbalement : « Papa, maman, acceptez-vous vraiment d'être mes parents ? Me reconnaissez-vous comme ne provenant pas que de vos sperme et ovule, votre duplicata, mais comme étant moi-même, une personne différente ? »

Dans le même ordre d'idées, il est tout à fait pervers et malsain de croire que l'on pourrait, par une information pédagogique, livresque ou médiatique, apprendre aux hommes et aux femmes leur métier de parents, aux adolescents à se préserver avec des préservatifs contre le sida, ou encore aux citoyens à protéger leur vie contre les dangers de la drogue, de l'alcool, du tabac et de la vitesse au volant.

Ces campagnes de prévention ne parviennent à convaincre que ceux qui sont déjà convaincus. Les autres seront, au mieux, insensibles au matraquage, au pire, tentés. Il n'y a pas plus sourd que celui qui ne veut pas entendre. Et puis, est-il toujours bon de savoir ? Ces campagnes prophylactiques n'aboutissent-elles pas parfois aux résultats inverses, en stimulant certains à se précipiter inconsciemment vers les dangers contre lesquels on cherche à les mettre en garde ?

* * *

Nasr Eddine vient d'acquérir au marché une belle théière en porcelaine. Mais une idée le tracasse en chemin : « Si une fois à la maison, la théière se casse par malheur, à cause de la maladresse du chat ou de

Kadija, que faudra-t-il faire ? J'habite loin du marché et le raccommodeur de porcelaines ne sera peut-être pas là au bon moment... »

Soudain, Mollah a une idée géniale : « Il vaut mieux régler le problème tout de suite alors que je me trouve encore au bazar. »

Nasr Eddine jette sa belle théière par terre, ramasse les morceaux, qu'il apporte immédiatement chez le raccommodeur de porcelaines : « Comme cela je suis tranquille maintenant. »

* * *

Pour se soulager, Nasr Eddine finit par briser sa belle théière de peur qu'elle ne soit cassée à cause de la maladresse du chat ou de Kadija.

Dernière question enfin : Sommes-nous capables de répondre aux questions qui nous sont posées journellement ?

Naturellement, cela dépend des circonstances. Parfois, une simple réponse vraie donnée à l'enfant peut dédramatiser une situation angoissante : l'hospitalisation d'un proche, une dispute entre parents. Mais, dans nombre de cas, la réponse faite à une interrogation, même banale, s'avère plus qu'inutile et rend la communication encore plus problématique en raison des malentendus et des malentendants.

Un quidam m'interpella un jour dans la rue en me demandant l'heure exacte. Je lui répondis : « Il est trois heures. » Il me répliqua un peu vexé, en regardant sa montre : « Non, monsieur. Il est exactement trois heures moins cinq ! »

Que voulait-il me signifier par là ? Qu'il lui restait plus de temps à vivre que je ne l'imaginais ? Je ne sais pas. Peut-être qu'en fin de compte, aucune question n'est, malgré l'apparence, banale. Elle est posée pour qu'une autre, vraie celle-là, soit tue, en ne franchissant pas la barrière du langage. Nous ne parlons jamais de la même chose, ni d'aucune chose d'ailleurs, nous parlons de nous.

* * *

— Que fais-tu assis à ce carrefour depuis ce matin ? demande un voisin à Mollah.

— Vois-tu, un jour il se passera ici un événement très important. Une foule nombreuse s'y rassemblera. Lorsque ce moment arrivera, il me sera impossible d'être assis au premier rang. C'est pourquoi je prends mes précautions en étant déjà là.

* * *

Un ami surprend un jour Nasr Eddine, assis sur son âne, à tourner sans cesse autour de la place du village. En s'approchant, il voit Mollah jeter régulièrement des pincées de sel par terre. Très étonné par cet étrange comportement, il interroge Nasr Eddine :

— Que fais-tu, Mollah ? Pourquoi jettes-tu des pincées de sel sur la place ?

— Je fais fuir les tigres, lui répond Mollah.

— Mais tu vois bien qu'il n'y a pas de tigres par ici.

Nasr Eddine répond d'un air triomphant :

– Alors ma technique pour éloigner ces bêtes est drôlement efficace.

* * *

Nasr Eddine creuse un énorme trou dans son jardin. Un voisin, assistant à la scène, l'interpelle :

– Que vas-tu faire de toute la terre et de toutes les pierres que tu viens de retirer ?

– Pas de problème, lui répond Mollah. Je vais creuser un autre trou pour les faire disparaître.

– Parfait ! reprend le voisin. Mais dis-moi, où mettras-tu ensuite tout ce que tu auras retiré de ce deuxième trou ?

– Rien de plus simple, répond de nouveau Nasr Eddine. Je creuserai un autre trou pour le faire disparaître.

– Je vois que tu es un génie, Mollah. Mais dis-moi, que feras-tu ensuite de la terre de ce troisième trou ? Peut-être la mettras-tu dans un quatrième ?

Nasr Eddine s'irrite :

– Laisse-moi continuer mon travail maintenant. Si je perds mon temps à t'expliquer mon plan dans tous ses détails, je ne terminerai jamais.

* * *

Ainsi, la majorité des questions renvoie à l'utilité d'être vivant, au sens de notre existence. Pourquoi Nasr Eddine creuse-t-il des trous successifs dans son jardin ? Pourquoi est-il assis au carrefour depuis ce matin ? Pourquoi jette-t-il des pincées de sel sur la place du village ?

Ces histoires, par-delà leur apparence bête et niaise, contiennent une sagesse mystique prodigieuse. Elles mettent en avant l'absurdité manifeste, la futilité patente, l'inanité foncière de l'entreprise humaine. Que faisons-nous d'autre, vous et moi, du matin au soir que de creuser un trou pour y placer les gravats du trou initial ? Que de chasser par nos pincées de sel les tigres sur la place ? Que d'attendre, au carrefour de la vie, l'événement formidable ?

Mais Nasr Eddine fait preuve, par ses réponses idiotes, d'une subtilité géniale. Il ne dit pas qu'il n'existe aucun plan ni aucun secret, mais il ne les dévoile pas. Il les conserve intacts. Il lui faut d'abord, et surtout, poursuivre son travail. Il ne dit pas qu'il n'y aura aucun événement au carrefour ni de bête sauvage sur la place. Il accomplit simplement sa tâche. Ainsi il nous encourage à agir, à marcher, à entreprendre, c'est-à-dire à vivre au présent en donnant sens à notre démarche puisque nul ne peut connaître le secret du commencement ni celui de la fin.

L'essentiel, c'est la quête/l'enquête. La réponse est secondaire, inutile, accessoire.

Enfin, dans l'histoire suivante, l'omniscience des savants est tournée en ridicule par l'ignorance feinte de Mollah. Socrate disait : « Je sais plus que vous, car je sais que je ne sais point. »

* * *

Trois philosophes voyagent d'une contrée à une autre dans le but d'engager des débats avec les érudits de province. Nasr Eddine accepte, sur l'insistance du gouverneur, d'affronter les trois intellectuels arrivés de la capitale.

Tous les habitants se précipitent dans la grande salle municipale pour assister aux débats.

Le premier philosophe demande à Mollah :

— Où se trouve le centre de la Terre ?

— Le centre de la Terre, répond Nasr Eddine, se trouve exactement à l'endroit où mon âne a posé son sabot. Si tu en doutes, prends un mètre et vérifie toi-même la justesse de ma réponse.

Le deuxième philosophe prend la parole :

— Combien d'étoiles y a-t-il dans le ciel ?

Nasr Eddine répond sans hésiter :

— Autant que les poils de mon âne. Si tu ne me crois pas, compte toi-même les poils et les étoiles.

Arrive enfin le tour du dernier philosophe :

— De combien de façons est-il possible de percevoir le monde ?

— Exactement d'autant de manières que tu as de poils à ta barbe. Si tu veux, je vais te les décrire une à une en arrachant, à chaque fois, un des poils de ta barbe.

Le gouverneur de la ville félicite Nasr Eddine pour ses bonnes réponses et les trois philosophes décident de devenir les disciples de Mollah.

Chapitre 3
Le désir prime sur la réalité

Les blagues suivantes posent la question du désir et de sa prédominance sur les réalités contingentes.

* * *

Un jour, une bande de vieux amis, fréquentant la même maison de thé que Nasr Eddine, cherche à mettre à l'épreuve l'hospitalité de Mollah.

– Veux-tu nous inviter, aujourd'hui même, à dîner chez toi ? Les promesses de générosité ne nous suffisent pas !

– Venez, mes amis. Vous êtes les bienvenus chez moi.

Une fois la bande arrivée à proximité de la maison, Mollah dit à ses compagnons :

– Attendez-moi ici un instant. Je vais aller prévenir Kadija.

Mollah entre et annonce la nouvelle à sa femme. Celle-ci le gifle en disant :

— Mais tu sais bien que nous n'avons pas de victuailles. Renvoie tes amis d'où ils viennent.

Mollah insiste, mais en vain !...

— Monte te cacher dans ta chambre, lui dit Kadija, je leur dirai que tu n'es pas là.

Au bout d'un long moment, les malheureux invités commencent à perdre patience. Ils frappent à la porte et crient :

— Tu mets bien du temps, Nasr Eddine. Laisse-nous entrer !

Kadija ouvre la porte et leur crie :

— Il n'est pas là, Mollah. Il est sorti.

— Mais nous l'avons nous-mêmes vu entrer chez lui, et depuis plus d'une heure nous n'avons vu personne sortir d'ici.

Nasr Eddine, voyant et entendant toute la scène par la fenêtre de sa chambre, apparaît et s'écrie vers la bande :

— Mais enfin, quels imbéciles vous êtes ! Ma femme vous a bien dit que je ne suis pas là. Personne d'entre vous n'a pu penser que j'aurais pu sortir par la porte de derrière ?

* * *

Un jour, le voisin de Mollah veut lui emprunter son âne.

— Vraiment désolé, répond Nasr Eddine. Mon âne n'est pas là. Je l'ai déjà prêté à quelqu'un.

Mais soudain l'animal se met à braire de toutes ses forces, de sorte que tout le monde peut l'entendre à mille lieues de là.

— Pourquoi mens-tu, Mollah ? C'est bien ton âne que j'entends !

Nasr Eddine répond d'un ton un peu exaspéré :

— Si tu préfères croire à la parole d'un âne plutôt qu'à celle de ton voisin, alors tu ne mérites pas que je te prête quoi que ce soit !

* * *

Un voisin vient un jour demander à Nasr Eddine de lui prêter sa corde.

— Impossible, dit Mollah. Je ne peux pas te la prêter. J'en ai besoin moi-même en ce moment. Je m'en sers pour faire sécher ma farine.

— Mais diable, comment fais-tu pour faire sécher de la farine sur une corde à linge ? interroge le voisin.

— C'est bien plus facile que tu ne crois quand on n'a pas envie de prêter sa corde à linge.

* * *

Un mendiant, voyant Nasr Eddine dévorer une belle oie rôtie, le prie :

— Donne-moi, s'il te plaît, un morceau de ta volaille rôtie. Cela fait plusieurs jours que je ne me suis pas nourri correctement.

— Je suis désolé, répond Mollah. Je t'en aurais donné volontiers, mais je ne peux pas. Cette oie appartient à Kadija, ma femme.

* * *

Nous avons souvent tendance à justifier la plupart de nos comportements en avançant une foule d'arguments logiques et de nécessités matérielles. Cela nous permet de dégager notre responsabilité et de nous déculpabiliser. Alors qu'en fait, il s'agit de choix personnels dictés par notre désir conscient, ou souvent inconscient. Qui veut noyer son chien l'accuse de la rage.

Cette suprématie du désir intérieur sur les événements extérieurs est repérable dans tous les domaines de notre existence. Il s'agit d'abord de toutes ces situations où, par timidité ou par manque de courage, nous n'osons pas dire « non » ni exprimer clairement nos intentions. Aussi, nous avons recours à mille et un prétextes abracadabrants. À l'image de Nasr Eddine qui n'a pas envie de prêter sa corde ou son âne, ni de recevoir ses amis.

Mais le problème du désir concerne des sujets autrement plus importants. Que dit Nasr Eddine lorsqu'il crie par la fenêtre de sa maison, bravant toute évidence, qu'il n'est pas chez lui et qu'il est sorti par la porte de derrière ?

Cela signifie que, faute de désir, il est physiquement présent mais psychologiquement absent. Le corps et le cœur se dissocient brutalement. Si la communication est défaillante dans certains couples, si les conjoints ne se trouvent pas sur la même longueur d'onde, cela tient au fait que leur présence corporelle n'est pas synonyme de leur investissement affectif. Chacun fait semblant d'être là, accomplit son devoir, conjugal ou pas, mais est psychologiquement indisponible, défaillant.

De même, nombre de parents, tout en passant beaucoup de temps avec leurs enfants, sont néanmoins psychologiquement absents. Soit parce qu'ils rejettent inconsciemment la vie familiale qu'ils considèrent comme un emprisonnement ou un poids, soit parce que, totalement absorbés par les soucis professionnels, ils ne peuvent être à l'écoute de leurs enfants.

Certains pères, en raison de leur immaturité ou parce qu'ils sont dominés par une épouse autoritaire qui « porte la culotte », sont bel et bien là, mais effacés, démissionnaires, évanescents.

Une absence totale mais sans ambiguïté est quelquefois moins préjudiciable à l'évolution de l'enfant qu'une demi-présence, nébuleuse, hésitante. Dans le même ordre d'idées, certains enfants en échec scolaire, tout en faisant preuve d'une assiduité exemplaire, ne participent pas vraiment à la vie de la classe. Ils sont « ailleurs », « dans la lune », « dans les nuages », « à côté de leurs pompes », désespérant les enseignants.

Enfin, il s'agit de la même présence absente pour tous ces adultes se rendant tous les matins au travail, mais à contrecœur, comme s'ils étaient traînés au purgatoire, par contrainte, sans plaisir, seulement pour gagner leur croûte à la sueur de leur front. Ils ont les yeux rivés sur l'horloge, ne pensent qu'aux prochaines vacances ou à la retraite qui se fait attendre.

Incontestablement, cette désunion entre la présence physique et l'absence psychologique devient la source de tous les tiraillements. Elle est responsable de la difficulté de concentration, des fameux trous de mémoire, de l'instabilité et de l'impossibilité de jouir pleinement du présent. Ces personnes ne sont jamais là où elles sont, toujours ailleurs, pensant à autre chose ou à quelqu'un d'autre, en déphasage.

Petit test : Sauriez-vous décrire comment votre conjoint était habillé ou coiffé ? L'histoire que votre enfant vous a racontée en rentrant de l'école ? Ce que vous avez mangé ou l'article que vous avez lu dans le journal, pas plus tard qu'hier ?

Paradoxalement, lorsqu'on est vraiment engagé, impliqué dans une action en unissant son corps à son esprit, les pires corvées deviennent supportables. Ce qui fait souffrir, ce n'est ni le couple, ni la famille, ni le travail, mais la dissociation corps-esprit, le manque de présence symbolique et d'engagement effectif.

* * *

Nasr Eddine traverse des moments financièrement difficiles. Après une période de frustrations, il décide de vendre son âne à la prochaine foire. Lorsque Kadija apprend le projet, elle proteste auprès de son mari :

— Tu es devenu fou ou quoi ? Tu ne vas quand même pas te séparer de ton vieil âne ? Comment feras-tu pour te déplacer sans lui ?

Nasr Eddine sourit comme pour rassurer Kadija.

— Ne t'inquiète pas, ma chérie. Lorsque j'emmènerai la bête à la foire, je demanderai un tel prix que personne n'en voudra !

* * *

Autre question : Comment comprendre ce comportement ubuesque de Nasr Eddine qui emmène son âne au marché pour le vendre, mais en réclamant un tel prix qu'il ne puisse trouver aucun acquéreur ?

Cette attitude signifie : « Voilà, j'ai fait en apparence ce qu'il fallait pour réussir, mais je n'en avais pas envie. J'ai échoué, mais ce n'est pas de ma faute. Je peux avoir bonne conscience. »

N'agissons-nous pas nous aussi selon le même mode que Mollah ?

Notre réussite ou notre échec ne sont pas seulement déterminés par le hasard des contingences, par la chance ou la malchance, mais par notre désir profond de succès ou par notre besoin d'échec inconscient, programmé, fixé préalablement.

Lorsqu'on a décidé de réussir, on plie la réalité à ses souhaits. On fait preuve de persévérance sans désespérer au premier incident. C'est le désir qui nous rend forts et non l'inverse. Au contraire, quand le désir de gagner est incertain ou lorsqu'on croit qu'on forcément rater un projet, en amour, dans les études ou le travail, on met inconsciemment en place une stratégie de ratage. Chacun est responsable de ce qu'il devient ou ne devient pas, est l'artisan de son propre destin. Il serait donc inutile d'accuser les autres, la malchance ou un mauvais concours de circonstances.

Certaines personnes se voient obligées d'échouer pour ne pas rivaliser avec un père qui a réussi trop brillamment ou pour ne pas le dépasser afin de lui éviter le souvenir de ses échecs cuisants.

D'autres se placent répétitivement dans des situations de défaite, comme par masochisme, pour s'autopunir, expier une faute, une culpabilité imaginaires. Ne parlons pas de ceux qui, manquant totalement de confiance en eux-mêmes, se croient vils, indignes de tout succès.

C'est la raison pour laquelle il serait parfaitement inutile et illusoire de s'épuiser à faire le bonheur des autres, lorsque ceux-ci ne sont pas intérieurement aptes à mobiliser leur machine désirante pour faire évoluer leur sort de manière positive en prenant leur destin en main.

D'ailleurs, tout acharnement, toute hyperprotection zélée, loin de les secourir, les rendra encore plus passifs, plus dépendants, et accélérera leur débâcle. L'insuccès, dans le couple, la famille, les études et le travail, tient rarement à une insuffisance concrètement réparable. Dans la majorité des situations, il prend sa source dans un nœud, dans un blocage inconscient où la personne se croyant mauvaise et « maudite » s'interdit de gagner, de plaire, de percer, de prospérer, comme si elle se sentait coupable, ne s'en donnait pas la permission ou le droit.

* * *

Cela fait maintenant plusieurs heures que Kadija souffre le martyre des douleurs de son premier accouchement. Elle est entourée, soutenue et encouragée par une sage-femme ainsi que par quelques voisines. Mais, malgré les prières et les incantations, l'enfant ne vient pas.

Nasr Eddine, qui fait les cent pas dans la pièce voisine, n'en peut plus d'attendre. Brusquement, transgres-

sant l'interdiction de pénétrer dans la pièce, il court vers sa femme et place entre ses cuisses un petit jouet en bois.

La sage-femme hurle de rage :

– Mais tu es devenu fou ou quoi, Mollah ? Pourquoi fais-tu une bêtise pareille ?

– Tout ce que vous faites n'a servi jusqu'à présent à rien, répond Nasr Eddine. Il faut donner à cet enfant l'envie de sortir du ventre.

* * *

Une bande de gamins s'attroupe autour de Nasr Eddine.

– Mollah, veux-tu fabriquer à chacun de nous une flûte avec ces roseaux ?

– Bien sûr, mes enfants. Vous êtes tous bénis par Allah.

Nasr Eddine se met aussitôt à l'ouvrage et fabrique, pour chacun, une belle flûte comme en ont les bergers des montagnes. Un seul enfant remercie Mollah en lui mettant discrètement une petite pièce au creux de la main.

Nasr Eddine lui chuchote à l'oreille :

– Tout le monde a une flûte, mais toi, tu seras le seul à pouvoir en jouer, mon enfant.

* * *

Kadija est en proie aux douleurs de l'enfantement. Mollah va chercher, en pleine nuit, la sage-femme. Celle-ci arrive sur-le-champ, allume une bougie et prie Nasr Eddine de la tenir, près de la parturiente, pour éclairer le travail de l'accouchement. Nasr Eddine s'exécute.

Ainsi, au bout d'un moment, il voit venir au monde son premier enfant. Bouleversé par l'émotion, Mollah s'éloigne, sa bougie à la main, plongeant la pièce dans l'obscurité totale.

La sage-femme le rappelle :

— Où vas-tu, Mollah ? Reviens vite ! Il y a un deuxième bébé dans le ventre.

De nouveau, Nasr Eddine s'exécute. Un instant plus tard, il assiste à la naissance du deuxième enfant. Soudain, il souffle sur la bougie et sort de la chambre.

La sage-femme le rappelle à nouveau :

— Que fais-tu, Nasr Eddine ? On ne voit plus rien dans la chambre. Reviens !

— Non, répond énergiquement Mollah. Ne vois-tu pas que la lumière les attire ? Je ne rallumerai pas la bougie. Il vaut mieux que nous en restions là.

* * *

Il s'agit de la même question du désir quand Nasr Eddine éteint les bougies ou cherche à donner l'envie de naître à son enfant en plaçant un jouet en bois entre les cuisses de Kadija. De même, lorsqu'il chuchote, à l'oreille du gamin qui lui a remis discrètement une pièce, que lui seul sera capable de jouer de la flûte.

En effet, c'est l'enfant qui déclenche le processus de l'accouchement. C'est lui qui décide de quitter la matrice en mettant ainsi fin à neuf mois de séjour paradisiaque. Certaines mères se retiennent inconsciemment, bloquant la délivrance afin que perdure la fusion mère-enfant. Spécialement lorsque le père, physiquement présent mais psychologiquement absent, ne peut intervenir, en tant que troisième sommet du triangle pour introduire entre eux une distance. La vraie sage-femme, c'est le père qui salue l'arrivée du petit par son désir et légitime sa naissance.

De même, Nasr Eddine a bien pressenti que seul celui qui s'investit dans une action en la payant, en l'irriguant par son désir, sera capable de la réussir. Toutes les autres flûtes resteront des roseaux muets par manque de motivation et d'enthousiasme. Souvent, les choses obtenues gratuitement, passivement, non conquises par la lutte, l'effort et la patience, loin d'épanouir le receveur, finissent par émousser son désir, affaiblir sa combativité et étouffer sa demande (sexualité trop facile, fortune miraculeuse, soins et éducation gratuits, etc.).

La réalisation du désir comporte inévitablement un prix. Seul celui qui consent à le régler pourra réclamer sa récompense.

CHAPITRE 4

L'éloge de la paresse et de la lenteur

Nous l'avons déjà souligné, Mollah est un personnage lent et paresseux. La blague suivante cherche à positiver ces attitudes :

Kadija reproche encore une fois à Nasr Eddine de ne pas travailler beaucoup, de ne pas gagner assez d'argent et de faire vivre chichement le ménage. Mollah proteste :

— Je suis au service d'Allah. Je n'ai pas besoin de travailler pour les autres.

— Demande-Lui, dans ce cas, ton salaire et tes arriérés, pour rembourser nos dettes et nous procurer de quoi manger décemment, répond Kadija ironiquement.

Nasr Eddine obtempère, se met à la fenêtre en adressant au Très-Haut la prière suivante :

— Ôh Allah le Miséricordieux, cela fait des années que je travaille pour Toi. Envoie-moi cent pièces d'or en guise de récompense.

Le voisin, entendant cette prière et pensant jouer un bon tour, lance un sac de pièces d'or dans le jardin de

Mollah. Celui-ci ramasse immédiatement la manne et la présente à Kadija, ébahie par le miracle d'Allah.

Mais quelques heures après, le voisin regrette son geste impulsif et, craignant de ne plus pouvoir récupérer son argent, vient le réclamer en racontant sa farce à Mollah. Nasr Eddine refuse de lui rendre sa bourse et les deux hommes décident alors de porter l'affaire devant le tribunal. Mollah dit au voisin :

– Je ne pourrai me présenter dans cette tenue au tribunal. Et puis mon âne n'ayant pas mangé depuis trois jours sera incapable de me transporter jusque-là. Prête-moi ton manteau et ton cheval.

Le voisin accepte cette proposition. Le juge, après avoir entendu le plaignant, s'adresse à Nasr Eddine :

– Que peux-tu dire pour te défendre, Mollah ?

– Cet homme est fou. Il croit que tout ce que j'ai lui appartient. Demandez-lui, Monsieur le Juge, à qui appartient ce manteau – mon manteau – et qui est le propriétaire de ce cheval – mon cheval.

Le pauvre plaignant s'écrie, paniqué :

– Mais évidemment, ils sont tous les deux à moi !

– L'affaire est classée. Tu es reconnu innocent, Nasr Eddine ! tranche le magistrat.

* * *

Le terme de « paresse » souffre, dans le vocabulaire occidental actuel, d'une mauvaise presse. Il s'agit là d'un concept à connotation négative comme l'ensemble des mots et qualificatifs faisant partie de la même famille : fainéantise, passivité, oisiveté, nonchalance, paresser, « glandouiller », « buller », « se la couler douce », etc.

À l'inverse, les concepts de travail, d'activité et d'occupation sont hautement valorisés. Pourtant, la paresse constitue un besoin physique et psychologique d'une importance considérable. C'est la raison pour laquelle la plupart des grandes religions ont institué dans leur calendrier hebdomadaire une journée officielle de paresse (le shabbat pour les juifs, le vendredi pour les musulmans et le dimanche pour les chrétiens).

Ce jour chômé est surtout destiné à limiter l'esclavage de l'homme vis-à-vis des soucis quotidiens, à diminuer sa servitude à l'égard des réalités matérielles. L'objectif n'est point d'attirer les paroissiens vers le bercail divin, mais bien plutôt celui de rapprocher l'homme de son intériorité, pour qu'il s'appartienne davantage.

De plus, cette vacance hebdomadaire a l'immense avantage d'organiser, de rythmer, de baliser le temps homogène. Ce creux n'est pas un vide inerte, mais la matrice maternelle d'où naissent les autres jours de la semaine. Sans lui, les autres jours n'auraient aucun sens.

Alors pourquoi tant de personnes luttent-elles contre ce besoin ? Pour ces infatigables, l'activité, la suroccupation, l'emploi du temps surchargé remplit une fonction anesthésiante comme un médicament, même s'ils font mine de s'en plaindre : « Je n'en peux plus, je n'ai pas le temps, je suis épuisé, etc. »

Encore enfants, et même après cinquante ans, ils continuent à obéir au Surmoi policier hérité de leurs parents, en ne s'autorisant aucune pause, ni une minute de détente : « Arrête de sucer ton pouce. Lis un livre. Range ta chambre. » Dans ce contexte, il est inconcevable de s'autoriser le plaisir récréatif, honteux et coupable, de l'entracte reposant. Pour d'autres, l'hyperactivité frénétique leur permet d'éviter de réfléchir, les aide à fuir le face-à-face avec les autres et surtout avec soi-même. Ils ont besoin d'exorciser certaines inquiétudes en évitant d'y penser, afin de sauvegarder un équilibre psychologique bancal.

Certaines femmes cherchent dans la surabondance d'activités le moyen de nier, de combattre leur identité féminine péjorée en s'attribuant une virilité masculine illusoire, la passivité étant considérée comme un défaut féminin. Pour ces hommes et ces femmes, s'arrêter signifie ne plus produire, ne plus être utiles, ne plus servir, ne plus exister.

Enfin, chez d'aucuns, « ne rien faire » réveille des angoisses de trépas. La vitalité et le dynamisme constants les rassurent, leur prouvent qu'ils sont bel et bien vivants, animés, contrairement au cadavre inerte, figé, immobile.

C'est précisément ces angoisses de mort qui sont à l'origine de l'instabilité comportementale des enfants, puisque dans leur imaginaire ils associent l'immobilité à la mort et la vivacité à l'excitation et à la turbulence. L'éducation moderne, basée sur le remplissage, la stimulation constante, l'autonomie précoce, la performance, la réussite scolaire et l'exercice d'une foule d'activités extrascolaires, prive les petits de rêvasser, de s'ennuyer, de paresser, faisant avorter ainsi le développement de l'imaginaire et de l'intelligence.

Évidemment, cette enfance volée, écourtée, loin de les préparer à l'âge adulte, risquera fort de les bloquer dans une interminable adolescence. La passivité et la paresse nous invitent en outre à dédramatiser les événements, à prendre de la distance à l'égard des passions galvanisées/galvanisantes. Elles nous encouragent à la sérénité et à la patience, à lâcher prise en acceptant quelquefois notre impuissance.

* * *

Nasr Eddine sirote tranquillement une boisson rafraîchissante, assis sur la terrasse de la maison de thé où il se rend régulièrement.

Un petit coquin passe par là et fait tomber, en courant, la toque de Mollah. Celui-ci ne bronche pas. Le petit polisson recommence la même bêtise plusieurs fois. Nasr Eddine se contente de ramasser sa coiffure et de la remettre en place.

Un client lui demande :

— Pourquoi ne réagis-tu pas, Mollah ? Pourquoi ne punis-tu pas ce gamin qui mérite une bonne fessée ?

Nasr Eddine répond simplement :

— Les choses ne se passent pas ainsi.

Le lendemain, Nasr Eddine se rend à la même maison de thé. Le fameux gamin apparaît en courant, mais cette fois il fait tomber la toque d'un soldat à l'aspect terrible, assis à la table qu'occupe habituellement Mollah.

Alors, sans rien dire, le soldat offensé se lève et d'un coup d'épée tranche la tête de l'enfant. Nasr Eddine s'adresse au client qui, la veille, lui avait reproché sa passivité :

— Comprends-tu maintenant le sens de ce que je te disais hier ? Ne vaut-il pas mieux quelquefois tolérer sans réagir ?

* * *

Depuis quelque temps, Nasr Eddine a un esclave. Un beau matin en se réveillant, Mollah découvre que son esclave a pris la poudre d'escampette. Le maître se met à sa recherche dans toutes les rues de la ville.

— Quel pauvre imbécile tu es ! Pourquoi t'es-tu enfui sans m'avertir ?

Tous les passants que Nasr Eddine croise compatissent avec lui, sauf un.

— Excuse-moi, Nasr Eddine, de ne pas être du même avis que toi. À mon sens, ton esclave a eu bien raison de s'enfuir. Existe-t-il de pires conditions dans la vie que l'esclavage ?

— Tu ne comprends rien, lui répond Mollah. S'il était resté mon esclave, je l'aurais un jour libéré. Alors qu'en s'enfuyant il restera à jamais mon esclave.

* * *

Quelques amis insistent pour emmener Nasr Eddine à la chasse. Mollah refuse d'abord mais finit par accepter et enfourche un cheval. Au bout d'un moment, il est distancé par la troupe des chasseurs et se trouve ainsi seul au milieu des bois.

Une terrible averse se déclare et comme il n'existe aucun abri pour se protéger, tous les chasseurs sont trempés jusqu'aux os... sauf Mollah. Celui-ci, dès qu'il voit la pluie tomber, enlève tous ses vêtements, les plie soigneusement et s'assoit sur le tas. Dès que l'averse s'arrête, il se rhabille et se rend sereinement à la maison de son hôte. Tous sont étonnés de voir Nasr Eddine arriver sec, sans aucune trace d'humidité.

Mollah explique :

– C'est grâce au cheval que je montais.

Le lendemain, les amis insistent de nouveau pour emmener Nasr Eddine à la chasse, mais cette fois ils lui attribuent un autre cheval.

Par manque de chance, ce jour-là aussi, il pleut à torrents. Tout le monde est encore une fois complètement trempé, sauf évidemment Mollah, usant du même stratagème que la veille.

Lorsque Nasr Eddine rejoint ses compagnons, celui qui montait le « cheval magique » de Nasr Eddine incrimine Mollah :

– C'est de ta faute si je suis ainsi trempé. Ton canasson avance comme un escargot.

Mollah lui répond :

– Ne serait-ce pas aussi de la tienne ? Puisque tu n'as pas pu réfléchir un instant pour résoudre l'énigme suivante : comment rester sec sous l'averse. Cesse d'accuser les amis, le cheval et le ciel.

* * *

Plus nous nous acharnons à arranger les choses, à résoudre les problèmes, à apporter des solutions réelles et plus les difficultés se multiplient, encore plus insolubles qu'auparavant. Si l'esclave de Mollah s'était résigné à son destin d'esclave, paradoxalement il aurait été libéré plus rapidement. Seul Nasr Eddine restait sec sous la pluie battante parce que lui seul avait accepté de se mouiller vraiment. Plus on lutte et plus on devient l'esclave de l'inconscient en s'enfonçant dans des sables mouvants. Plus on refuse et plus on s'éloigne du dénouement. Plus on se bagarre contre les émotions qualifiées injustement de « négatives » : la dépression, l'angoisse, l'ennui, etc., en recourant à l'utilisation massive, c'est-à-dire addictive des antidépresseurs et anxiolytiques, et plus on accentue son mal-être. « Pour gagner, il faut renoncer à vaincre », disait Bouddha.

Contrairement à l'esprit occidental moderne, obnubilé par la performance et la rapidité, basé sur l'optimisation maximale du temps et l'hyperactivité, Nasr Eddine nous invite à la lenteur, à la passivité et à la paresse !

Le vrai temps, au fond, c'est celui que l'on perd, c'est-à-dire celui que l'on prend pour se détendre, ou pour vivre avec les siens les mille et une petites choses de la vie quotidienne, en apparence futiles. Plus on court après le temps, plus on cherche à en gagner ou à l'économiser et plus on en manque, paradoxalement !

Chapitre 5

La misogynie orientale

Les blagues suivantes dégagent, en apparence, un certain parfum de misogynie orientale. Ne dit-on pas : « Bats ta femme tous les jours, si tu ne sais pas pourquoi, elle, elle le sait » ?

Une lecture hâtive, conventionnelle, faite au premier degré, pourrait laisser entendre que l'homme s'évertue à inférioriser, à péjorer la femme pour la dominer en dégradant son image. Il est vrai que ces plaisanteries dépeignent Kadija sous un jour défavorable. Elle est présentée comme une femme bavarde, agressive, gloutonne, menteuse, à tel point que Mollah souhaite sa mort et lui préfère, de loin, la compagnie de son âne.

* * *

Ce n'est pas la première fois que Nasr Eddine se dispute avec Kadija. Mais cette fois, il dépasse les bornes et, pour un prétexte futile, l'insulte et l'agresse à tel point que sa femme s'enfuit, furieuse, de la maison conjugale.

Elle s'abrite chez les voisins. Mollah réclame Kadija en poussant des hurlements. Les voisins désemparés cherchent à calmer l'agressivité de Mollah. Au bout d'un moment, le couple se réconcilie et s'en va bras dessus, bras dessous, après avoir bu et mangé copieusement.

Mollah dit alors à Kadija : « Mon amour, essaie de me faire perdre mon sang-froid plus souvent. Comme cela nous nagerons dans le bonheur tout le temps ! »

* * *

Cette nuit, la femme de Nasr Eddine a un sommeil très agité. Tout à coup elle pousse des hurlements en donnant des coups de pied à Mollah. Celui-ci, interrompu dans son sommeil, réveille sa femme et lui demande la cause de son agitation bruyante.

— Je viens de faire un horrible cauchemar, répond Kadija. J'avais fait une chute dans le torrent. Les gens m'ont repêchée inanimée. Ils m'ont transportée au cimetière. Le croque-mort m'a habillée d'un linceul et m'a descendue dans une fosse fraîchement creusée. Quand on s'apprêtait à me couvrir de terre, alors tu m'as réveillée.

— Quel imbécile je suis de t'avoir arrachée du sommeil un peu trop tôt ! réplique Nasr Eddine.

* * *

Un saint homme raconte un jour à Nasr Eddine qu'il est capable de réaliser des miracles grâce à sa science secrète.

— Je peux rendre la parole à des muets, à ceux qui ont perdu l'usage de la parole, comme à ceux qui n'ont jamais parlé.

— Ô vénérable ermite, lui répond Nasr Eddine, je deviendrais ton obligé pour toujours et ton disciple si tu pouvais rendre ma femme, qui est si bavarde, muette.

* * *

Nasr Eddine vient de perdre son âne. Il est à tel point chagriné qu'il paraît inconsolable à son entourage. Un ami lui demande :

— Lorsque tu as enterré ta première femme, tu semblais moins triste qu'à la mort de ton âne. Pourquoi ?

Nasr Eddine répond :

— Tous mes amis m'ont consolé quand j'ai perdu ma femme en me disant : « Ne t'en fais pas trop, Mollah, nous te trouverons une autre femme. » Mais personne ne m'a encore promis de me trouver un autre âne.

* * *

Aujourd'hui Nasr Eddine a décidé de se faire plaisir. Il achète une bonne livre de filet qu'il demande à Kadija de préparer en brochettes, après l'avoir dûment attendri et épicé.

En attendant l'heure du déjeuner, il s'en va faire une petite balade au marché. Sa femme, encore plus gourmande que lui, profite de cette absence momentanée, fait griller les brochettes et n'en fait pratiquement qu'une bouchée.

Mollah revient du marché et se met à table sans tarder. Mais à la place des brochettes, Kadija lui sert une vulgaire petite purée.

– Nous mangerons la purée une autre fois, sers-moi tout de suite le bon filet, réclame avec impatience Nasr Eddine.

– Par Allah le Miséricordieux, répond Kadija, c'est le chat qui a dévoré le kebab dès que j'ai eu le dos tourné.

Nasr Eddine, déçu et déconcerté, se met en colère. Il se lève, saisit le chat, le soupèse et crie vers Kadija :

– Ôh femme dévergondée, comment peux-tu me résoudre ce mystère ? Si c'est le chat que je tiens, alors où est passée la viande ? Et si ça c'est la viande, où est passé le chat ?

* * *

Dans d'autres blagues, Kadija semble étouffer son mari, en l'empêchant de vivre, de dormir, de respirer. Mollah souhaite la disparition de sa moitié, qui, seule, lui garantirait sa tranquillité :

Un ami croyant interroge un jour Nasr Eddine sur la date exacte de la Résurrection :

– De quelle résurrection parles-tu, demande Mollah.

– Il en existe donc combien ? interroge le croyant.

– Au moins deux, répond Nasr Eddine. Ma petite résurrection, ce sera après la mort de ma femme. Et lorsque je mourrai, moi, je n'aurai plus qu'à attendre la grande.

* * *

Un ami intime de Nasr Eddine lui demande un jour à quels moments de la journée il a l'habitude de se reposer.

— Ma femme Kadija dort toute la nuit et en plus elle fait deux heures de sieste dans l'après-midi.

— Mais pourquoi me parles-tu des heures de sommeil de ta femme ? C'est à toi que je pose la question.

— J'ai bien compris, répond Mollah. Si je te parle de Kadija, c'est parce que moi je ne commence à respirer que quand elle dort.

* * *

Dans le temps, les mariages étaient arrangés par les familles. Mollah Nasr Eddine était donc promis à l'une de ses jeunes cousines. Finalement, elle fut mariée à un prétendant étranger bien plus fortuné que lui.

Quelque temps après le mariage, le jeune marié fut foudroyé par une attaque et mourut.

En présentant ses condoléances à sa jeune cousine, Mollah lui dit :

— Heureusement que c'est lui que tu as épousé, sinon c'est moi qu'on enterrerait aujourd'hui.

* * *

Mais méfions-nous cependant, ici comme ailleurs, des évidences qui, crevant les yeux, empêchent de bien voir. Les apparences sont souvent trompeuses. Si cette misogynie était alimentée par une conviction sérieuse et authentique, on n'en rirait pas. Si on s'en amuse, c'est qu'elle est bien plus compliquée/complexe que le sens affiché qu'elle donne à voir.

Ces histoires contiennent deux idées principales :

1) La relation amoureuse, et surtout conjugale, est toujours tissée d'ambivalence : « Je t'aime et je ne t'aime pas. » Les conflits et les disputes ne sont pas des manifestations anormales. Les tiraillements dans le couple ne démontrent pas l'absence de tout amour entre les conjoints. Bien au contraire, puisqu'ils permettent quelquefois à Kadija et à Nasr Eddine de se retrouver encore plus amoureusement après la bagarre !

En réalité, l'homme et la femme sont comme deux étrangers en face à face. Tout en croyant parler la même langue, ils ne parlent jamais le même langage. Ils ne partagent nullement la même vision, ni une sensibilité ni des émois semblables, qu'il s'agisse de l'amour, de la sexualité, de la vie, de la mort, de l'argent, du corps ou du travail.

Pour cette raison, la communication entre eux, loin d'être une donnée naturelle, facile et allant de soi, est comme un pari, une gageure, difficilement surmontable. D'ailleurs le fantasme de parité, d'homogénéité, de la non-différence entre le masculin et le féminin est responsable de la quasi-totalité des divorces et des violences conjugales. Chacun se représente le couple comme étant un havre de paix, baignant dans une atmosphère d'entente harmonieuse, de compréhension parfaite et de transparence totale. Certains vont même jusqu'à reprocher à leur conjoint de n'avoir pas pu deviner et satisfaire sur-le-champ une demande qui n'a même pas été exprimée verbalement : « Tu ne me comprends pas ! »

Paradoxalement, la renonciation à cet impossible fantasme de communication fœtale ouvre la voie à des échanges plus vrais, débarrassés de quiproquos quotidiens. L'entente absolue et permanente constitue une illusion irréalisable.

2) Le second sens de ces blagues misogynes concerne la difficulté spécifique de l'homme à se situer face à « l'inquiétante étrangeté » de la femme.

En effet, si les hommes ont, de tout temps, éprouvé la nécessité psychologique d'inférioriser les femmes, c'est parce qu'ils cherchent à se défendre contre leur propre infériorité naturelle, tout en protégeant la femme contre sa tentation instinctive de toute-puissance mégalomaniaque. L'homme n'est pas dupe. Il reconnaît parfaitement la supériorité de sa « moitié », ainsi que ses propres faiblesses et handicaps masculins. Mais il lui est impossible d'avaler la couleuvre en avalisant cette injuste inégalité fondamentale. Sinon il serait désespéré par son insignifiance, écrasé par l'omnipotence de sa femme.

L'humour misogyne vole à son secours, en désacralisant partiellement la femme, dans l'espoir d'amortir l'inégalité naturelle. Ainsi elle n'est plus tout et l'homme rien, quantité négligée/négligeable. En vérité, la supériorité féminine est une réalité incontestable.

Sur le plan physique d'abord, où elle jouit d'une plus grande résistance à la douleur, à la faim, à la soif et à la maladie. Son espérance de vie dépasse de plus de dix ans celle de son congénère masculin.

Ensuite, sur le plan psychologique, où elle fait preuve d'une robustesse supérieure en se montrant bien plus capable que l'homme de surmonter les pertes, les deuils, les épreuves pénibles et les revers du destin. Un licenciement, un décès, une mise à la retraite, des difficultés financières, capables de déraciner le rigide chêne masculin, ne brisent pas le souple roseau féminin.

Pour cette raison, bien que le taux des tentatives de suicide soit beaucoup plus élevé chez les femmes, le nombre des « suicides réussis » masculins bat tous les records du championnat. De même, l'homme vit dans et par le besoin. Pour lui, la femme est essentielle. Il en a un besoin vital. Il est dépendant d'elle comme jadis l'enfant collé aux jupons de sa maman.

Par contre, la femme n'a pas *besoin* de son congénère masculin. Elle peut le *désirer* ou s'en passer, mais n'est pas assujettie au besoin. En outre, elle est bien plus intelligente que son congénère masculin. Elle réussit mieux dans les études et peut faire preuve d'un sens aigu d'adaptation et de mobilité face aux changements.

Cependant, l'inégalité essentielle entre les deux sexes, tournant à l'avantage du soit-disant « sexe faible », concerne son incommensurable privilège de concevoir et de porter la vie dans son ventre, contrairement à l'impossibilité naturelle de son conjoint. L'homme aura beau chercher à compenser l'avidité stérile de son ventre en surdéveloppant sa force physique, sa virilité sexuelle, sa combativité sociale, en s'accaparant le pouvoir et l'argent, la gloire et les médailles, sa tristesse jalouse de ne pouvoir porter la vie restera toujours inconsolable, comme une blessure incicatrisable.

De plus, tous les maris honnêtes, marionnettes, ne destineront leur gloire à rien d'autre qu'à séduire le cœur des femmes. Dans ces conditions, la misogynie ne signifie pas haine mais passion des femmes. Elle constitue pour l'homme une tentative de diminuer la sacralité de la femme, en palliant ainsi sa propre insignifiance fondamentale. L'homme a besoin de la détrôner, de la dé-diviniser, de la dé-mythifier pour se donner un tantinet d'importance. Sans cet ajustement modérateur que l'humour sous-entend, aucune relation ne serait possible en raison du déséquilibre foncier entre les deux sexes. Elle serait tout et lui rien.

On pourrait ainsi comprendre, dans une lecture au second degré, que Nasr Eddine ne souhaite en réalité nullement la mort de Kadija, à laquelle il ne survivrait d'ailleurs pas longtemps. Il cherche plutôt à relativiser l'extrême importance de son épouse pour se donner ainsi une relative grandeur, seule possibilité d'établir un dialogue d'égal à... égale.

Voici enfin trois autres blagues qui aident le Moi à exprimer l'agressivité du mâle face à sa compagne, pour contenir son anxiété profonde face à la puissance et à la supériorité de la femme :

Nasr Eddine bavarde avec un ami au bord de la piscine. Soudain, il interrompt la conversation et pousse un grand soupir. Son ami l'interroge sur le sens de ce soupir soudain. Mollah répond :

– Ma première femme s'est noyée il y a deux ans dans cette piscine.

— Mais c'est de l'histoire ancienne, lui répond son ami. Tu t'es remarié depuis et ta seconde femme a rapidement comblé le vide laissé par la première.

— Oui, répond Nasr Eddine, en poussant un second soupir, seulement celle-ci sait nager à la différence de la première !

* * *

Un ami interroge Nasr Eddine :

— Un homme de cent ans serait-il encore assez viril pour avoir des enfants ?

— Sans problème, répond le Hodja, mais à condition qu'il se trouve dans son voisinage des jeunes hommes de vingt, vingt-cinq ans.

* * *

Nasr Eddine est en train de fumer son narguilé à la maison de thé où il se rend habituellement. Un ami, accompagné de deux voisins, s'approche de lui :

— Nous avons une bien triste nouvelle à t'annoncer, Mollah : Kadija ta femme vient de rendre l'âme à l'instant !

— Aucune importance, de toute façon nous allions divorcer, répond Nasr Eddine, continuant à fumer son narguilé tranquillement.

CHAPITRE 6

Les extrêmes se ressemblent

Dans ces histoires l'excès de gentillesse provoque souvent beaucoup de dégâts.

* * *

Nasr Eddine reçoit un jour la visite d'un vieux camarade d'école, Ali. Celui-ci lui fait part de son projet de s'installer et de monter un commerce dans la région où vit Nasr Eddine.

Mollah lui promet de l'aider à réaliser son désir et lui propose, pour commencer, de l'introduire auprès de quelques notables de la ville.

Avant de démarrer la tournée des présentations, Nasr Eddine prête l'un de ses plus beaux habits à son ami. La première visite est réservée au juge.

— Permets-moi de te présenter un de mes plus honorables amis, noble, généreux et intelligent, mais la robe qu'il porte est la mienne.

Après avoir quitté le juge, Ali réprimande Nasr Eddine.

— Pourquoi as-tu dit au juge que je portais ta robe ? Il va croire que je suis à tel point démuni que je n'ai même pas de quoi m'habiller correctement. Ne recommence plus.

Nasr Eddine s'excuse et la tournée continue. Ensuite, ils se rendent chez l'imam de la grande mosquée de la ville.

— Je te présente Ali, un vieil ami, un croyant d'une piété exemplaire. Mais la robe qu'il porte est à lui.

De nouveau, dès qu'ils sortent de la maison de l'imam, Ali, encore plus contrarié, se met à invectiver Nasr Eddine.

— Tu m'as ridiculisé devant l'imam en tenant des propos pareils. Tu deviens fou, Nasr Eddine. Cet homme va penser que je cherche à exhiber ma fortune.

— Je tenais seulement à réparer ma première erreur, s'excuse Mollah, je ne dirai plus rien au sujet de la robe.

Les deux hommes pénètrent, pour finir, chez le chef de la police.

— Je viens te présenter Ali, un vieil ami d'enfance. Homme paisible, droit et d'une honnêteté parfaite. Mais quant à l'habit qu'il porte, je n'en dirai rien. Il m'a demandé de ne pas en parler.

* * *

Nasr Eddine a placé sur le dos de son âne une énorme charge. Lui-même se tient debout, les deux pieds dans les étriers, de chaque côté de la charge.

Un paysan qui assiste au spectacle interroge Mollah sur le motif de cette position.

– Pourquoi ne t'assois-tu pas correctement sur la selle, afin de ne pas trop fatiguer ton âne ?

– Non, répond Nasr Eddine. Tu n'as rien compris. Cette pauvre bête porte déjà un grand fardeau. Si je m'assois normalement, elle aura un poids encore plus lourd à transporter. Je tiens à lui éviter cela.

* * *

Un jour, alors qu'il se promène autour de l'étang du village, Nasr Eddine bute sur une pierre du chemin, perd l'équilibre, et manque de tomber dans l'eau. Une vague connaissance qui passe par là le retient de justesse, l'empêchant ainsi de se tremper complètement.

Par la suite, à chaque rencontre dans le village le « sauveur » rappelle à Nasr Eddine le service rendu. Mollah le remercie régulièrement, mais il revient néanmoins à la charge. Un jour, excédé, Nasr Eddine l'entraîne au bord de l'étang et sans rien dire saute brusquement tout habillé dans l'eau.

– Tu vois, je suis complètement trempé comme si tu ne m'avais pas secouru. Fiche-moi la paix maintenant.

* * *

Nasr Eddine est invité à dîner par un riche marchand dont l'épouse est réputée à la fois pour sa beauté et sa bonne cuisine. Au terme d'un excellent festin, le marchand interroge Mollah.

– Dis-moi, toi qui es partout respecté pour ta sagesse, existe-t-il des excuses qui blessent plus que l'offense ?

Comme cela lui arrive souvent, Nasr Eddine ne répond pas à la question mais il administre une forte claque sur les fesses du marchand en partant.

Celui-ci se scandalise :

– Que fais-tu là ? Tu es devenu fou, Mollah ?

– Je te présente mille excuses, je croyais que c'était le cul de ta femme !

* * *

Pourquoi l'amour se transforme-t-il en agressivité ? Parce qu'au-delà d'un certain seuil, les meilleures intentions produisent l'effet inverse de celui initialement escompté. Une mauvaise mère n'est pas forcément celle qui châtie et frustre son enfant, mais bien plutôt celle qui est trop bonne, parfaite, dévouée, douce, généreuse et serviable. Son défaut majeur, c'est de ne pas en avoir, de n'être pas suffisamment mauvaise, de ne pouvoir supporter que son petit soit effleuré par la moindre souffrance. Elle fait l'impossible pour que l'enfant ne se fâche pas, ne pleure pas, ne s'ennuie pas, etc.

Paradoxalement, cette hyperprotection, loin d'encourager l'enfant à s'individuer en quittant sa mère, le maintient à jamais dans un cocon fusionnel. Curieusement, ce couvage, au lieu d'aider le petit à devenir autonome et responsable, pour affronter la réalité, le maintient dans l'immaturité psychologique totale.

Ce leitmotiv de la mère poule « j'ai tout fait pour toi » signifierait plutôt « j'étouffais pour toi et je t'étouffais en même temps ». De même, un époux en tout point exemplaire, trop bon, doux, mou, avenant, tendre, cherchant à satisfaire tous les caprices de son épouse au doigt et à l'œil, rend celle-ci de plus en plus insatisfaite, morose, aigre et acariâtre.

Idem dans les relations professionnelles et amicales où la serviabilité devient synonyme de servilité, où plus vous donnez et plus on vous en réclame avec arrogance. « Il est bien gentil » sous-entend quelquefois : « Il est nigaud et bêta ! »

Une mère poule incapable de couper le cordon n'est pas celle qui aime mais qui « haime », c'est-à-dire qui hait son enfant. Un mari qui croit trop aimer est l'archétype même de celui qui infantilise et déteste sa femme de façon inconsciente. D'ailleurs, toutes ces conduites outrancières, qui sont en réalité un masque défensif pour dissimuler l'hostilité inconsciente, aboutissent régulièrement à des comportements destructeurs : infanticide réel ou symbolique, divorce, etc., spécialement lorsque la victime de l'amour passionnel cesse de correspondre à l'idéal recherché, et devient décevante.

L'excès de tendresse est source de violence.

Peut-être même qu'aimer et donner de façon massive et illimitée représente inconsciemment, à l'opposé des apparences, une stratégie purement égoïste, destinée à obtenir de l'amour et de la reconnaissance en donnant une image de soi positive. Il ne s'agit donc point d'un désir gratuit, mais du besoin infantile impérieux de se faire aimer.

De plus, lorsqu'on se montre trop gentil et généreux avec son entourage (entendez par là lorsqu'on est inconsciemment dépendant), celui-ci, poussé par obligation, devient de plus en plus revendicatif et exigeant, parfois même méprisant. Les demandes surenchérissent. Toute tentative de gratification, loin de combler le manque, creuse encore davantage le puits de l'insatisfaction. Paradoxalement, plus vous donnez à boire et plus la soif augmente.

« Trop de lumière obscurcit », disait le philosophe Pascal.

Enfin, non seulement ces personnes ne vous seront pas reconnaissantes pour votre dévouement excessif, mais curieusement vous serez la cible de leurs reproches et de leurs réprimandes. Trop ce n'est jamais suffisant.

C'est ce que la belle jeune fille « violée » chercha à faire comprendre à Mollah :

Un soir d'été, Nasr Eddine désire faire une petite promenade pour se détendre. Alors qu'il passe devant un jardin, ses narines sont chatouillées par le parfum exquis de la végétation fraîchement arrosée. Il grimpe sur le mur pour admirer de près les merveilles qu'il cache.

Il aperçoit alors une houri dans les bras d'un individu d'une laideur répugnante. Nasr Eddine, convaincu qu'il s'agit d'un viol, se précipite sur le monstre, lui arrache la belle jeune fille et lui inflige quelques coups de bâton.

Ensuite, ravi par son courage et fier de sa bonne action, il se retourne vers l'angélique jeune fille. Celle-ci, au lieu de remercier Mollah, lui administre un fort coup de poing dans l'œil, étalant ainsi son sauveur dans les ronces.

Nasr Eddine se relève péniblement et voit la houri courir vers son monstre bien-aimé en insultant de tous les noms son « libérateur ».

« Des goûts et des couleurs, on ne peut discuter », se dit Mollah en gémissant.

* * *

Certes, l'amour est source de vie et de bienfaisance, mais à condition qu'il ne soit pas illimité, inconditionnel, aveugle et aveuglant, à condition qu'il soit contenu, modéré, contrebalancé par une petite dose d'agressivité naturelle inconsciente. Un peu d'eau désaltère. Un peu de feu réchauffe. Un peu de vent rafraîchit. Mais à l'inverse, trop d'eau inonde, trop de feu incendie et trop de vent dévaste tout un continent.

Et puis ces quelques blagues, suite logique des précédentes mettant en garde contre l'amour outrancier, vantent les mérites de l'agressivité saine, non pas infligée par sadisme ou par perversité gratuite, mais pour faire du bien, paradoxalement.

* * *

L'âne de Mollah avait soif. Il courut boire à la mare. Comme le bord était abrupt, il faillit perdre l'équilibre et chavirer. Les grenouilles qui paressaient au bord de l'eau prirent peur et se mirent bruyamment à coasser.

L'âne fut soudain si effrayé de ce vacarme qu'il se cabra et parvint ainsi à retrouver l'équilibre et à se mettre droit sur ses quatre pattes.

Nasr Eddine, qui avait observé toute la scène, prit alors quelques pièces de sa poche et, les jetant dans l'eau, cria : « Tout travail mérite salaire. Vous m'avez rendu service en empêchant mon compagnon de tomber dans l'eau, et voici votre récompense. »

* * *

Un couple de parents décide un jour d'aller consulter Mollah Nasr Eddine au sujet de leur enfant.

– Voilà, notre fils est tellement bête qu'il ne peut même pas distinguer ses parents. Peux-tu fortifier un peu son intelligence ? On ne lui demande pas de devenir un savant, mais qu'il puisse au moins garder les moutons dans les prés sans en perdre un par jour.

Mollah Nasr Eddine réfléchit un instant et répond :

– Revenez dans une semaine, le temps nécessaire pour confectionner mes pilules miraculeuses.

Nasr Eddine prépare alors des crottes de mouton qu'il enrobe soigneusement dans du sucre. Lorsque les parents reviennent, Mollah tend deux pilules à l'enfant :

– Tiens, mon garçon, goûte ces bonbons qui vont pouvoir te rendre ton intelligence.

L'enfant idiot les prend et les met dans sa bouche, mais il les recrache aussitôt en criant :

– Mais c'est de la merde, ça !

Alors Nasr Eddine se retourne triomphalement vers les parents :

– Vous voyez, ça vient, ça vient, ce n'est que le commencement !

* * *

Un petit groupe de plaisantins décide un jour de jouer un tour à Mollah, espérant que cette fois, il ne s'en tirera pas aisément. Ils s'assoient en cercle par terre et mêlent de façon inextricable leurs pieds et jambes. Ils appellent Nasr Eddine :

– Veux-tu, s'il te plaît, nous aider à nous distinguer les uns des autres. Nous venons de tomber par terre ainsi ensemble et nous ne savons plus nous-mêmes à qui appartient ce pied, ni à qui cette jambe.

Sans mot dire, Nasr Eddine se saisit d'un bâton et se met à frapper énergiquement dans le tas. Les malheureux plaisantins se relèvent et s'enfuient précipitamment en poussant des hurlements.

– Béni soit Allah ! On a toujours beaucoup plus de mémoire qu'on ne croit, lance Nasr Eddine en souriant.

* * *

Nasr Eddine s'est confortablement installé sur le toit en terrasse de sa maison, où il a souvent l'habitude de paresser en attendant l'heure de passer à table. Il est soudain dérangé par une voix inconnue qui le supplie de descendre. Dans un premier temps, Nasr Eddine ne réagit pas, mais à force d'insistance, il se voit contraint d'interrompre son repos et de descendre. Il trouve alors en face de lui un mendiant du village.

— Sois gentil, Nasr Eddine. Allah te récompensera. Veux-tu me donner quelques pièces ? Je ne peux plus résister à la faim.

— C'est donc pour cela que tu t'es permis d'interrompre ma sieste ? Viens, monte là-haut avec moi.

Le mendiant, croyant avoir réussi dans son entreprise, grimpe l'escalier avec Mollah. Lorsqu'ils arrivent tous les deux sur la terrasse, Nasr Eddine s'adresse au mendiant :

— Voilà, je ne peux te donner aucun argent.

Déçu, le mendiant proteste :

— Pourquoi tu ne m'as pas dit cela quand nous étions en bas, homme sans cœur ?

— Et toi donc, homme sans vergogne, pourquoi tu ne m'as pas exposé ta demande lorsque j'étais en haut ?

* * *

Nasr Eddine rencontre un homme au visage triste, au bord du chemin. Il lui demande la raison de son chagrin.

— Je suis un homme riche. Je ne manque de rien dans la vie. Allah m'a comblé de tous les biens. Mais je m'ennuie et mon existence est fade. Alors j'entreprends régulièrement des voyages dans le but d'égayer quelque peu mes jours et d'en diminuer la monotonie, mais je n'y parviens pas.

Sans mot dire, Mollah saisit le sac du voyageur et, se sauvant à toutes jambes, s'éloigne rapidement. Mais, connaissant la région comme sa poche, il se débrouille pour se retrouver sur le même chemin que le voya-

geur et dépose ostensiblement le sac dérobé dans un coin.

Au bout d'une heure, le malheureux voyageur, encore plus triste qu'auparavant, apparaît, et... miracle, aperçoit son bien. Il se précipite pour attraper son sac en poussant des cris de joie.

« Voici le vrai bonheur, c'est quand on retrouve son sac », se dit Nasr Eddine en soupirant.

* * *

Le fils de Nasr Eddine a bien travaillé à l'école cette année. Il montre son carnet de notes à son père.

— Je suis très content de toi, mon fils. Je t'offrirai ce que tu désires comme récompense.

Le fils, qui n'est pas habitué à une telle générosité de la part de Mollah, montre d'abord un air étonné avant de répondre :

— Veux-tu me donner un délai, papa ?

— Avec plaisir, mon enfant !

Mais il revient deux jours plus tard et il dit à son père :

— Voilà, papa, j'ai réfléchi et je voudrais que tu m'achètes un poulain.

Nasr Eddine répond :

— Mais mon fils, lorsque je t'ai demandé avant-hier ce que tu souhaitais comme cadeau, tu m'as demandé un délai, je te l'ai accordé sur-le-champ. Nous sommes quittes maintenant !

* * *

En effet, un ami véritable, digne de ce nom, n'est pas celui qui, de façon hypocrite et par complaisance, nous caresse dans le sens du poil ou qui nous « passe de la pommade ». Notre meilleur ami est celui qui nous dit la vérité, qui parfois nous critique ou nous blesse, qui nous révèle nos travers, bref, qui nous aide à évoluer. « Qui aime bien châtie bien », dit le proverbe.

L'agressivité n'est pas l'opposé, l'antithèse de l'amour. Elle est son pendant positif et son complément. Elle ne doit pas être confondue avec l'agression, la brutalité et la violence. Elle signifie la capacité de pouvoir, quelquefois au moins, dire « non », de se montrer ferme, de refuser de réaliser complaisamment toutes les demandes. Dans cette perspective, l'agressivité est preuve d'un amour authentique. Nasr Eddine avait bien pressenti que le manque était le meilleur cadeau qu'il pouvait offrir à son enfant.

S'il est absolument indubitable que nous sommes tous, adultes ou enfants, affamés d'amour, d'éloges et de reconnaissance, il est certain aussi qu'en même temps nous avons besoin de limites, de frustrations, de critiques, de petites fessées psychologiques et de punitions destinées à nous faire nous ressaisir, afin de nous protéger contre l'insatiabilité angoissante de nos envies et exigences. Chacun a besoin de « oui » et de « non » alternativement.

L'agressivité, lorsqu'elle est dispensée à dose homéopathique, méritée et adaptée aux comportements, c'est-à-dire lorsqu'elle ne se manifeste pas de façon brutale, explosive ou arbitraire, est aussi indispensable que la tendresse et l'affection à notre croissance. L'homme a besoin de jouir, certes, mais aussi de souffrir de temps en temps.

Lorsque ce besoin tout à fait légitime de souffrir et d'être agressé se voit insatisfait en raison des circonstances (conditions de vie trop confortables, hyperprotection de l'entourage, etc.), alors, loin de s'apaiser, il s'accentue considérablement. C'est alors que la personne en manque de souffrance cherchera à s'en infliger elle-même, en se rendant souvent malade par exemple.

De même, lorsque notre envie naturelle d'agresser est empêchée de s'exercer normalement (timidité maladive, culpabilité morale à cause de principes rigides de charité, etc.), alors l'agressivité non exprimée risque de s'accumuler et de se traduire sous forme de violence irrationnelle. La plupart des grands criminels sont décrits, avant l'explosion de la fureur, comme étant des agneaux, doux, gentils, réservés, sans histoires, et incapables de faire du mal à une mouche.

* * *

Un jour, un riche commerçant de la ville, connu pour son avarice, tombe par accident dans la rivière. Le courant est fort et le malheureux ne sachant pas nager risque de se noyer. Il se met donc à crier et lance des appels au secours. Des promeneurs accourent. Bientôt une multitude de mains se tendent par-dessus le courant pour le sauver.

— Donne-moi ta main, donne-moi ta main, crie-t-on de toutes ses forces.

Mais étrangement, l'infortuné commerçant ne semble ni voir ses sauveurs, ni les entendre. Il continue à se débattre dans l'eau désespérément. À ce moment-là Nasr Eddine apparaît. Il écarte la foule et tend sa main en criant :

— Prends ma main. Prends ma main !

Ainsi, il parvient à sauver le commerçant avare.

* * *

Un lointain cousin de province vient rendre visite à Nasr Eddine en apportant comme cadeau un canard. Kadija prépare immédiatement une succulente soupe avec la volaille. Après le déjeuner, le cousin remercie Mollah et retourne dans sa province.

La semaine suivante, un autre visiteur se présente à Nasr Eddine comme étant l'ami du cousin. Il est reçu à bras ouverts et invité à partager le repas.

Quelques jours plus tard, un autre inconnu frappe à la porte, se disant l'ami de l'ami du cousin. Mollah le reçoit aussi comme il se doit.

Enfin, un peu plus tard, un étranger se disant l'ami de l'ami de l'ami du cousin qui a apporté le canard rend visite à Mollah. Celui-ci, exaspéré, fait entrer l'étranger, l'invite à passer à table, et demande à Kadija d'apporter la soupe.

L'hôte commence à manger, mais ne trouve aucun goût à la soupe, en fait un bol d'eau chaude, sans couleur et sans parfum.

— Quel genre de soupe me sers-tu, Mollah ?

Nasr Eddine répond avec un sourire :

— Il s'agit de la soupe de la soupe de la soupe du canard que m'avait apporté mon cousin.

* * *

Un mendiant affamé passe un jour devant l'étal d'un marchand de brochettes. Il est attiré par l'odeur exquise de la viande grillée. Il tire de sa poche deux morceaux de pain sec et les garde un instant au-dessus de la fumée avant de les manger.

Le marchand qui assiste à la scène se précipite vers le mendiant et lui réclame deux pièces pour la fumée consommée. Le pauvre homme supplie le marchand de le laisser partir, mais celui-ci ne veut rien entendre.

Alors Nasr Eddine, passant par là au même moment, intervient et propose de payer lui-même le prix de la fumée, à condition que le mendiant soit relâché immédiatement.

Le mendiant se sauve à toutes jambes. Nasr Eddine sort de sa poche deux pièces, les montre au marchand, avant de les faire tomber par terre délibérément.

— As-tu entendu le bruit de ces deux pièces sur le sol ? Eh bien, c'est pour le paiement de la fumée consommée par le mendiant. Le bruit de l'argent suffit pour la fumée des grillades.

Puis Nasr Eddine ramasse ses deux pièces, et s'éloigne sereinement laissant le marchand pantois.

* * *

Nasr Eddine rêve une nuit qu'un généreux donateur lui lance, l'une après l'autre, des pièces d'or. Mollah les compte au fur et à mesure : six, sept, huit, neuf... mais la manne s'arrête subitement de pleuvoir. Nasr Eddine crie, pour arrondir le compte : « Une autre pièce encore, il m'en faut dix. »

Nasr Eddine se réveille au même instant et, regardant dans sa main, il ne voit nulle trace des pièces d'or. Il referme immédiatement les yeux, cherche à se replonger dans le sommeil et tend sa main en murmurant : « Bon ! d'accord. Je me contenterai bien des neuf pièces. Rendez-les-moi par la miséricorde d'Allah ! »

* * *

Ces blagues sont relatives à l'excessivité de nos demandes. En effet, vous ne pouvez recevoir que si vous demandez raisonnablement. Ceux qui réclament trop ne perçoivent rien du tout.

Certains parents souhaitent que leur enfant soit parfait dans tous les domaines. Qu'il soit heureux, sage comme une image, bien habillé, le premier à l'école, dynamique, brillant au piano et au tennis.

Ces exigences excessives ne pouvant évidemment pas être satisfaites totalement, l'enfant se sentira coupable d'avoir déçu ses parents. De plus, il réalisera peu à peu qu'il n'est pas respecté et aimé pour lui-même mais seulement jugé à travers ce qu'il fait, selon le baromètre de ses notes et de ses résultats scolaires. Ce contexte stressant le pousse paradoxalement, malgré ses capacités intellectuelles, à se marginaliser, à se mettre dans des situations d'échec scolaire. Ainsi, il se protégera face aux sollicitations de ses parents (« vous voyez bien que je ne vaux rien »), tout en faisant comprendre à ceux-ci qu'il voudrait être aimé en tant que tel, non pas pour ce qu'il fait, mais pour ce qu'il est vraiment.

De même, dans la relation de couple, une femme qui harcèle son mari et exige des attentions, des preuves d'amour incessantes, finira par se faire rejeter. À l'inverse, un mari qui traque sa femme par des demandes sexuelles trop fréquentes et lui reproche sa froideur, étouffe chez elle tout désir sexuel et l'accule dans le cul-de-sac de la crispation et de la frigidité glacée/glaçante.

Pire encore, toute demande massive signifie : « J'exige trop pour que tu ne puisses rien me donner. Je demande trop parce que je ne peux rien accepter. Mais je m'arrange pour que ce soit toi qui refuses et non moi qui ne peux recevoir. »

Lorsqu'une femme se guérit de sa frigidité, c'est étrangement le mari qui sombre dans l'impuissance.

Il s'agit exactement du même paradoxe en ce qui concerne nos rapports avec l'argent. Selon une expression orientale, « plus la poule grossit et plus son cloaque rétrécit ». Lorsqu'on s'enrichit, le risque d'avarice va grandissant. On devient possédé, esclave de l'argent au lieu d'en être le maître et le possédant. On se prive de tas de choses en l'économisant. Certains préfèrent se noyer que de donner, ne fût-ce que leur main, pour être sauvé de la noyade. Non pas dans l'eau mais dans ce « liquide » qu'est l'argent. Être devient synonyme d'avoir. Si je n'ai pas, cela veut dire que je ne suis pas. Comme si se séparer de ses sous devenait équivalent de s'amputer de ses membres, de sa carcasse, opération produisant beaucoup d'angoisse.

Alors, si vous souhaitez obtenir sincèrement quelque chose, amour, estime, reconnaissance, commencez d'abord par en donner vous-même aux autres et surtout n'en réclamez pas trop. Contentez-vous du peu qu'on vous donne. C'est déjà beaucoup ! Davantage vous serait inassimilable et vous donnerait une indigestion.

Chapitre 7

Tout est relatif

Ces histoires évoquent le thème de la relativité des perspectives et des regards. Nous avons maintes fois entendu ces vieux proverbes, puisés dans la sagesse populaire, du genre « Chacun voit midi à sa porte », « Autres temps, autres mœurs », « Des goûts et des couleurs il ne faut pas discuter », « Vérité en deçà des Pyrénées, erreur au-delà », etc.

* * *

Un ami interpelle Nasr Eddine.

– Alors, ton voisin se marie ?

– Qu'est-ce que cela peut me faire ? répond Mollah.

– Comment ? Tu n'es pas invité au mariage ?

– En quoi cela te regarde ?

* * *

Nasr Eddine décide d'ouvrir un restaurant. Un jour, il reçoit à l'improviste le roi. Celui-ci commande tout simplement trois œufs au plat.

Au moment du départ le roi remercie Nasr Eddine et lui demande combien il lui doit.

— Cela fera mille pièces d'or pour vous, Majesté.

Le roi est stupéfait :

— Comment ? Mille pièces d'or pour trois œufs au plat, les œufs sont-ils si rares par ici ?

— Non, Votre Majesté, répond Nasr Eddine. Les œufs ne sont pas rares par ici. Mais ce n'est pas tous les jours que je reçois le roi.

* * *

Mollah est reçu aujourd'hui à la table du roi. On sert un plat d'aubergines finement préparé. Le roi en mange tout en vantant les vertus de l'aubergine. Nasr Eddine fait de même, célébrant la saveur incomparable du légume royal.

Tout d'un coup, le roi pose sa main sur son ventre et, se plaignant de douleurs épouvantables, déclare :

— L'aubergine ne vaut rien. Elle a mauvais goût et rend malade.

— Sa Majesté a raison. Il n'y a pas pire légume au monde, renchérit Nasr Eddine.

Le roi, étonné de ce renversement subit, demande à Mollah la raison de cette incohérence.

— C'est pour vous faire plaisir que je vantais les mérites de ce plat, car je ne suis pas le serviteur de l'aubergine, mais celui du roi, répond Mollah.

* * *

D'après Nasr Eddine un événement comme celui du mariage de son voisin n'est intéressant que dans la mesure où il est lui-même convié au festin. L'aubergine peut être un légume succulent ou, à l'inverse, malfaisant, selon l'opinion du roi. Le prix d'une omelette est fonction, non pas de sa valeur marchande objective, mais de la fortune ou du désir fantaisiste du client roi.

* * *

Un étudiant rend visite à Nasr Eddine. Au cours de la conversation, Mollah souffle régulièrement dans le creux de ses mains. L'élève demandant la raison de ce geste, Mollah explique :

— J'ai froid. Je souffle dans mes mains pour les réchauffer.

À midi, Kadija apporte deux bols de potage bouillant. Cette fois Nasr Eddine se met à souffler sur son bol.

— Que fais-tu là, Maître ? interroge à nouveau l'élève.

— Je souffle sur mon potage pour le refroidir, répond Mollah, qui ajoute : La même cause peut produire des effets différents, refroidir ou réchauffer, cela dépend à quoi on a affaire, au potage ou à la main !

* * *

— Qu'est-ce que la fatalité ? demande un jour un fidèle au Hodja.

– Supposition, répond Nasr Eddine. Tu supposes qu'une chose va mal se passer et elle se passe bien. Tu appelles cela la chance. Tu supposes qu'une chose va bien tourner, et elle tourne mal. Tu appelles cela la malchance. Tu supposes qu'un événement se réalisera ou qu'il ne se réalisera pas, mais comme tu ne peux jamais savoir ce qui arrivera, tu appelles ton ignorance fatalité ou destin.

* * *

Nasr Eddine vante un jour à son fils les vertus de se lever tôt le matin.

– Pourquoi, papa ?

– C'est une excellente habitude. Un jour où je m'étais levé avec le soleil pour aller me promener, j'ai trouvé un sac d'or sur mon chemin.

– Comment sais-tu qu'il n'avait pas été perdu la veille au soir ?

– Je le sais parce que j'étais passé au même endroit le soir et il n'y avait rien.

– Alors, répond le fils, ça ne porte pas chance à tout le monde de se lever de bonne heure. L'homme qui, par malchance, a perdu son or a dû se lever encore plus tôt que toi.

* * *

Le prince est un homme superstitieux. Un jour, en se rendant à la chasse, il aperçoit Nasr Eddine sur son che-

min. Craignant que la vue de Mollah soit un mauvais présage, il demande à ses serviteurs de le frapper pour l'éloigner de l'endroit.

Curieusement, la chasse est excellente ce jour-là. Le soir même, le prince convoque Nasr Eddine pour lui présenter ses excuses. Mollah écoute les justifications du prince avant de répondre :

– En me voyant tu as demandé à tes gardes de me donner des coups de fouet, croyant que j'étais un mauvais présage pour toi. Moi, je t'ai vu ce matin et ta gibecière est pleine ce soir. Alors qui est un mauvais présage pour l'autre, mon prince ?

* * *

Toute perception de la réalité dépend du contexte, des circonstances, des motivations, de l'histoire, de l'expérience, de l'âge, du sexe, du désir et des besoins de la personne qui perçoit. Un homme et une femme n'appréhendent pas la vie, la mort, l'amour, l'argent et le travail de manière semblable. Ils ne sont pas animés par les mêmes désirs et sensibilités, ne partagent pas les mêmes souffrances et joies.

Un enfant de cinq ans ne chérit pas les mêmes valeurs et passions que son père de quarante ans ou son grand-père encore plus avancé en âge. Les riches et les pauvres ne défendent pas les mêmes intérêts, ne votent pas pour le même parti politique. Les chrétiens et les musulmans ne partagent pas les mêmes croyances, etc.

Bref, ce qui est bon, important, juste, vrai, utile, positif, légitime et convenable pour moi ne l'est pas forcément pour lui et toi. La même réalité éclate en une multitude de facettes ou d'émanations en fonction des angles de vision, des désirs, des intérêts et des préoccupations différents.

Cette idée peut sembler, *a priori*, évidente, tellement évidente qu'on a tendance à l'effacer de sa mémoire comme la totalité des évidences.

Quelle est l'origine de cet aveuglement psychologique ? D'où provient la croyance dogmatique inébranlable en l'existence d'une réalité réelle, irréfutable, valable pour tous, par-delà la géographie et l'histoire ? Pourquoi cette résistance à la relativité foncière des valeurs, des actes, et des événements ? Pourquoi la peur et le refus des différences ?

Cela résulte, en premier lieu, de notre éducation. En effet, celle-ci est imprégnée d'une culture et d'un esprit foncièrement manichéens, binaires, dichotomiques. On nous apprend depuis notre plus tendre enfance à appréhender l'ensemble des aspects de la vie seulement sous deux angles, dans deux perspectives opposées et inconciliables : bon ou mauvais – vrai ou faux – blanc ou noir – gentil ou méchant – coupable ou innocent – positif ou négatif – tort ou raison – beau ou laid – honnête ou malhonnête – réussi ou échoué – gagné ou perdu – possible ou impossible – autorisé ou interdit – gauche ou droite – etc.

Certes, cet apprentissage en deux blocs n'est pas, en soi, condamnable. Il comporte aussi un aspect constructif dans la mesure où il met à la disposition du jeune enfant des modèles pour approcher la réalité, qui autrement serait insaisissable. Le seul problème est, d'une part, la rigidité inflexible de cette classification et, d'autre part, sa pérennité tout au long des différents stades de la vie.

La seconde raison qui nous pousse à diviser, à cataloguer la réalité en deux compartiments imperméables et à combattre ainsi la relativité tient à l'angoisse. Nous avons tous besoin de nous rassurer par des certitudes objectives, de distinguer avec précision le vrai du faux, le blanc du noir. Nous avons tous besoin de nous protéger par des valeurs et des principes durables, autrement nous serions déstabilisés par l'arbitraire et le doute, ne sachant plus que penser, que désirer, que croire. Nous avons instinctivement besoin de penser de surcroît que notre vision est conforme à la réalité et qu'il faut agir comme cela et pas autrement pour éviter la débâcle.

Mais, paradoxalement, toutes ces luttes contre la relativité de la réalité, des actes, des sentiments et des discours, loin de nous rassurer et de nous apaiser, nous compliquent davantage la tâche. Certains sont à tel point imbus de la légitimité de leurs points de vue, qu'ils deviennent totalement intolérants et rejetants à l'égard de leur interlocuteur, qui se transforme du coup, à leurs yeux, en un adversaire à abattre. Le dialogue est souvent impossible avec ces gens-là dans la mesure où ils prétendent tout comprendre et savoir, contrairement aux autres qui, d'après eux, se trompent ou ne comprennent rien. Ils cherchent ainsi à imposer leur point de vue, qu'ils présentent comme une loi objective, à la manière d'un diktat. Si vous avez le malheur de les contredire en contestant leurs analyses, ils vous traitent d'incompétents ou vous accusent de méchanceté gratuite. Vous êtes obligé de répéter, tel un perroquet, ce qu'ils prennent pour exact ou erroné sans y ajouter un iota.

Pire encore, ces intolérants, ne pouvant établir un minimum de distance par rapport à leur propre vision, sont tout à fait incapables d'empathie pour se mettre, un tant soit peu, à la place de leur interlocuteur. Ils sont impuissants à imaginer, ne serait-ce qu'un instant, ce que l'autre voit, pense, désire, entend ou croit.

C'est précisément cette intolérance qui se situe à la base des incompréhensions, des conflits, et des malentendus dans la relation, plutôt dans la non-relation, de certains couples. Chacun voyant midi à sa porte décide qu'il doit être aussi midi à la porte de tous les autres, du pôle Sud au pôle Nord.

À l'exact opposé de cette catégorie de fanatiques intraitables, il existe aussi des gens qui ne se font pas confiance, qui n'osent pas exprimer et défendre leurs visions de la réalité, leurs désirs et sentiments. Ils ont tendance à se dénigrer, pensent que leur avis n'intéresse personne et que leur point de vue est idiot ou banal.

Ils ne se donnent pas le droit d'exprimer leurs opinions, convaincus que d'autres, plus instruits, plus cultivés et plus intelligents, le font beaucoup mieux qu'eux. Ils répondent souvent par un « je ne sais pas » évasif lorsqu'on les interroge.

Obnubilés par la croyance en l'existence d'une parole et d'un comportement parfaits, objectifs et irréprochables, ils n'osent plus se fier à leur subjectivité, à leur propre intuition en mettant ainsi en valeur leur propre choix. Ce manque de confiance en eux-mêmes finit par les rendre complètement bloqués dans leur démarche et rétrécit leur champ de liberté comme une peau de chagrin. Contrairement aux prétentieux rigides de la première catégorie, ce genre de personne a peur de faire le mauvais choix, se montre indécise, hésitante, malléable et influençable, se laisse facilement séduire par le dernier qui parle.

Naturellement, cela n'empêche pas ces personnes d'opérer un virage à 180 degrés le lendemain et de hisser provisoirement un autre gourou sur le piédestal. Aujourd'hui, elles se passionnent pour telle diététique réputée saine, avec tels ingrédients à proscrire ou tels autres à consommer davantage. Le lendemain, elles s'enflammeront pour une autre alimentation opposée à la précédente, parce qu'un scientifique connu préconise qu'avec sa « nouvelle méthode révolutionnaire » il est possible de maigrir rapidement, d'éviter toutes les maladies graves et de se maintenir en forme du matin au soir.

En fait, aucune nourriture n'est ni meilleure ni pire qu'une autre. Le meilleur aliment, pour le corps et l'esprit, c'est celui que l'on cuisine avec amour et que l'on consomme avec ceux que l'on aime dans une ambiance adéquate. Le vrai poison n'est pas l'aliment lui-même, mais la culpabilité de manger et l'angoisse.

De toute manière, la réalité, quelle qu'elle soit, nous est, en grande partie, inaccessible. Nous ne voyons jamais les choses comme elles sont réellement. Au contraire, nous les percevons comme nous voulons et comme nous croyons les voir. Nous ne pouvons avoir accès qu'à des images. Aucune perception n'est neutre, vierge, objective, impartiale. Toute parole, tout acte, toute certitude, même émanant d'un savant ou d'un saint, n'est que le reflet du désir de celui qui voit et parle.

Si les « experts » peuvent disserter brillamment et avec éloquence, toujours après coup évidemment, sur les causes d'une crise sociale ou économique, ils se montrent en revanche incapables aussi bien de la prévoir que de proposer, lorsqu'elle sévit, une issue positive !

La réalité, même la plus matérielle, n'est pas, dans l'intégralité de ses aspects, saisissable. Elle est seulement abordable, interprétable, non pas comme ceci *ou* comme cela, mais probablement comme ceci *et* comme cela, en fonction de perspectives et d'approches dissemblables, en fonction du désir et de la sensibilité de chacun. C'est justement cette idée que le juge Nasr Eddine soutient lorsqu'il donne raison aux deux plaignants lors de sa première audience au tribunal.

* * *

Nasr Eddine est nommé juge au tribunal. Pour sa première affaire il reçoit deux paysans en conflit pour une histoire de limite de propriété. Le premier plaide tellement bien sa cause qu'il parvient à convaincre Mollah. Celui-ci déclare le plaignant non coupable en lui disant :

– Tu as raison.

Le second argumente aussi tellement bien l'affaire que Mollah le déclare également innocent en lui disant :

– Tu as raison.

Le greffier du tribunal, ayant assisté à toute la scène, se décide à faire part de son impression à Mollah :

– Mais Votre Honneur, ces deux paysans, se disputant pour le même problème, ne peuvent avoir raison tous les deux.

Nasr Eddine réfléchit un instant et dit :

– Tu as raison !

À ce moment précis, les deux paysans, entendant la réponse faite au greffier, interviennent et s'écrient ensemble :

– Si c'est comme cela, tu es un juge tout à fait incompétent.

Nasr Eddine répond sans hésiter :

– Je crois que vous avez raison.

* * *

Un petit conte philosophique de Djalal Eddine Roumi, le grand mystique persan, contemporain de Nasr Eddine, illustre brillamment cette idée capitale.

« Un éléphant, appartenant à une expédition itinérante et provenant des profondeurs des jungles hindoues, avait été parqué près d'une ville où l'on n'avait pas vu d'éléphant auparavant. Quatre citoyens curieux, entendant parler de la merveille cachée, allèrent voir s'ils pouvaient le regarder avant les autres. Lorsqu'ils arrivèrent à l'étable, ils virent qu'il n'y avait pas de lumière, il leur fallait donc mener l'investigation dans le noir.

L'un, touchant la trompe, pensa que la créature devait ressembler à un tuyau d'arrosage, le deuxième sentit une oreille et conclut que c'était un éventail, le troisième, sentant une patte, ne put l'assimiler qu'à un pilier vivant et lorsque le quatrième posa la main sur son dos, il fut convaincu que c'était quelque espèce de trône. Aucun ne put former l'image complète et chacun ne put se rapporter à la partie qu'il avait sentie qu'en termes de choses déjà connues de lui. Le résultat de l'expédition fut la confusion. Chacun était sûr d'avoir raison, nul parmi les habitants de la ville ne put comprendre ce qui s'était passé, ni ce dont les investigateurs avaient, effectivement, fait l'expérience. »

Cette histoire fait penser à la démarche de la fourmi dans l'exploration de l'univers : un immense tapis vert quand elle était sur une feuille, une immense coupe blanche quand elle était sur une fleur, une immense boule rouge quand elle était sur un fruit, une immense colonne marron quand elle était sur le tronc, et enfin un immense abîme noir quand elle se trouvait dans un des trous de l'arbre.

Alors qu'est-ce qu'un éléphant ? Qui a tort ? Qui a raison ? Où est la véritable réalité ? On ne le saura pas. Mais cela n'empêche personne de s'exprimer en son nom propre et de sa vraie place. Toute parole est légitime dès lors qu'elle est consciente de sa partialité, sans se vouloir l'unique possible. De même, toute parole est légitime à condition qu'elle reconnaisse aux autres la même légitimité qu'elle revendique pour elle-même. C'est à cette condition que le dialogue est envisageable.

Chapitre 8

Réhabiliter la justice et la morale

Ces histoires interrogent sur la problématique morale. Elles font allusion aux notions de justice, d'équité, d'honnêteté et, par voie de conséquence, de culpabilité.

Nasr Eddine personnifie, tour à tour, différents personnages, incarnant chacun une manière caractéristique de se situer face à la loi.

Certains individus semblent totalement dépourvus de sens moral. La faiblesse, voire l'inexistence du surmoi, chargé de juguler, de contrôler, de museler leur agressivité instinctive, les amène à commettre des actions nuisibles, à transgresser les interdits, sans aucun sentiment de faute, sans nulle conscience du mal.

* * *

Depuis plusieurs mois, Nasr Eddine traverse une fois par semaine, à dos d'âne, la frontière entre la Perse et la Turquie. L'âne ne souffre pas trop puisqu'il ne trans-

porte, en tout et pour tout, que deux paniers de paille. Les douaniers fouillent toutes les fois minutieusement Nasr Eddine et son âne, mais ils ne trouvent jamais rien. Lorsqu'ils lui demandent à chaque passage la raison de ces voyages, Mollah répond spontanément :

— Je fais de la contrebande.

Mais les douaniers, connaissant la réputation de Nasr Eddine pour ses plaisanteries, le laissent passer sans pousser l'enquête plus loin.

Les années passent, Nasr Eddine s'enrichit et devient un notable. Un jour, il prend sa retraite et décide de s'installer pour le restant de sa vie en Égypte.

C'est là qu'il rencontre, par hasard, l'un des douaniers en question.

— Dis-moi, Nasr Eddine, maintenant que tu ne risques plus rien, et que tu es devenu un riche et respectable retraité, quelle contrebande faisais-tu entre la Perse et la Turquie ? Pourquoi traversais-tu une fois par semaine la frontière sans qu'on puisse rien trouver sur toi ?

— Je faisais la contrebande des ânes.

* * *

Nasr Eddine a exercé beaucoup de métiers pour assurer sa subsistance. À une certaine époque, il était passeur, transportant les personnes sur son dos d'une rive de la rivière à l'autre.

Un jour, une bande de quatre aveugles désirent traverser la rivière. Mollah fixe le prix du passage à quatre dinars, un dinar par personne transportée.

Nasr Eddine transporte sans problème trois des quatre aveugles. Arrive alors le tour du dernier. Celui-

là est bien plus lourd que les autres et Nasr Eddine est exténué. En plein milieu de la rivière, le quatrième aveugle glisse et bascule dans le courant. Mollah ne faisant rien pour rattraper le malheureux, celui-ci, ne sachant pas nager, se noie dans l'instant.

Les trois autres, alertés par les hurlements de leur compagnon, demandent inquiets à Mollah :

– Que s'est-il passé ? Qu'est devenu notre ami ? Nous est-il arrivé un malheur ?

– Non, les amis, répond Nasr Eddine. Bien au contraire. J'ai une bonne nouvelle à vous annoncer : vous ne me devez plus quatre dinars, mais trois seulement.

* * *

Tous les vendredis matin, Nasr Eddine se rend à la foire du village pour y vendre un âne. Les bêtes sont toujours d'une qualité irréprochable, et le prix demandé très bas, défiant toute concurrence.

Un jour, un riche marchand d'ânes, intrigué par les prix pratiqués par Mollah, lui demande :

– Comment fais-tu, Nasr Eddine ? Moi, je vends mes ânes très peu cher dans la mesure où j'oblige mes paysans à me fournir le foin gratuitement. De plus, ce sont mes esclaves qui les soignent sans être payés. Malgré tout, tes prix sont bien plus bas que les miens. Alors explique-moi, je ne comprends pas.

– Rien de plus simple, dit Nasr Eddine. Toi, tu voles du foin et du travail ; moi, je vole des ânes.

* * *

La plupart des grands criminels, célébrités des faits divers, se recrutent parmi ces personnages. Ils commettent des meurtres en série, de sang-froid et de façon détachée, sans craindre la punition ni les affres du remords. Il s'agit véritablement de pervers dangereux, hors la loi, insensibles, récidivistes et réfractaires à tout repentir dans la mesure où ils sont incapables d'imaginer la souffrance de leurs victimes, en se mettant un instant à leur place.

À un degré moindre, il s'agit cette fois d'individus qui connaissent les interdits et la notion de faute psychologique et légale, concomitante à la transgression de la loi. Mais, ils tentent néanmoins de s'esquiver en arguant de la relativité de leurs actes et en rendant les règles de la justice arbitraires et dérisoires : « C'est vrai que j'agis mal, mais les autres ne se comportent guère mieux que moi. » C'est ce que Nasr Eddine semble énoncer au riche marchand d'ânes : « Toi, tu voles du foin et du travail ; moi, je vole des ânes. » Comme si un acte répréhensible cessait de l'être dès lors qu'il n'est plus commis par un seul, mais par d'autres également.

De même, frauder le fisc, tromper sa femme, brûler un feu rouge, verser un pot-de-vin, travailler au noir, abuser un client, tricher à un examen, mentir à ses enfants, chaparder dans un magasin, etc. constituent des fautes reconnues abstraitement comme telles, mais que l'on s'empresse de dédramatiser, car coutumières et banales. Il n'y aurait pas de quoi fouetter un chat ! D'ailleurs, certains vont jusqu'à s'enorgueillir ostensiblement en se vantant de ce genre d'agissements.

Curieusement, lorsque ces tricheries, ces petits délits quotidiens se découvrent et deviennent punissables, leurs auteurs, espérant l'impunité, crient à l'injustice ou à la malchance : « Tout le monde fait cela. Je n'ai pas eu de chance. Ils ont été sévères avec moi, etc. »

* * *

Un soir, Nasr Eddine décide d'aller chaparder des légumes dans le jardin de son voisin. Celui-ci arrive sans crier gare, et prend Mollah en flagrant délit.

— Que fais-tu encore dans mon potager ? Tu ne peux plus nier l'évidence. Tu es un voleur et un mécréant.

— Arrête tes braillements. Je suis ici malgré moi. C'est le vent qui m'a porté et poussé dans ton jardin, se défend Nasr Eddine.

— Pourtant, lorsque je t'ai surpris, tu déterrais mes poireaux à deux mains.

— Tu dis n'importe quoi. À cause du vent je m'accrochais pour ne pas m'envoler de nouveau.

— Et ces légumes que tu as dans ton sac, comment y sont-ils arrivés ?

— C'est justement la question que je me posais lorsque tu es arrivé. Laisse-moi le temps d'éclaircir ce problème.

* * *

Deux, trois fois par an, Nasr Eddine emmène du blé à moudre au moulin du village. Dès que le meunier a la tête tournée, Nasr Eddine prend quelques poignées de blé dans les autres sacs et les verse dans le sien.

Une fois, le meunier, le surprenant la main dans le sac, le réprimande :

— Tu n'as pas honte de prendre le blé qui ne t'appartient pas ?

— Ah bon ? C'est possible. Je ne me rends pas toujours compte de ce que je fais. Je dois sûrement être un peu idiot.

— Idiot, idiot, facile à dire, lui répond le meunier. Si tu étais idiot, tu aurais pu faire aussi le contraire, en enlever de ton sac pour le mettre dans celui des autres.

Nasr Eddine répond, un peu vexé :

— Je suis idiot, mais pas au point de ne plus pouvoir différencier mon sac de celui des autres.

* * *

À une certaine période, Nasr Eddine, encore jeune étudiant, gagnait sa vie en gardant des troupeaux d'oies. Un jour où il doit surveiller un troupeau de dix oies, sa vigilance s'affaiblit et il égare l'une des oies. Il n'en reste plus que neuf.

Le soir, le fermier s'en aperçoit et demande des explications.

— Non, monsieur, répond Nasr Eddine. J'ai emmené dix oies et j'en ramène exactement dix. Il n'en manque aucune.

— Je sais quand même compter jusqu'à dix, lui dit le fermier. Je te dis qu'il n'y en a plus que neuf.

— Moi aussi, je sais compter jusqu'à dix. Le compte est bon. Les dix oies sont bien là.

Le fermier est désemparé devant la mauvaise foi de Nasr Eddine. Soudain, ce dernier a une idée pour résoudre le problème.

— Voilà, dit Mollah. Va chercher neuf personnes. Avec toi cela fera dix. Chacun de vous prendra une oie. Nous verrons à ce moment-là s'il en manque une ou pas.

Le fermier accepte la proposition, réunit neuf personnes, donne une oie à chacune et s'adresse triomphalement à Mollah.

— Tu vois bien maintenant. Tout le monde a une oie sauf moi.

— Tant pis pour toi. Que veux-tu que je fasse ? Tu n'avais qu'à en prendre une et la garder pour toi, au lieu de te plaindre.

* * *

Nasr Eddine est invité à déjeuner à la table du prince. Celui-ci a décidé de le ridiculiser devant l'assistance.

On présente une belle oie rôtie à l'odeur appétissante. Le prince s'adresse à Nasr Eddine :

— Toi qui es réputé pour ton sens aigu de la justice, veux-tu partager équitablement cette oie entre toi, ma femme, mon fils, ma fille et moi-même ?

Nasr Eddine s'exécute sans rechigner.

— À toi, mon prince, je réserve la tête de l'oie. Je sers le cou à ta femme. Ta fille, qui est sur le point de

se marier, aura les ailes pour s'envoler de ses propres ailes. Je donne les pattes à ton vaillant fils, impétueux comme un cheval. Je prends moi-même, comme d'habitude, ce qui restera de l'oie.

Cela dit, Nasr Eddine se précipite sur le plat, le distribue comme il l'avait annoncé et se met à dévorer les cuisses et tout le blanc.

Le prince fait semblant d'être satisfait de ce partage et complimente Mollah.

— Je te félicite, Nasr Eddine. Une distribution aussi équitable mérite une récompense. Reviens demain. Je t'offrirai un festin inoubliable.

Le lendemain, quatre serviteurs apportent quatre oies rôties, encore plus appétissantes que la dernière fois.

— Nasr Eddine, veux-tu partager équitablement ces quatre oies entre nous cinq ?

— Rien de plus facile, mon prince, répond Nasr Eddine. Toi, ta femme et une oie, cela fait trois. Ta fille, ton fils et une oie, cela fait trois. Moi et les deux autres oies, cela fait aussi trois. Le compte est bon. Mangeons à la santé du prince.

* * *

L'individu de mauvaise foi représente une autre manière de se situer face à la loi. Nasr Eddine, en chapardant les légumes dans le jardin de son voisin, en volant quelques poignées de grains, en perdant une oie sur un troupeau de dix palmipèdes, etc., s'entête à contester sa responsabilité, pourtant flagrante et indiscutable.

Dans toutes ces situations, il ne remet pas en cause les préceptes de la morale (Tu ne voleras point), mais soutient, dur comme fer, qu'il est innocent, équitable et loyal. Il trouve des excuses à ses actes afin de nier ou d'atténuer ainsi sa culpabilité morale.

Évidemment, le dialogue avec ces individus de mauvaise foi, voulant toujours avoir raison, et ne supportant aucune remise en question, s'avère pénible et désagréable. Le plus ennuyeux, c'est leur tentative d'inverser les rôles en faisant endosser leur propre responsabilité à la victime de leurs fautes.

Ce ne serait donc pas Nasr Eddine qui aurait, par négligence, perdu une oie, mais plutôt cet imbécile de fermier qui n'a pas été assez malin pour s'en garder une au moment du partage.

Voilà pourquoi la plupart des violeurs, sans nier la culpabilité théorique de l'acte, en imputent la responsabilité à la femme violée en l'accusant de complicité et de complaisance coupable.

Il existe aussi des êtres qui se déclarent volontiers respectueux et obéissants quant aux préceptes d'honnêteté et de vertu. Ils se montrent même particulièrement intransigeants et scrupuleux face à la loi, mais cette rigidité ne représente en vérité qu'un masque fallacieux, qu'un fard, destiné à camoufler une immoralité abyssale. Il s'agit d'une mascarade, d'une hypocrisie machiavélique, d'une capucinade.

* * *

Nasr Eddine trouve une belle bague en or dans la rue. Il brûle d'envie de la garder pour lui-même. La loi du pays l'y autorise, à condition qu'avant il crie trois fois sa trouvaille sur la place du marché. Si le propriétaire ne se déclare pas, alors il pourra conserver la bague de façon légitime.

Mollah n'aime pas enfreindre la loi. La nuit même, il se lève à deux heures du matin, se rend sur la place du marché déserte et crie à trois reprises :

– J'ai trouvé cette bague. Je viens la restituer à son propriétaire.

Au troisième cri, une foule immense se précipite sur la place.

– Que se passe-t-il, Nasr Eddine ? Pourquoi ce vacarme à deux heures du matin ?

– La loi m'ordonne de répéter ma question trois fois. Si je la crie une quatrième fois, je transgresse la loi. Mais puisque vous êtes tous réunis, laissez-moi vous annoncer une très bonne nouvelle. Je possède depuis quelques instants une superbe bague.

* * *

Nasr Eddine a perdu, encore une fois, son âne. Il se rend sur la place du village et crie à la cantonade :

– Si je trouve mon âne, qui vaut cent dinars, je promets de le vendre à seulement un dinar.

Deux jours après, Mollah a l'heureuse surprise de voir son compagnon rentrer dans son étable. Il se voit donc dans l'obligation morale de tenir sa promesse et de vendre la bête pour le prix d'un dinar.

Nasr Eddine attrape alors un chat et se rend à la foire accompagné de son âne. Arrivé à la foire, il déclare :

— Je vends mon âne comme promis à un dinar et mon chat à cent dinars. Mais je ne peux vendre ces deux bêtes séparément. L'acheteur doit prendre le lot complet, les deux bêtes ensemble.

* * *

La déférence par rapport au texte affiché cache un manque de conviction et d'adhésion authentique à l'égard de l'esprit et de l'essence de la loi. Bien qu'obéissant à la lettre au commandement faisant obligation à celui qui trouve un objet d'annoncer, à trois reprises, sa trouvaille sur la place publique avant de la conserver pour lui-même, Nasr Eddine se débrouille pour garder la bague en or tout en se donnant bonne conscience, sauvegardant ainsi sa probité de surface.

Il se comporte de façon similaire lorsqu'il promet d'offrir son âne pour un dinar lorsqu'il l'aura trouvé. Il ne revient certes pas sur la parole donnée, il ne nie pas sa promesse, mais à condition que l'acheteur éventuel accepte de débourser cent dinars pour acheter aussi le chat.

La totalité des grands criminels nazis de la Seconde Guerre mondiale a eu recours à ce stratagème afin de scotomiser leur responsabilité criminelle et coupable. Lors des procès, ils transforment leur ignominie barbare en mérite, et leur vice en vertu, en se faisant passer pour des soldats valeureux, ayant obéi fidèlement aux ordres des commandants.

Une autre manière perverse de bafouer la loi consiste à culpabiliser autrui, en lui reprochant sévèrement un fait mineur, alors qu'on a commis soi-même un délit bien plus grave.

* * *

Nasr Eddine est nommé juge de la ville. Un jour, on traîne au tribunal un homme accusé d'avoir sailli une chatte. Il a été aperçu par plusieurs témoins. Aucun doute ne peut atténuer son évidente culpabilité.

Nasr Eddine interroge l'accusé :

— Raconte-moi la vérité au lieu de nier les faits. Dis-moi comment tu as procédé ; je t'accorderai alors mon indulgence.

L'homme fait confiance à Mollah.

— Voilà, j'ai pris la tête de la chatte entre mes genoux, en tenant ses pattes dans mes mains. Ensuite j'ai introduit mon zob en forçant. Lorsque j'ai vu que ça marchait bien, j'ai recommencé plusieurs fois.

Soudain Nasr Eddine pique une colère violente.

— Tu es un menteur-né, fils de chacal. Je ne crois pas à ton histoire. J'ai moi-même essayé bon nombre de fois de cette manière et je n'y suis jamais arrivé. Je t'applique la peine maximum, incarnation du diable.

* * *

Lorsque Nasr Eddine doit juger un homme accusé de s'être accouplé avec une chatte, il ne lui reproche pas tant la perversité de cet acte que son hypothétique mensonge, arguant que lui-même n'a jamais pu pénétrer la bête de cette manière-là !

Comment celui qui est censé symboliser et représenter la loi pourrait-il en être véritablement le gardien si lui-même est en porte-à-faux par rapport aux règles qu'il proclame ? « Fais ce que je te dis, mais ne fais pas ce que je fais ! » disent certains parents tout en s'autorisant ce qu'ils interdisent à leurs enfants.

Ce décalage entre l'agrément superficiel et le manque d'adhésion authentique et intérieure est à l'origine de la tentation de sanctionner trop sévèrement une infraction dans la mesure où elle pourrait nous rappeler nos propres penchants secrets et inavouables.

À l'inverse, lorsqu'on est véritablement « en règle » avec soi-même et conscient de son « impropreté » naturelle, on devient plus compréhensif et indulgent à l'égard de celui qui la traduit en actes.

Personne n'est parfait, d'une blancheur immaculée et d'une innocence de chérubin, à l'exemple d'un ange ou d'un sage. Chacun porte en lui une part d'ombre et d'instinct bestial. Mais, lorsque ce côté archaïque est reconnu et devient par là même contrôlable, les « mauvaises gens » seront regardés avec pardon et clémence. Sinon, ils seront doublement punis. D'abord, en raison de leurs crimes, mais surtout, par personne interposée, en raison de notre immoralité inconsciente.

Voilà pourquoi il serait parfaitement pernicieux de multiplier à l'infini le nombre de règles et de lois. L'essentiel sera toujours la conformité entre la bouche et le cœur, entre l'accord manifeste et l'adhésion latente.

Enfin, certains individus, se croyant protégés par une immunité totale, trouvent légitime, amusant même quelquefois, de blesser autrui par leurs actes, mais s'offusquent de l'éventualité de quelconques représailles.

* * *

Une fois Nasr Eddine fait le pari, à la maison de thé, de pouvoir passer une nuit entière dans la montagne et de survivre malgré la neige et le froid glacial. En partant, il emporte juste un livre et une bougie. Par bonheur, il réussit son pari et le lendemain, à demi mort, il réclame sa récompense. Mais les parieurs, de mauvaise foi, refusent de lui donner son argent, prétextant que Mollah a perdu son pari en emportant une bougie pour se tenir chaud. Nasr Eddine ne dit rien.

Plus tard, il invite à manger chez lui la même bande de copains. Ceux-ci s'installent autour de la table et attendent le fameux repas. Le temps passe, une heure... deux heures... mais rien ne vient.

Torturés par l'impatience et la faim, ils se rendent ensemble dans la cuisine. Ils voient Mollah assis dans un coin les yeux fixés sur une énorme marmite sous laquelle brûle péniblement une petite bougie.

— La soupe n'est pas encore prête, dit Nasr Eddine. Cela fait maintenant plus d'un jour que le feu est allumé. C'est pourtant avec une bougie pareille que j'ai pu me réchauffer toute une nuit au milieu des neiges !

* * *

Une bande de plaisantins se rend un jour chez Mollah.

– Sais-tu que le Jugement dernier est annoncé pour demain ? Il vaut mieux que nous organisions aujourd'hui même chez toi un grand festin et que nous mangions ensemble ton mouton qui, demain, ne te servira à rien. À la fin du repas, nous prierons tous pour le salut de ton âme.

Nasr Eddine accepte. On égorge le mouton. On en fait du ragoût et des brochettes. Une fois rassasiés, les joyeux lurons se déshabillent pour se baigner dans la rivière.

Nasr Eddine, comprenant alors le tour qu'on lui a joué, ramasse tous leurs vêtements et les jette, un à un, dans le feu. Les plaisantins hurlent de rage. Mollah leur lance avec calme :

– Le Jugement dernier est annoncé pour demain. Alors je vous débarrasse de vos vêtements dont vous n'aurez plus besoin.

* * *

Les « amis » de Nasr Eddine imaginent cocasse et divertissant d'ingurgiter son mouton sous prétexte que l'apocalypse sera pour demain. Mais, ils hurlent de rage de voir le maître de maison jeter au feu leurs habits, refusant ainsi les conséquences de leur canular. Ainsi, s'ils se jugeaient eux-mêmes lésés dans une affaire, ils n'hésiteraient pas à se venger ou à exiger réparation des dommages. « Ne fais pas avec moi ce que je me permets de faire avec toi. » Il est vrai qu'il est bien plus aisé de voir la paille dans l'œil du voisin que la poutre dans le sien.

* * *

Trois garçonnets sont en train de se disputer, ayant du mal à se partager un paquet de noix trouvé sur le chemin. Le premier ne veut rien donner aux autres, arguant du fait que c'est lui qui les a vues d'abord. Le deuxième dit que c'est lui qui s'est penché pour les ramasser. Le troisième déclare que sans lui ils ne seraient pas à cet endroit pour s'amuser.

Ils vont en venir aux mains lorsqu'ils aperçoivent leur maître d'école, Mollah, à qui ils soumettent le problème.

– Il est plus juste de partager ces noix entre vous, tranche Nasr Eddine.

– Impossible, lui objectent les enfants. Nous sommes trois et il n'y a que huit noix. Comment les distribuer de façon équitable ?

Nasr Eddine leur demande :

– Il existe sur la terre deux sortes de justices. D'un côté la justice divine et de l'autre celle des humains. Laquelle préférez-vous pour le partage de vos noix ?

Les enfants répondent d'une même voix :

– Celle d'Allah évidemment !

Nasr Eddine prend alors les huit noix.

– J'en donne cinq à Ali et trois à Mohammed. Toi, Ahmed, tu n'auras rien du tout. C'est comme cela, la justice d'Allah.

* * *

L'âne de Nasr Eddine est sérieusement blessé par les coups de corne du taureau de l'un des voisins. Le propriétaire de l'agresseur ne veut entendre parler d'aucun dédommagement. Mollah décide d'aller consulter le juge.

— Monsieur le Juge, mon âne a blessé ce matin le taureau de mon voisin. Celui-ci me réclame des indemnités. Y a-t-il droit ?

Le juge répond :

— De toute évidence, tu dois le dédommager.

— Je me suis mal expliqué. Je voulais dire que le taureau du voisin a encorné mon âne, rectifie Mollah.

— Cela change tout, reprend le juge. Cette affaire n'est pas aussi simple que cela. Dans ce cas, c'est à toi de réparer les dégâts. Tu dois même verser vingt dinars au voisin !

— Pourquoi donc ? demande Nasr Eddine, stupéfait du jugement.

— Parce que le taureau a dépensé beaucoup d'énergie en blessant ton âne.

Lorsque Nasr Eddine entend cette explication, il rassemble toutes ses forces et administre une gifle magistrale au magistrat.

— Tenez, monsieur le Juge, voici pour vingt dinars d'énergie, vous pourrez indemniser vous-même le taureau et le voisin.

* * *

Nasr Eddine est nommé juge au tribunal. Un jour, une veuve demande à s'entretenir avec lui.

– J'ai un fils, que je nourris avec beaucoup de mal. Je suis une pauvre femme. Mon fils a la mauvaise habitude de manger beaucoup de sucre et cela me revient trop cher. Je ne peux plus joindre les deux bouts. Voulez-vous, monsieur le Juge, lui interdire de manger tant de sucre, étant donné qu'il n'obéit pas à ma parole ?

– Revenez dans une semaine, madame. J'ai besoin d'examiner sérieusement ce cas complexe avant de rendre mon jugement.

La veuve retourne une semaine plus tard au tribunal.

– Revenez dans une semaine, madame, lui dit encore Nasr Eddine. Le problème que vous m'avez demandé de solutionner semble plus compliqué qu'en apparence.

La veuve obéit et revient une semaine plus tard, accompagnée de l'enfant.

Nasr Eddine s'adresse au garçon et lui dit :

– Il t'est désormais interdit par le tribunal de manger plus d'un sucre par jour.

La veuve, satisfaite, remercie Mollah, mais lui demande :

– Votre Honneur, je n'arrive pas à comprendre pour quelle raison vous n'avez pas rendu ce jugement avant ?

– Il fallait d'abord que je perde moi-même l'habitude de consommer exagérément du sucre. Je ne pouvais pas savoir que cela prendrait tant de temps.

* * *

Disons pour terminer que les trois dernières histoires cherchent à nous transmettre deux autres messages.

En premier lieu, la morale et la justice ne sont nullement des nécessités naturelles ou transcendantales. Il ne s'agit pas d'un sujet religieux, d'un supposé désir divin d'instaurer la fraternité et le partage entre les humains.

Lorsque Nasr Eddine distribue huit noix entre trois enfants, selon la justice d'Allah, le premier en reçoit cinq, le deuxième trois et le dernier aucune ! La morale constitue une préoccupation humaine. L'homme se doit d'être juste et équitable justement pour corriger, compenser, équilibrer l'inégalité de la nature et l'injustice d'Allah.

La richesse ou la pauvreté de la victime ne peut déterminer ce qui est bien ou mal. Si le taureau du notable voisin a blessé l'âne de Mollah, ce qui est condamnable, c'est le principe de l'agression, quel que soit le rang hiérarchique, culturel ou social auquel le plaignant appartient.

En second lieu, le vrai sens moral, le seul qui soit susceptible d'être entendu par autrui, est celui qui est reconnu et authentiquement intégré par le représentant de la loi. L'essentiel n'est jamais l'acte ou la parole consciente, mais ce qu'on est vraiment au plus profond de soi. Un père ne peut prétendre éduquer son enfant que si lui-même s'érige en modèle.

C'est la raison pour laquelle Nasr Eddine, avant d'ordonner à l'enfant de ne plus manger plus d'un sucre par jour, tient d'abord à perdre lui-même l'habitude d'en consommer exagérément.

Nasr Eddine remplace ici la morale conventionnelle par une éthique athée, laïque, humaine et consciente. Dès lors, la reconnaissance et l'intégration du sens moral, au-delà de tout altruisme, profitent, en premier lieu, à soi. Il permet d'éduquer ses propres instincts, ici en modérant sa consommation de sucreries, symbole de la régression à l'innocence enfantine, licencieuse et irresponsable. La soumission à la loi affranchit paradoxalement le Moi de l'esclavage du Ça.

Chapitre 9

Impossible de contenter tout le monde et son père !

Voici d'abord trois « blagues » :

Un homme, simple d'esprit, s'étant mis en tête d'écourter la queue de son cheval, vient demander conseil à Mollah :

– À ton avis, quelle est la bonne longueur pour la queue d'un cheval ?

– Peu importe, répond Nasr Eddine ; les opinions varieront quoi que tu fasses. Pour certains ce sera la bonne taille et pour d'autres, pas. Toi-même, tu seras d'un avis différent en fonction de l'humeur du moment. Un jour, tu la trouveras peut-être encore trop longue... ou trop courte !

* * *

Nasr Eddine et son jeune garçon sont allés chercher du bois dans la forêt voisine. Mollah attache le bois sur le dos de l'âne, monte lui-même sur l'animal et demande à son fils de suivre à pied vu le manque de place. À l'entrée de la ville, une bande de badauds critique la façon dont est chargé l'âne :

— Ce n'est pas très gentil de t'asseoir tout seul sur l'animal et de faire marcher ton enfant dans la crotte, alors qu'il y aurait de la place pour vous deux à la fois.

— Vous avez raison, mes enfants, répond Mollah en invitant son fils à monter à côté de lui sur le bois.

Mais, cent mètres plus loin, ils rencontrent une autre bande.

— Quelle idée de maltraiter ce pauvre animal ! Vous ne voyez pas qu'il est tellement chargé que son ventre traîne par terre !

— Vous avez raison, mes chéris, répond Nasr Eddine en descendant de l'âne et en décidant de faire le reste du chemin à pied.

Ils entrent finalement dans la ville et croisent un vieux voisin.

— Quelle honte ! dit-il. Il n'y a plus aucun respect pour les parents. C'est les enfants qui font marcher les parents. Le père va à pied et le fils se prélasse.

— Je pense qu'il n'a pas tort, dit Nasr Eddine à son enfant. Descends, toi aussi, et nous marcherons tous les deux ensemble.

Mais, quelques mètres plus loin, ils rencontrent une autre bande qui se moque de leur comportement :

— Vous êtes encore plus bêtes que l'âne. Vous préférez vous fatiguer au lieu de faire travailler l'animal ! Alors pourquoi ne porteriez-vous pas aussi le bois ?

Nasr Eddine est soudain traversé par un éclair d'intelligence. Il sait comment agir cette fois, pour satisfaire tout le monde et le Bon Dieu en même temps. Il s'assoit sur le fagot et fait monter son fils sur ses épaules. Il se croit ainsi à l'abri de toutes réflexions désobligeantes. « Je n'épuise pas l'animal puisque nous sommes installés sur le bois. Je ne suis pas un père égoïste puisque je porte mon fils sur mes épaules. Enfin, je ne suis pas sous l'autorité de mon fils, car il est naturel que ses yeux perçants puissent indiquer la route à un vieillard comme moi. »

Mais, la solution parfaite, cela n'existe pas. Bientôt, tout le chargement vacille et s'effondre dans un grand fracas. Nasr Eddine et son fils arrivent finalement à la maison à pied, portant les morceaux de bois dans leurs bras. Le lendemain, un voisin, qui ignore tout de l'affaire, vient demander conseil au Mollah sur la meilleure manière d'aller chercher du bois dans la forêt avec son fils et son âne. Nasr Eddine répond :

– Fais comme il te plaît. Tu ne pourras jamais contenter ton fils, ton âne, toi-même, les jeunes et les voisins !

* * *

Le prince a organisé un concours de tir à l'arc. Les meilleurs archers du pays rivalisent d'habileté. Nasr Eddine est là, mais comme il ne connaît rien à ce sport, son nom ne figure pas sur la liste des participants.

Au bout d'un moment, il se précipite vers le stand et crie :

– Arrêtez, bonde d'ignorants ! vous ne savez pas tirer. Qu'on me donne un arc et trois flèches.

L'assemblée éclate de rire ; comment ce bonhomme avec son énorme turban sur la tête pourrait-il lancer un défi aux archers les plus adroits du pays ? Tout le monde pense : « Mollah présume trop de ses forces. »

Néanmoins, on donne un arc et trois flèches à Nasr Eddine. Celui-ci se concentre, tend son arc et vise soigneusement en criant :

– Silence. Regardez, ainsi tire le soldat.

Il décoche la flèche, qui se fiche à droite de la cible sans même la toucher. Mollah déclare alors devant l'éclat de rire de l'assemblée :

– J'ai voulu vous montrer comment tire un soldat. Il rate souvent sa cible et c'est ainsi qu'il perd les guerres.

Nasr Eddine prend une seconde flèche. Celle-ci tombe cette fois à gauche, encore plus loin du but que la première. L'assemblée se tord encore une fois de rire.

Mollah explique :

– J'ai voulu vous montrer cette fois le tir d'un homme impatient qui, ayant manqué sa cible la première fois, cherche à trop bien faire la seconde.

Il prend ensuite sa troisième flèche, rassemble toutes ses forces et tire en fermant les yeux. La flèche vient vibrer en plein centre de la cible. Une clameur monte de la foule ébahie.

Une voix interroge du milieu de la cohue :

– Qui donc tire ainsi ?

– Cette fois, c'est moi, Nasr Eddine.

* * *

Dans les deux premières histoires, Nasr Eddine soulève la question de la difficulté, voire de l'impossibilité de correspondre aux souhaits et aux attentes des autres. Il serait en effet illusoire d'espérer « contenter tout le monde et son père », dit un dicton populaire plein de sagesse. Quelle est la bonne longueur pour la queue d'un cheval? Comment faut-il transporter à dos d'âne le bois pour l'hiver? Les opinions varieront quoi que l'on fasse.

La dernière histoire insiste au contraire, encore une fois, sur la nécessité de sauvegarder son identité intime et son être véritable. En effet, Nasr Eddine rate tous ses tirs lorsqu'il s'évertue à parodier quelqu'un d'autre et les réussit parfaitement en agissant en son nom propre et de sa vraie place.

Mais, au fond, pourquoi est-il impossible d'adopter un comportement qui satisfasse tout le monde : son père, sa mère, ses enfants, ses collègues, ses amis, son conjoint, et ses voisins?

D'abord en raison de la relativité, de la variabilité et de la multiplicité des besoins, des désirs et des attentes contradictoires.

En effet, l'autre nous pousse à lui ressembler, insiste pour nous dicter ses propres désir, ses propres choix, pour nous faire cheminer dans sa propre voie. Du coup, lorsqu'on n'est pas tout à fait résolu et déterminé intérieurement, on se sent perdu, ne sachant plus sur quel pied danser, ni à quel saint se vouer, dans la confusion générale. Ce qui dérange n'est jamais la ressemblance, qui passe souvent inaperçue, mais la différence du prochain.

Vous cherchez à faire plaisir à votre belle-mère en allant déjeuner chez elle le dimanche, mais voilà que votre mère se dit déçue et vous traite de fils ingrat. À l'inverse, si vous contentez votre maman, c'est votre femme qui vous traite d'égoïste et de désobligeant.

De même, le soir, lorsqu'il s'agit de choisir le programme télé, votre fils insiste pour regarder les variétés, votre fille préfère un feuilleton à l'eau de rose américain, alors que votre épouse plaide pour un reportage culturel sur les femmes africaines, sinon elle menace d'aller se coucher dare-dare. Et vous-même, quel est votre souhait véritable ? Vous tenez à la satisfaction générale et voilà que tout le monde est contrarié et mécontent.

Certaines familles sont parvenues à résoudre ce problème en installant un poste de télévision dans chaque chambre. Chacun devant son poste et tout le monde est content ! Oui et non, car l'insatisfaction psychologique, ne pouvant plus désormais trouver d'issue et s'exprimer par le biais concret du choix des programmes, sera inévitablement projetée et déplacée sur un autre support.

En dehors de ces préoccupations familiales apparemment mineures, il s'agit de la même impossibilité d'obtenir l'unanimité et la satisfaction générale lorsqu'il faut pour les responsables politiques élaborer et conduire l'action gouvernementale. Dès qu'une réforme est annoncée, le pays se divise automatiquement en deux camps, adversaires et partisans. Tout changement, quel qu'il soit, est chaleureusement applaudi par certains alors que d'autres manifestent dans les rues en exigeant sa suppression immédiate. Il n'est pas facile d'obtenir le consentement collectif en raison de la multiplicité des désirs, de la diversité des opinions et des intérêts contradictoires, tirant à hue et à dia.

D'autant plus que certains prennent un malin plaisir à critiquer systématiquement toute démarche originale, non pas parce qu'ils la croient mauvaise en soi, mais plutôt par jalousie ou dans le dessein de sauvegarder les privilèges acquis, ou encore par réflexe instinctif de dénigrer en bloc le discours du camp rival.

Dans ces circonstances, même le Bon Dieu ne sait plus s'il doit faire briller le soleil pour la joie des estivants, ou faire tonner les orages pour le grand bonheur des paysans. Par conséquent, quoi que l'on fasse, quoi que l'on dise, certains seront séduits et d'autres crieront au scandale.

En réalité, malgré les justifications apparentes, le mécontentement ou la satisfaction d'autrui ne sont pas forcément motivés par vos paroles ou vos comportements. Les critiques, aussi bien que les louanges, visent souvent ce que vous êtes, votre être entier et global.

Il existe des parents, par exemple, qui sont en adulation aveugle devant l'un de leurs enfants, tout en se montrant injustes et indélicats vis-à-vis d'un autre, pris pour bouc émissaire, sans que cette préférence soit ni reconnue ni justifiable objectivement. Dès lors, toutes les actions du premier seront qualifiées de superbes et, à l'opposé, celles du second seront ressenties comme négatives et exécrables. Cela signifie qu'il serait vain de chercher à séduire autrui par tous les moyens dans la mesure où, les dés étant pipés, tout jugement sera fonction du sentiment, *a priori* positif ou négatif, à votre endroit.

La critique systématique ne vise jamais l'action concrète, mais l'être psychique dans sa différence, dans son identité distincte. Cela ne présuppose évidemment pas qu'une relation saine doit être totalement dépourvue de déceptions, reproches ou remontrances, loin de là. Seulement, ce qui caractérise un bon lien, familial, amoureux, professionnel, etc., c'est la présence et l'expression d'une gamme, d'une palette d'émotions variées et variables, une fois la critique et la plainte et, à un autre moment, les compliments et les éloges, dont chacun a besoin pour se sentir bien.

Mais, peut-être qu'en fin de compte, la cause profonde du mécontentement des autres à votre endroit renvoie à votre propre insatisfaction inconsciente à l'égard de vous-même. On est toujours complice et coartisan de son destin.

En effet, l'image qu'autrui se forge de vous est conditionnée, en grande partie, par celle que vous abritez au fond de vous-même sans le savoir. Vous ne serez aimé, respecté et apprécié par votre entourage que dans la mesure où vous vous aimez, respectez et appréciez vous-même authentiquement.

À l'inverse, si vous n'êtes pas satisfait de ce que vous êtes, vous devenez influençable, sans colonne vertébrale propre, engendrant autour de vous un contexte de déceptions et de revendications insatiables. Pourquoi ? Pour la simple raison que la communication entre deux êtres ne dépend jamais des paroles et des actes conscients qui sont donnés à entendre et à voir, mais de sa trame inconsciente et souterraine. Quelqu'un qui a été frustré dans son enfance, privé de la présence affective, de la chaleur et de la tendresse de ses parents, restera durablement fixé dans un état de manque et d'attente.

Il sera inconsciemment convaincu que l'attitude de rejet de ses parents était de sa faute, parce qu'il était mauvais, maudit, funeste et méchant, alors qu'il était une victime sans défense. C'est ce que j'appelle « la culpabilité de la victime innocente ». Une fois parvenu à l'âge adulte, il sera doublement marqué par la privation originaire, mais aussi et surtout par sa culpabilité fantasmatique. Son destin pourra donc s'orienter dans deux directions différentes : soit il consumera sa vie entière dans une stratégie de réparation, à obtenir, coûte que coûte, l'affection et la reconnaissance auprès de tous ceux à qui il fera jouer le rôle de parent aimant ; soit il s'évertuera à compenser sa pénurie affective d'antan en inversant les rôles et en prodiguant généreusement aux autres l'amour dont il a été spolié dans le temps. Certains ne peuvent donner que ce qu'ils n'ont pas reçu au préalable.

Son obsession majeure sera, dans de telles conditions, de tout mettre en œuvre pour séduire ses proches afin de rectifier l'image négative qu'il a de lui-même. Il cherchera à les combler, par des cadeaux et de l'argent, à les gâter en cédant à la totalité de leurs caprices et exigences.

Mais, paradoxalement, plus il dépensera son énergie à les satisfaire, en se sacrifiant, plus ceux-ci seront critiques, ingrats et désobligeants.

Par conséquent, il vaut mieux renoncer à chercher l'approbation générale, en y sacrifiant son désir et en se dépossédant de son être véritable, par la séduction narcissique de son entourage. Plus vous serez en accord avec vous-même et satisfait de ce que vous êtes, plus vous réduirez les déceptions, les critiques, et les mécontentements. Soyez un peu plus égoïste, vous plairez davantage. Devenez vous-même, vous aurez plus de chances d'attirer à vous la bienveillance de l'entourage. Moins vous demanderez et plus on vous donnera !

Chapitre 10
À côté et à l'envers

Ces quelques blagues, en dépit de leur apparence naïve, niaise et simpliste, définissent en réalité, d'une façon remarquable, la fonction symbolique et résument la substantifique moelle, la quintessence de la doctrine psychanalytique. Un rêve ou un symptôme, quel qu'il soit : angoisse, dépression, culpabilité, mal-être, agressivité, etc., n'est jamais dans une relation de cause à effet logique et directe avec une origine réelle et consciente, mais en lien avec un sens, une motivation et une raison autre, se situant à côté ou à l'envers de ce qui est perceptible instantanément.

Ces histoires traduisent en même temps l'une des questions philosophiques majeures ayant intrigué la plupart des penseurs métaphysiques depuis la nuit des temps. La création, en tant que donnée visible, manifeste et tangible, peut-elle contenir en elle-même sa raison d'être ultime ou est-elle le reflet, l'émanation, la réverbération d'une source autre, d'un Créateur situé ailleurs, à côté, à l'envers ou au-delà, invisible, immatériel, imperceptible et transcendant ?

Disons que la raison consciente est basée sur le principe de la classification ainsi que sur celui, sacro-saint, de la relation de cause à effet directe, visible et quantifiable entre l'origine et sa manifestation.

* * *

Nasr Eddine s'était mis en tête de devenir médecin. Celui du village avait accepté que Mollah l'accompagne dans ses visites aux malades pour apprendre le métier.

Ils se rendent un jour chez un voisin souffrant de coliques épouvantables. Le médecin examine la langue du malade, jette un coup d'œil sous son lit et établit, en un clin d'œil, son diagnostic :

— Tu as mangé trop de cerises. Arrête d'en manger et demain tu seras guéri.

En sortant, Nasr Eddine ne tarit pas d'éloges sur la finesse du médecin.

— Comment avez-vous fait pour comprendre la raison de son mal avec une telle rapidité ?

— C'est très simple : en regardant sous son lit, j'ai aperçu un tas de noyaux de cerise, j'ai conclu qu'il en avait consommé une quantité considérable.

Quelque temps après, Nasr Eddine devient à son tour médecin. Il est appelé au chevet de son premier malade qui, souffrant de douleurs au ventre, hurle et se tord dans tous les sens. Il examine la langue blanche du patient, regarde rapidement sous le lit et dit au malade :

— Arrête de manger tes babouches, tu seras totalement guéri demain.

L'épouse du patient demande alors au Mollah le sens de ce diagnostic étrange :

– C'est très simple, dit Nasr Eddine, je n'ai pas vu les babouches de ton mari quand j'ai regardé sous son lit.

* * *

Par contre, l'inconscient fonctionne selon une autre logique, en apparence illogique, qui est celle de l'inversion et du déplacement :

Un soir, rentrant tard de la maison de thé, alors qu'il fait tout noir, Nasr Eddine laisse tomber par inadvertance la bague qu'il porte au doigt. L'ami qui l'accompagne se met immédiatement à genoux pour la chercher.

Mais Nasr Eddine, lui, s'éloigne rapidement de cet endroit pour se rendre au beau milieu de la place du village, éclairée par la lune.

– Que fais-tu, Mollah ? C'est ici que tu as perdu ta bague, pas sur la place.

– C'est exact, mais moi, je préfère chercher dans la lumière et non dans le noir.

* * *

Nasr Eddine s'épuise à faire pénétrer un petit veau dans l'étable. Mais l'animal se rebiffe, malgré tous les efforts de Mollah. Celui-ci abandonne le veau, va voir la vache et l'abreuve de toutes les insultes possibles et imaginables.

Un voisin dit à Nasr Eddine :

– Mais enfin pourquoi hurles-tu dans les oreilles de cette vache ?

– C'est de sa faute si le veau ne rentre pas dans l'étable. Sa mère lui a donné une mauvaise éducation.

* * *

En recherchant sa bague non pas à l'endroit précis où elle a été égarée, mais ailleurs, plus loin, sous le réverbère, en criant dans l'oreille de la maman vache parce que le veau refuse de pénétrer dans l'étable, Nasr Eddine nous invite à dépasser l'évidente absurdité de l'événement pour saisir sa vraie raison inconsciente, située ailleurs ou chez l'autre, en déconnexion apparente avec le texte manifeste de l'histoire.

Donnons quelques exemples :

Nous rencontrons parfois autour de nous des personnes qui se trouvent envahies par une peur panique et paralysante face à certaines situations : crainte de marcher au milieu de la foule ou dans les grands espaces (agoraphobie), peur de se sentir coincées dans les endroits fermés, un ascenseur, une boîte de nuit (claustrophobie), dégoût ou frayeur à l'égard d'animaux comme l'araignée ou le serpent, inquiétude immotivée à l'idée de la mort et des maladies incurables, etc.

De toute évidence, ces angoisses n'ont rien à voir avec l'araignée, l'ascenseur, la maladie, etc. Tous les objets phobogènes ne font que représenter, par inversion ou déplacement, une autre préoccupation, plus fondamentale. Ils sont les substituts symboliques, les reflets imaginaires d'autres blocages inconscients, plus difficiles à percevoir.

L'essentiel n'est pas le symptôme, mais sa signification cachée par-delà ce qui est donné à entendre et à voir.

La peur de l'araignée peut symboliser l'étouffement psychologique de l'enfant sous l'emprise d'une mère possessive et omnipotente, qui, considérant toute libération de l'enfant comme une trahison, cherche à le surprotéger en écrasant toutes velléités d'indépendance.

D'ailleurs, la surprotection et l'excès de sollicitude maternelle ne signifient nullement la surabondance d'amour et de tendresse. Ils dénotent, à l'inverse, une agressivité refoulée, déguisée en effusion doucereuse et débordante. Ils peuvent camoufler aussi le besoin infantile de la mère de se montrer « gentille », pour mériter l'amour et la reconnaissance.

La peur panique du serpent est susceptible de voiler un penchant incestueux excessif pour le père et le sexe masculin, à la fois fascinant et redoutable, tour à tour culpabilisant et désirable. Là aussi la crainte n'est pas à prendre au premier degré, au sens littéral de la frayeur par rapport à l'animal, mais dévoile, à l'inverse, un puissant désir incestueux refoulé par rapport à un autre (à côté) resté dans l'inconscient.

Dans cette optique, le travail du psychanalyste consiste, non pas à entendre ce qui se dit, textuellement, mais à écouter ce qui ne se dit pas dans l'à côté et l'envers de la parole afin de restituer la vérité de l'inconscient.

De même, la totalité des symptômes psychosomatiques : migraine, mauvaise digestion, asthme, stérilité, frigidité, insomnie ou impuissance, représentent des « affections » expiatoires, pour se punir, par déplacement, d'un péché, un crime, un délit, une infraction imaginaire inconsciente. Ce n'est pas le corps mécanique qui fonctionne mal. Le malaise est autre, ailleurs, mais c'est la tête qui de trop penser éclate, la gorge qui ayant trop avalé se noue, les intestins qui ne peuvent plus métaboliser les conflits, le sexe qui se relâche, trop coincé par le stress et le chagrin.

Bref, ce n'est pas le foie qu'il faut soigner, mais l'esprit qui se fait du mauvais sang et vomit de la bile. C'est l'œil qui ne voit pas, mais c'est le nez et les oreilles qui doivent prendre les lunettes en charge.

Dès lors, il serait absurde, voire dangereux, de gaspiller son temps et son argent à déambuler, des années durant, du cabinet du généraliste à celui du sexologue, du gynécologue, du gastro-entérologue, etc. que la déformation professionnelle empêche d'orienter la recherche à côté, ailleurs, à l'envers, autrement. Beaucoup trop d'examens de sang sont prescrits afin d'éviter le vrai examen, dérangeant, du sens.

En ce qui concerne les relations à l'intérieur du couple, il s'agit également des mêmes processus de l'inversion et du déplacement. En fait, beaucoup de conjoints, désignés comme étant responsables de la mésentente conjugale, ne font que représenter un personnage d'une autre époque, avec qui le contentieux affectif demeure irrésolu, suspendu dans le temps.

Une femme n'est jamais seulement une épouse. Elle représente aussi une mère ; celle qui vous a aimé ou haï dans l'enfance. Elle peut personnifier, en outre, une sœur jalouse qui s'est accaparé la tendresse des parents à votre détriment. Alors la communication devient, dans le couple, défaillante parce que l'épouse, prise pour une autre, n'est pas à sa vraie place.

De même, dans la famille, un enfant déprimé ne fait qu'exprimer, par délégation et à ses dépens, un malaise qui n'est pas le sien propre, mais celui d'un autre, qui s'en lave ainsi les mains.

En effet, on remarque souvent qu'un parent ou un conjoint, profondément déprimé, masque et camoufle cette dépression sous la façade inverse de l'hyperactivité, de la jovialité et de l'euphorie, « pétant », comme on dit, la forme et la santé.

Trop c'est trop. C'est alors son enfant, bouc émissaire, qui porte et vit la dépression à sa place. Ce déplacement par substitution permet naturellement au vrai déprimé de s'en sortir à bon compte, à peu de frais et avec bonne conscience, en combattant ou en soignant son malaise, porté par un autre.

Là aussi le symptôme, en l'occurrence la dépression, ne peut être compris véritablement qu'en tenant compte des deux concepts d'à côté et d'à l'envers (la jovialité du parent représente une dépression masquée, déplacée à côté, sur l'autre, chargé de l'exprimer).

Cela ne signifie évidemment pas que la dépression soit héréditaire, transmise par l'intermédiaire des gènes. Mais cela veut dire qu'elle peut être véhiculée à un enfant par un parent, qui le contamine de façon inconsciente, lorsque le vrai déprimé ne peut reconnaître et vivre son mal-être personnellement.

Enfin, en ce qui concerne l'alcoolisme, la toxicomanie, la maladie mentale et la délinquance, il peut s'agir des mêmes processus d'inversion et de déplacement. Un membre de la famille extériorise et commet un acte dont la signification et l'origine ne sont pas à rechercher du côté de l'étiqueté « malade », mais trouve son origine, au contraire, dans un dysfonctionnement affectif familial.

Si le veau refuse de rentrer dans l'étable, il faut peut-être hurler dans les oreilles de la vache. Il vaut mieux orienter parfois le diagnostic en se focalisant non pas sur le symptôme visible, mais sur sa signification inconsciente et sur la fonction cathartique que toute maladie remplit dans la constellation familiale.

* * *

Un couvreur est en train de réparer le toit de la maison mitoyenne avec celle de Mollah. Soudain, il glisse, perd l'équilibre et tombe sur Nasr Eddine qui fait au même instant des va-et-vient dans son jardin.

L'ouvrier sort tout à fait indemne de cet accident alors que Mollah est assommé et saigne un peu de la tête. Les voisins se précipitent pour lui porter secours.

Nasr Eddine commente :

— La loi de cause à effet est une loi bien mystérieuse : c'est lui qui tombe, mais c'est moi qui suis blessé.

* * *

Nasr Eddine, et ce n'est pas la première fois, vole un veau, le tue, le débite et sale certains morceaux pour sa consommation personnelle de l'hiver.

Le propriétaire finit par découvrir le voleur. Il s'installe devant la fenêtre de Mollah et se met à pousser des hurlements.

– C'est étrange, dit Nasr Eddine, c'est le veau qui a été tué, mais c'est son propriétaire qui agit comme si c'était lui qu'on avait égorgé.

* * *

Souvent certaines familles, affichant une façade respectable, voient l'un de leurs membres révéler, par des passages à l'acte délictueux, une souffrance, un secret ou un mensonge refoulés pour sauvegarder justement l'équilibre familial bancal. Ce sacrifice psychologique permet alors à la famille de dériver son anomalie sur l'enfant anormal.

C'est la raison profonde pour laquelle ces familles, tout en aspirant consciemment au salut de l'enfant, résistent aux remises en questions internes et aux remaniements nécessaires pour favoriser le changement. Dans la mesure où, si l'enfant refuse désormais de porter à lui seul le fardeau familial, les parents se doivent de reconnaître leur propre malaise non dit sans esquive et sans dérobade.

Un dernier mot relatif au symptôme de frigidité chez la femme : cette apathie sexuelle, cette anorexie libidinale ne signifie nullement l'absence de désir ou le dégoût du sexe masculin. Au contraire, elle masque un appétit sexuel volcanique, hors du commun. D'ailleurs, les rêves de ce genre de femmes sont souvent peuplés de fantasmes érotiques débridés où elles réalisent, en allumeuses ou en filles de joie, leur gloutonnerie nymphomane (à l'envers). Seulement, cette lascivité luxuriante se voit bloquée, défendue et censurée, car le partenaire aimé se confond dans l'inconscient avec un autre personnage (à côté), le père, le frère, ou un étranger qui a abusé d'elles lorsqu'elles étaient petites filles.

C'est pourquoi dès que l'image de l'amant réel se distingue des représentations incestueuses enfantines et coupables, l'ex-frigide risque de se trouver face à une boulimie sexuelle libertine et insatiable. Là aussi, impossible de « pénétrer » la femme frigide de dos ou de face sans l'accoster « d'à côté et à l'envers », ainsi que Mollah nous l'enseigne. Seul l'homme parvenu à la conscience et à la maturité de l'âge adulte pourrait se dégager partiellement des deux mécanismes de l'inversion et du déplacement.

* * *

Depuis l'enfance, les parents de Nasr Eddine l'ont surnommé « Contraire », car à chaque fois l'enfant fait l'inverse de ce qu'on lui commande. Le jour de sa communion de treize ans, consacrant le passage de l'enfance à l'âge adulte, son père emmène Nasr Eddine au marché avec leur âne chargé de sacs de farine.

En traversant un pont, le père s'aperçoit que la charge de farine commence à glisser du côté droit. Connaissant l'habitude de son fils de faire exactement le contraire de ce qu'on lui demande, il lui ordonne de relever le côté gauche, pensant que Nasr Eddine relèvera le côté droit et rétablira ainsi l'équilibre.

Mais cette fois, Nasr Eddine exécute l'ordre paternel à la lettre et relève le côté gauche. La charge de farine se déséquilibre et tous les sacs tombent dans la rivière.

— Espèce d'imbécile ! lui dit son père en colère. Que signifie ce comportement ? Pourquoi n'as-tu pas agi comme d'habitude en faisant le contraire ? Je t'avais dit de relever le sac du côté gauche pensant que tu allais le relever du côté droit.

— Tu as raison, mon père, lui dit Nasr Eddine. Seulement aujourd'hui je suis un adulte et non un enfant. Je n'ai plus besoin de faire le contraire, j'obéis à ton commandement.

Chapitre 11

La vraie connaissance est intérieure

Le roi convoque un jour Nasr Eddine au palais et lui déclare :

— Tu es réputé posséder une grande culture dans le domaine de la philosophie. Tu connais, pour les avoir fréquentés ou étudiés, tous les maîtres de l'ésotérisme de l'Orient. Je te charge de me faire un rapport d'ici un mois sur la mystique. Qu'est-ce que la connaissance ?

Nasr Eddine refuse d'abord, mais se voit contraint d'obéir à la volonté de Sa Majesté le roi. Mollah rentre chez lui, mais n'entreprend aucun travail. Il consacre tout son temps, comme d'habitude, à bichonner son âne et à cultiver son jardin.

Lorsque le délai d'un mois est expiré, il est reconvoqué au palais où il se rend les mains vides.

— Nasr Eddine, je vois que tu n'as pas exécuté l'ordre que je t'avais donné, lui lance le roi.

— Si, Sire, j'ai parcouru les provinces entières, discuté avec les maîtres mystiques les plus réputés, lu des centaines de traités.

— Où est ton rapport alors ? Je ne vois rien dans ta main.

— Mon rapport, répond Nasr Eddine, tient en un seul mot, CAROTTE !

Le roi se met en colère :

— Tu es stupide, Nasr Eddine. Que signifie cette incongruité ? Je te somme de t'expliquer.

— Voilà. La vraie connaissance est comme une carotte. À cause de ses feuilles vertes facilement visibles, beaucoup d'ânes s'y intéressent, mais sa meilleure part est invisible car cachée. Enfin, elle ne pousse pas toute seule, il faut travailler sa terre.

* * *

Cette histoire pose la question de l'approche de la connaissance spirituelle et de la vérité intérieure ainsi que celle de sa difficile transmission. La découverte de la connaissance en général et plus particulièrement la quête de la vérité de soi est-elle une démarche facile, naturelle et simple ? Cette sagesse est-elle détenue par quelqu'un ? Celui-ci peut-il nous en faire don ? Nasr Eddine évoque à ce propos la métaphore de la carotte.

D'après lui, la vérité est comme une carotte. À cause de ses feuilles vertes, facilement visibles, beaucoup d'ânes s'y intéressent. Mais sa meilleure part est invisible car cachée. Enfin elle ne pousse pas toute seule à l'état sauvage. Il faut donc travailler la terre.

De nombreux patients, qui décident d'entreprendre une démarche psychanalytique pour se découvrir, croient naïvement que quelques séances suffisent pour que le psychanalyste étanche leur soif. Comme si le thérapeute était un radiologue de l'inconscient et qu'il allait pouvoir leur livrer, en peu de temps, une cartographie exacte de tous les nœuds et blocages de leur psychisme transparent, en indiquant l'attitude appropriée pour lever sur-le-champ tous les freins et barrages faisant obstacle à leur épanouissement.

De plus, ils s'imaginent qu'une fois psychanalysés, promptement, ils seront parfaits, beaux, forts et intelligents, ne vivront plus que des relations positives et harmonieuses et seront désormais définitivement à l'abri des soucis et tourments.

Ces deux exigences de perfection et de rapidité se manifestent à travers deux interrogations itératives posées par ce genre de patients/impatients : Combien de temps l'analyse va-t-elle durer ? Quel est le prix de la séance ?

D'ailleurs, ces deux questions ne concernent, en dernière analyse, ni le problème de la durée, ni même celui des finances. Elles dévoilent une autre demande, celle-ci symbolique, bien plus importante : Ai-je véritablement le courage, l'envie et les « moyens » de contempler ma vérité intérieure en face ?

En fait, le psychanalyste, aussi savant soit-il, ignore tout de son patient. Il est dans l'impossibilité de lui révéler les secrets ésotériques et sibyllins *ad hoc* de sa complexe machinerie inconsciente.

Si quelqu'un sait quelque chose de vrai, ce n'est pas le psychanalyste, mais d'abord et avant tout le patient. La connaissance de soi, c'est comme une pâte que l'on pétrit de ses mains. Elle est comme les carottes que l'on ne récolte que si l'on a travaillé la terre de son jardin. Si vérité il y a, elle est dans l'étude, la recherche, la prise de conscience et le travail.

À l'inverse de cette catégorie de patients, d'autres pataugent et piétinent durant plus de dix ou vingt ans dans les sables mouvants d'une psychanalyse interminable. Comme s'ils attendaient passivement la révélation de la parole divine au mont Sinaï, par la bouche de leur thérapeute, érigé en Moïse des nouveaux temps.

D'ailleurs, plus une analyse s'éternise, disons au-delà de quatre ou cinq ans, et plus les progrès de la prise de conscience deviennent nuls ou insignifiants. D'abord, en raison de la recrudescence des résistances aux changements, qui augmentent leur puissance. Ensuite, en raison de l'intensification de la dépendance psychologique du patient, qui laisse, par lassitude, sa terre intérieure en jachère en l'abandonnant aux taupes de l'inconscient.

Mais, me direz-vous, quelle est l'utilité de se donner tant de peine, de consacrer tant de temps et d'argent pour récolter quelques carottes, alors que vous pouvez sans difficulté vous en procurer, disons, cinquante kilos, pour le prix d'une seule séance ? Effectivement, il s'agit là d'un raisonnement, en apparence logique, que certains n'hésitent pas à avancer et tentent même de traduire en actes. Ceux-là imaginent découvrir l'origine de leur malaise personnel ou relationnel et pouvoir le solutionner en un tour de main en feuilletant un livre ou en demandant conseil à des spécialistes omniscients.

Ainsi, ils accumulent une quantité impressionnante de savoirs livresques et de recettes théoriques sur le fonctionnement du couple, de la sexualité, de l'éducation des enfants, de la vie de l'entreprise, etc. Mais tout cela demeure abstrait, spéculatif, sans pouvoir être élaboré, assimilé, intégré à leur personnalité profonde, qui empire ou, comme une mule, s'entête et se fige.

Même lorsqu'il s'agit des apprentissages pragmatiques, il est en effet impossible d'apprendre une langue, d'exercer un sport, de conduire une voiture, tout seul, sans peine, illico, un livre à la main, installé dans son fauteuil. *A fortiori*, l'exploration de la vérité intérieure, invisible et ineffable, exige encore plus de temps et de travail.

Par conséquent, les carottes cultivées par quelqu'un d'autre, aussi exquises soient-elles, demeurent, pour celui qui n'a pas travaillé sa terre, tout à fait inconsommables. La vérité de Paul ne sera nullement utilisable par Jacques et vice versa. Affirmer détenir la Connaissance est une illusion, une pédanterie arrogante et mégalomaniaque.

* * *

Un jeune homme vient un jour demander à Maître Nasr Eddine de le prendre comme étudiant.

— Ta réputation de sagesse est partout répandue, Mollah. Je voudrais tellement que tu acceptes de me dispenser ton enseignement.

— La sagesse n'est pas à la portée de tous, répond Nasr Eddine. Qu'as-tu déjà appris ? Que sais-tu de la religion et de la philosophie ?

— Je suis le fils d'un imam. Je connais par cœur le Livre saint. Je pratique à la lettre tous les commande-

ments d'Allah. J'ai étudié mieux que tous les autres étudiants l'ensemble des maîtres anciens et actuels.

– Quel dommage, dit Nasr Eddine, que les maîtres ne t'aient pas étudié toi, d'abord !

* * *

Il existe enfin, d'autres personnes, encore plus pressées et crédules, qui choisissent de se mettre sous la tutelle d'un jardinier, espérant ainsi que ce dernier travaillera la terre en leur lieu et place.

C'est la raison essentielle pour laquelle, surtout dans la culture déstabilisée d'aujourd'hui, tant de jeunes s'engagent, malgré leur bonne intelligence, dans des sectes étiquetées religieuses, mais gouvernées par des gourous pervers et immoraux. Ces « boutiquiers de la sagesse » ne font qu'hypnotiser leurs victimes complaisantes en leur faisant miroiter la Vérité absolue et ultime, prédigérée, sur la vie et l'au-delà. Ils ne font que séduire les ânes avec les feuilles vertes qui dépassent, totalement dépourvues de carotte, mais chargées de ruses et de carottages.

Dans tous les cas, l'embrigadement aveugle dans ce genre de « bricolage spirituel » prend sa source dans les désordres affectifs bien plus que dans une quête spirituelle symbolique. Les adhérents sont recrutés parmi les esprits fragiles et crédules incapables de surmonter de façon évolutive leur malaise intérieur et leur pénurie existentielle. De plus, cet enrôlement leur ôte toute possibilité de remise en question, de distance et d'esprit critique.

Évidemment, le phénomène des sectes ne constitue pas un fait entièrement moderne. Il en apparaît régulièrement dans l'espace et le temps. Mais auparavant elles représentaient, aussi bien en nombre qu'en puissance, un épiphénomène marginal et souvent sans importance. Les systèmes de valeurs traditionnels – religions, idéologies politiques, art, littérature, bref, la culture dans son ensemble – offraient suffisamment de voies à l'exploration de la vérité intérieure symbolique et autant de possibilités de sublimation aux candidats au voyage.

Malheureusement, la désacralisation progressive de l'ensemble de ces valeurs sert aujourd'hui de terreau nourricier à l'éclosion d'une multitude de sectes en apparence rédemptrices, mais profondément assujettissantes et tyranniques.

Elles font miroiter au départ la carotte de la sagesse et de la vérité, mais c'est pour mieux dissimuler le bâton de la servilité.

L'amour, sous forme de tendresse ou de sexualité entre l'homme et la femme, ainsi que l'aspiration au divin constituent les deux quêtes fondatrices de l'existence humaine. Sur le plan symbolique, ces deux axes de recherche ont ceci de commun, malgré leurs apparences dissemblables, que l'objet de la demande (qu'il s'agisse de la bien-aimée ou de Dieu) est foncièrement inaccessible.

D'ailleurs, lorsqu'on s'émerveille de la poésie de Hâfiz, illustre poète persan du XIVe siècle, chantant l'amour de la bien-aimée et le vin, on ne peut jamais savoir au juste si son inspiration est mystique ou profane, s'il s'agit de la femme en chair et en os ou à l'inverse d'Allah. De même, en se délectant du Cantique des cantiques du roi Salomon dans l'Ancien Testament, on est dans l'impossibilité dans l'acception littérale de faire la part entre la louange du Seigneur et celle des filles de Jérusalem.

L'objet de la quête, qu'il s'agisse des carottes, de Dieu ou de la femme, est d'ailleurs tout à fait accessoire, dans la mesure où la recherche en elle-même constitue l'objectif principal. Travailler symboliquement sa terre n'a nullement pour but final de récolter des carottes. La seule visée, c'est la recherche et le travail. La fameuse fable de La Fontaine où le vieux paysan au seuil de la mort parle d'un trésor camouflé dans les champs à ses enfants paraît à ce propos tout à fait éclairante. Les héritiers labourent la terre dans tous les coins et recoins. De trésor, il n'y en a point. Mais le père fut sage de leur montrer, avant sa mort, que le vrai trésor, c'est le travail.

* * *

Un habitant de Bagdad avait gaspillé tout son héritage et se trouvait dans le dénuement. Après qu'il eut adressé à Dieu d'ardentes prières, il rêva qu'il entendait une voix lui disant qu'il existait, dans la ville du Caire, un trésor caché à un certain endroit.

Arrivé au Caire sans argent, il résolut de mendier, mais eut honte de le faire avant que la nuit fût tombée. Comme il errait dans les rues, il fut saisi par la patrouille, qui le prit pour un voleur et le roua de coups avant qu'il ait pu s'expliquer. Quand il y parvint enfin, il raconta son rêve avec un tel accent de sincérité qu'il convainquit le lieutenant de police.

Celui-ci s'écria : « Je vois que tu n'es pas un voleur, que tu es un brave homme, mais comment as-tu pu être assez stupide pour faire un aussi long voyage en te basant sur un songe ? Moi, j'ai rêvé bien souvent d'un trésor caché à Bagdad, dans telle rue, dans la maison d'Untel, et je ne me suis pas mis en route pour autant. »

Or la maison qu'il mentionnait était celle du voyageur. Ce dernier, rendant grâce à Dieu que la cause de sa fortune fût sa propre erreur, retourna à Bagdad, où il trouva le trésor enfoui dans sa maison.

Chapitre 12

La réalité déformée par les fantasmes

À travers ces histoires, Nasr Eddine cherche à nous mettre en garde contre la nocivité de certains fantasmes, illusions et mirages qui font écran à la réalité au point de la supplanter de façon radicale.

* * *

Le père de Mollah avait exercé jadis, dans la ville sainte de Konya, le métier de gardien du mausolée d'un saint. Lorsque Mollah eut quinze ans, son père lui offrit un âne et l'encouragea à quitter la maison pour partir à la rencontre de son destin.

Un jour, le pauvre animal, épuisé de fatigue, rendit l'âme au sommet d'une montagne. Mollah l'enterra alors avec beaucoup de chagrin. Sa tristesse fut tellement grande qu'il ne put plus quitter cet endroit, se lamentant pendant des semaines et même des mois sur la tombe de son âne.

La rumeur courut alors qu'un ermite se tenait en prière sur le tombeau d'un saint. Les pèlerins curieux accoururent de partout pour se recueillir sur le tombeau et demander la réalisation de leurs vœux de santé et de prospérité pour leur entourage.

Le père de Nasr Eddine, informé de la nouvelle, se rendit aussitôt au fameux endroit et, étonné d'y retrouver son fils, demanda à celui-ci de lui raconter toute l'histoire.

– Père, il n'y a aucun saint dans ce tombeau, mais l'âne que tu m'avais offert le jour de mon départ. Comme je n'arrivais pas à quitter mon compagnon défunt, les gens ont imaginé, vu l'intensité de mon chagrin, qu'il s'agissait de la tombe d'un grand saint.

– Qu'Allah soit avec nous, mon fils, lui répondit son père. J'ai vécu la même histoire que toi. Le mausolée que j'avais pour fonction de garder à Konya était aussi la tombe de mon âne, que ton grand-père m'avait donné le jour de mon départ. Longtemps j'ai cherché à faire entendre la vérité, mais personne non plus n'a voulu me croire !

* * *

Nasr Eddine descend tranquillement une rue du village, absorbé par ses pensées philosophiques. Une bande de gamins se met à lui lancer des cailloux. Mollah, pris au dépourvu, cherche un stratagème pour faire cesser l'attaque.

– Arrêtez de m'importuner, et je vous dirai un secret.

– D'accord, répondent les gamins en chœur, à condition que tu ne racontes pas un mensonge.

— Voilà, dit Nasr Eddine, le prince offre aujourd'hui un grand festin pour son anniversaire à tous ceux qui se présenteront à son palais.

Les enfants crient de joie, abandonnent Mollah et courent comme une meute vers le palais du prince. Nasr Eddine se dit alors en voyant s'éloigner la bande : « Et si c'était vrai, que le prince offrait aujourd'hui un repas ? Je ferais mieux d'aller voir par moi-même. »

Il se relève donc et se met à courir comme un lièvre dans la trace des gamins.

* * *

Tous les pèlerins croient Nasr Eddine le gardien du mausolée d'un saint, alors qu'il s'agit du tombeau de son âne. Il dit aux gamins, pour se débarrasser d'eux, que le prince offre ce jour même un grand festin et il se met aussi à courir vers le palais, gobant lui-même son subterfuge enfantin.

Cela pose, en premier lieu, le problème des frontières entre la réalité et le fantasme, qu'il n'est pas toujours aisé de distinguer de façon précise et fiable. L'exemple le plus éclairant et instructif est relatif au problème des témoignages. Quelquefois nous sommes persuadés, en dehors de tout mensonge ou de toute mauvaise foi, d'avoir assisté à un événement particulier et d'y avoir formellement reconnu Paul ou Jacques, alors qu'en définitive nous avons été la proie de fausses perceptions et de fausses reconnaissances. Cela aboutit parfois à des erreurs judiciaires graves où certains témoignages, même parfaitement sincères et de bonne foi, expédient en prison pour des années de faux coupables. À d'autres moments, nous jurons sur tous les saints que nous avons fait ceci et cela, alors que nous avons été le jouet de pseudo-souvenirs et de sensations illusoires.

De même, il peut arriver à tout un chacun d'être convaincu d'avoir posé ses clefs ou son porte-monnaie en tel lieu précis, alors qu'il les a rangés à un autre endroit. Enfin, certains sont profondément convaincus d'avoir déjà vécu des scènes, fréquenté des lieux, rencontré des personnes, tout en les abordant pour la première fois.

Il est donc parfois difficile, voire impossible de distinguer clairement la projection de la perception, de différencier ce que nous saisissons objectivement, venant de l'extérieur, de ce que nous expulsons subjectivement au-dehors, venant de l'intérieur.

Dans une auberge espagnole, on ne peut rien trouver d'autre que ce qu'on y apporte. Un fabulateur n'est pas forcément un menteur dans la mesure où, comme Nasr Eddine, il finit, par l'autosuggestion, à adhérer aux fables qu'il énonce.

Cette nébulosité entre la perception pure et la projection rend la démarcation entre la réalité et la fiction tout à fait floue et aléatoire. La tâche est encore plus ardue lorsqu'il s'agit non plus des réalités tangibles et quantifiables, mais des relations sentimentales et affectives, difficilement démêlables.

Nous trouvons certaines personnes très sympathiques lors d'un premier contact, mais nous finissons par les découvrir comme étant des êtres ignobles et infréquentables un peu plus tard. À l'inverse, d'autres nous paraissent repoussantes et antipathiques au départ, mais à la longue, en les connaissant mieux, nous découvrons des qualités et mérites inestimables. Elles demeurent pourtant toujours les mêmes. Ce qui a changé, c'est seulement notre regard.

La prise de conscience de cette différence entre la réalité extérieure et nos fantasmes, ainsi que du risque de confusion avec nos propres projections, peut nous aider grandement à nous méfier des informations primaires fournies par nos sens, afin de ne pas prendre pour argent comptant la totalité de nos impressions, tout ce que nous croyons voir et entendre.

Ce qui encombre quelquefois la relation conjugale provient du vécu fantasmatique négatif, d'un héritage empoisonnant antérieur au mariage.

* * *

Après le décès de sa première épouse, Kadija, Nasr Eddine s'est remarié avec une veuve du voisinage. Celle-ci ne cesse de ressasser les souvenirs de son premier mariage et de faire l'éloge de son défunt mari. D'ailleurs, Nasr Eddine se comporte de la même manière, répétant tous les jours les qualités de la pauvre Kadija.

Peu de temps après ce remariage, le ton monte entre les époux et les querelles deviennent de plus en plus fréquentes.

Un soir, alors qu'ils sont couchés dans leur lit, ils se disputent encore une fois, en évoquant chacun sa première vie maritale. Mollah s'emporte et assène un coup violent à sa femme. Celle-ci tombe du lit, se met à hurler de douleur et d'indignation et se précipite chez ses parents.

Le lendemain, le beau-père de Nasr Eddine rend visite à son gendre et l'interroge sur les raisons de sa violence.

— Ce n'est pas de ma faute, dit Mollah à son beau-père. Voyez-vous, hier soir nous étions quatre dans le lit, moi, mon ancienne femme, votre fille et son défunt mari. Alors, votre fille est tombée du lit parce qu'il est impossible d'y dormir à quatre.

* * *

Sur le plan collectif, cette contagion de la réalité par le poids des fantasmes inconscients se traduit sous forme de rumeurs totalement fantaisistes et invérifiables.

Les actions d'une entreprise, lors de leur cotation en Bourse, peuvent chuter brutalement du jour au lendemain, contraignant ainsi la société à réduire ses activités et à licencier du personnel, non pas parce qu'elle est réellement mal gérée, mais en raison d'une rumeur négative, autant inexplicable qu'injustifiée.

Certains groupes ethniques sont régulièrement accusés de pratiques ignobles, traite des Blanches, meurtres rituels d'enfants, sorcellerie ou magie noire, sans aucun fondement sérieux, en l'absence de la moindre preuve ou trace. « Il n'y a pas de fumée sans feu », se dit-on dans les chaumières, sans se donner la peine de vérifier la rationalité et la rigueur de ce genre de racontars. En fait, certains feux ne dégagent pas de fumée, et certaines fumées ne proviennent d'aucun feu réel.

Cependant, la pression aveuglante des fantasmes, capables de saper et d'effacer la réalité, apparaît aussi dans d'autres contextes.

* * *

Quelques centaines de notables gourmets sont conviés à la table du roi. Nasr Eddine n'est pas invité, mais il parvient à tromper la vigilance des gardes et à se faufiler parmi les invités. Ce banquet annuel en l'honneur du Nouvel An est un festin extraordinaire.

Après de longs moments d'attente, des discours, des chants, des danses, etc., toute l'assemblée est priée de passer à table. Les domestiques apportent, dans un ballet incessant, les plats les plus succulents.

Tout le monde a le souffle coupé de ravissement devant ce chef-d'œuvre de couleurs et de parfums étourdissants. À tel point que plus personne n'ose ébaucher le moindre geste en direction de la nourriture, de peur de déranger la perfection et l'harmonie des aliments.

Seul Nasr Eddine, torturé par la faim, se lève brusquement en hurlant : « Je reconnais que c'est magnifique, mais après tout, c'est de la nourriture destinée à être consommée. Alors mangeons-la avant qu'elle ne nous mange ! »

* * *

Dans cette histoire, aucun des invités du roi n'ose ébaucher le moindre geste en direction des plats, de peur de déranger la perfection et l'harmonie des nourritures. Sauf Nasr Eddine qui tend le bras et déclare : « Alors mangeons-la avant qu'elle ne nous mange ! »

Voici à ce propos, mais dans d'autres domaines, deux exemples :

1) Le bègue, dont tout le monde connaît la difficulté majeure à s'exprimer correctement en public, ne souffre en fait d'aucun trouble organique ou intellectuel décelable. Son unique problème, mais celui-ci est de taille, c'est de vouloir trop bien parler, de s'évertuer à dire trop de choses à la fois. Il s'identifie inconsciemment à un grand orateur comme Démosthène (qui était aussi bègue dans sa jeunesse). Ce qui bloque le bègue, c'est son trop grand investissement fantasmatique de la parole et du langage, l'importance démesurée qu'il attache à sa bouche d'où, croit-il, devrait jaillir, comme d'une fontaine, un flux impétueux de perles et de diamants d'une valeur inestimable.

La cause première du bégaiement tient dans une exigence chimérique, dans une volonté fictive de revendiquer un discours parfait, riche, sacré, complet, prophétique et sans faille. Le langage du bègue devient incompréhensible et incommunicable en raison du souci excessif de clarté et de complétude, parce que surchargé de significations.

Lorsqu'un incendie se déclare dans une boîte de nuit pleine à craquer, cela aboutit souvent au désastre, par le nombre élevé des victimes, car tous affluent, dans une pagaille indescriptible, à la même issue de secours qui se transforme ainsi en cul-de-sac.

D'ailleurs, lorsque le bègue parvient à réduire la pression de ses fantasmes de perfection, c'est-à-dire à relativiser l'importance de sa bouche, des mots, du langage et de la communication, en mettant, comme on dit, de l'eau dans son vin, il est capable de s'exprimer aisément, sans ambages.

2) Il est certain que l'anorexie de la jeune fille ne traduit pas chez elle l'absence d'appétit et de faim. Au contraire, si elle refuse de manger, c'est pour contenir sa voracité psychique, tant elle est « consommée », « dévorée » elle-même par une demande affective d'amour insatiable, à la fois fascinante et coupable.

3) De même, lorsqu'un homme investit démesurément une femme dans ses fantasmes, la parant de toutes les qualités esthétiques et affectives possibles et imaginables, il se produit chez lui, comme chez le bègue, mais pas au même endroit, un blocage. Lors de la rencontre réelle, au moment du corps à corps, l'amant perd totalement ses moyens, devient peureux, mal à l'aise, sexuellement impuissant et gauche dans ses actes.

Trop de charge électrique, lors d'un orage, fait sauter les plombs du compteur et plus aucun courant ne passe. C'est la raison essentielle pour laquelle certains hommes ne peuvent réaliser l'acte sexuel qu'avec des prostituées qu'ils s'autorisent à mépriser et à dominer en les payant. Par contre, face à une femme qu'ils respectent et idéalisent à l'excès, ils se trouvent bloqués et maladroits.

En définitive, un zeste de fantasme, de rêve, d'illusion et d'utopie est susceptible de parfumer et d'embellir la réalité en améliorant le quotidien. Par contre, toute inflation fantasmatique déforme la réalité, se substitue à elle et transforme le rêve en délire, faisant s'écrouler le château en Espagne.

Disons aussi que, malgré l'évidence des apparences, dans la vie quotidienne nous souffrons bien moins du poids des réalités (aussi pénibles soient-elles parfois) que de l'oppression de nos fantasmes. Autrement dit, ce qui nous paraît insupportable, c'est souvent le décalage entre la réalité et l'idéal. Tout dépend de l'écart creusé entre les deux axes, de leurs bons ou de leurs mauvais rapports de voisinage.

Si vous espérez gagner ou perdre seulement dix euros dans une affaire, vous êtes malheureux si vous gagnez moins ou si vous perdez plus que vous escomptiez. À l'inverse, si vous gagnez le double ou si vous perdez seulement la moitié, vous voilà aux anges.

Les choses nous semblent heureuses ou malheureuses en fonction de l'imprégnation modérée ou excessive de nos espoirs. Dès lors, au lieu de chercher à nous battre contre les montagnes, nous aurons tout intérêt à éduquer, et à contrôler, un tant soit peu, l'exaltation et la véhémence de nos attentes et fantasmes.

Enfin, la plupart de nos inquiétudes proviennent de la déformation des réalités par notre imagination. Cela aboutit à la dramatisation anxieuse. Tout devient tragique, terrible, grave. Souvent les choses se déroulent bien plus heureusement, à l'opposé du scénario pessimiste que l'on avait imaginé au départ.

* * *

Nasr Eddine vient de perdre, encore une fois, son âne. Après quelques recherches infructueuses, il se met à déambuler tristement dans les rues du village.

— Retrouvez-moi mon âne. Retrouvez-moi vite mon âne, sinon je ferai comme a fait mon père, je vous préviens.

Les habitants du village, prenant ces menaces au sérieux, s'organisent en bandes et ratissent méticuleusement tous les coins et recoins du village, des champs et des bois.

Finalement, au bout de quelques heures, un groupe de chercheurs se met à pousser des hurlements de joie. L'âne de Nasr Eddine est retrouvé et ramené sain et sauf chez Mollah.

— Nasr Eddine, lui demande alors un enfant, qu'avait-il fait, ton père, lorsqu'il avait perdu définitivement son âne ?

— Oh ! rien, répond Mollah. Il est allé s'en acheter un autre au marché le lendemain.

Chapitre 13

La toute-puissance mégalomane

Dans les histoires suivantes, Nasr Eddine, en se moquant de lui-même et en jouant le rôle d'un anti-héros, dénonce l'homme extravagant, suffisant et vantard cherchant à se donner à lui-même et aux autres une image intouchable, parfaite et idyllique.

* * *

Nasr Eddine raconte à ses amis de la maison de thé ses exploits de jeunesse :

– On avait offert un jour un cheval de belle race au prince. Personne n'osait le monter tellement il était fougueux. J'étais le seul, parmi tous les cavaliers expérimentés, à tenter l'aventure pour dompter le magnifique cheval !

Nasr Eddine se tait. Quelqu'un dans l'assemblée lui demande la fin de l'histoire :

– Et puis, que s'est-il passé ?

– Eh bien, je n'y suis pas arrivé non plus ! conclut Mollah.

* * *

Nasr Eddine rentre chez lui après un long voyage à la capitale. Les villageois viennent lui rendre visite, lui demandant de leur raconter toutes les merveilles qu'il a vécues.

— Le plus grand moment du séjour fut celui où le roi m'a parlé.

Les visiteurs sont éblouis, stupéfaits :

— Le roi ? lui-même ? en personne ?

— Oui, puisque je vous le dis, le roi m'a parlé en personne, à moi, Nasr Eddine.

La nouvelle se répand en un clin d'œil dans toute la région : « Le roi a parlé à Nasr Eddine ! » Les villageois organisent le soir même une grande fête pour saluer l'événement. On égorge des moutons, on boit, on danse. Au moment où la fête bat son plein, un jeune élève de Mollah s'approche de lui et demande :

— Mais, que t'a dit le roi, raconte-moi.

— Quand le roi est sorti de son palais, entouré de ses gardes, j'ai couru vers lui, en écartant les soldats. Nous nous sommes retrouvés face à face, comme maintenant toi et moi. Le roi m'a dit alors, clairement pour que tout le monde puisse bien entendre : « Ôte-toi de mon chemin, misérable ! »

* * *

Nasr Eddine bavarde avec ses amis. Chacun raconte avec fierté les glorieux exploits qu'il a accomplis auparavant : conquête amoureuse, chasse heureuse, combats victorieux... Chacun regrette aussi, à cause de l'âge qui avance, la diminution de sa puissance. Sauf Mollah.

— Eh bien, mes amis, peut-être que vous ne me croirez pas, mais j'ai conservé la même force à soixante-dix ans que lorsque j'avais vingt ans.

— C'est impossible, Nasr Eddine. Tu te vantes, ou tu mens.

— Je ne dis que la vérité, dit Mollah. Écoutez-moi : vous connaissez tous la grosse meule de pierre qui se trouve sur la place du village. Lorsque j'avais vingt ans, en pleine force de l'âge, je n'arrivais pas à la bouger.

— Et alors ? demandent intrigués les compagnons de Mollah.

— Eh bien, aujourd'hui je n'y arrive pas non plus. J'ai donc la même force qu'à mes vingt ans !

* * *

Cette année, les conditions météo sont très défavorables. La sécheresse a succédé aux inondations et la famine menace, bien plus les pauvres que les riches évidemment. Ceux-ci ont constitué des réserves abondantes qui les mettent, comme à l'accoutumée, à l'abri de ce genre de contretemps.

— Nasr Eddine, lance Kadija à son mari, tout le monde te considère comme un homme juste et charitable. Ne reste pas inactif. Va rassembler tes concitoyens et cherche à convaincre les riches de venir en aide aux plus démunis, par la miséricorde d'Allah.

Nasr Eddine donne, pour une fois, raison à Kadija. Il quitte la maison et revient quelques heures plus tard.

— As-tu réussi, Mollah ? interroge Kadija.

— Le travail n'était pas bien facile, mais j'ai quand même réussi à moitié grâce à l'aide d'Allah, répond Nasr Eddine, la mine fatiguée mais satisfaite.

— Que veux-tu dire ? Pourquoi à moitié ? insiste Kadija.

— Parce que j'ai réussi à convaincre les pauvres ! répond Mollah.

* * *

Nasr Eddine se promène dans les jardins municipaux. Il fait beau, chaud et les oiseaux chantent. Il découvre subitement, à l'ombre d'un arbre, le juge de la ville en personne, ivre mort, à moitié nu et couché sur le sol.

Nasr Eddine s'empare du beau manteau du juge, le met sur ses épaules et quitte les lieux.

Quelques heures plus tard, le juge se réveille et voit que son manteau a disparu. Il rentre chez lui et charge un domestique d'aller se promener dans toutes les rues de la ville, de retrouver le voleur et de le convoquer devant lui.

Le lendemain, le commis reconnaît le manteau sur les épaules de Nasr Eddine.

— Je suis chargé de te conduire au tribunal pour le vol de ce manteau.

Mollah accepte sans rechigner et suit le valet. Puis il déclare en présence du juge :

— Votre Honneur, hier je me promenais dans les jardins de la ville. J'ai découvert alors un ivrogne sans vergogne, à moitié nu, plongé dans un sommeil profond. J'ai ramassé ce manteau pour le protéger contre un vol éventuel et pour le restituer à son propriétaire légitime. Si vous connaissez d'aventure ce buveur d'alcool, dites-le-moi pour que je puisse lui rendre rapidement son bien.

— Non, répond le juge. Je ne connais nullement ce chien infidèle, buveur d'alcool. Je te préviendrai dès que je l'aurai identifié. Pour l'instant, tu peux garder le manteau.

* * *

Chacun abrite au fond de lui-même une image grandiose de soi, parfaite et idéale. Nous caressons tous un modèle héroïque d'homme ou de femme à qui nous cherchons à ressembler, à nous identifier depuis l'enfance sans en avoir conscience.

Chacun se berce de l'espoir silencieux d'être un jour le plus fort, le plus beau, le plus génial, tout-puissant et invulnérable ; mannequin, actrice, ministre ou écrivain. Cette image mythique, légendaire et merveilleuse nous est en partie léguée par l'héritage ancestral. Elle nous est prescrite par le désir parental inconscient. Tout enfant est légataire des ambitions non réalisées et des espérances déçues de ses parents. Il se croit chargé de compenser leurs échecs, de panser leurs blessures d'amour-propre et de combler, par procuration, leurs manques et imperfections. Cette volonté de toute-puissance n'est pas, dans l'absolu, un handicap. Elle peut nous stimuler de façon positive en servant de moteur à notre avancement, nous incitant à devenir grands. Le petit humain se construit en cherchant à imiter la reine et le roi que sont pour lui ses parents.

Mais seulement, si nous nous laissons trop dominer par son impétueux torrent, le moteur s'emballe et engendre la quasi-totalité de nos souffrances. Le décalage entre ce que nous voudrions être et ce que nous sommes réellement s'accentue dangereusement. En effet, nous connaissons tous autour de nous des personnes qui ne supportent aucune critique, aucune remise en question. Elles sont incapables d'avouer la moindre imperfection. Elles ne reconnaissent jamais s'être trompées, ni avoir eu peur. Alors elles deviennent agaçantes et finissent par se faire rejeter à cause de leur côté puéril, prétentieux, vantard, m'as-tu-vu, péteux, irréprochable, mégalomane.

* * *

Un matin, sur le chemin du marché, Mollah trouve par terre quelques morceaux d'un miroir brisé. Il ramasse le plus grand et s'y regarde. L'image qu'il y découvre lui déplaît au plus haut point : barbe blanche, rides sur le front, nez tordu, mine grisâtre.

Nasr Eddine est très vexé. Il lance énergiquement le plus loin possible le morceau de miroir et s'écrie : « Je comprends maintenant pourquoi celui à qui tu appartenais auparavant t'a brisé de la sorte pour se débarrasser de toi. »

* * *

C'est en général ce genre d'individus qui brisent, comme Mollah, le miroir leur révélant une image qui ne leur convient pas. C'est la raison pour laquelle ils préfèrent projeter leurs aspects défavorables sur les autres, les étrangers ou leur entourage, qu'ils critiquent et blâment. Ils ne voient pas la poutre dans leur propre œil, mais la paille qui n'existe même pas dans celui du voisin.

Mais pourquoi serait-il si éprouvant d'avouer son imperfection, son ignorance, ses peurs, sa petitesse, ses défauts ?

Parce que pour certains, même s'ils sont professeurs de maths, le résultat de cette simple opération : 10-1 ne fait pas 9 mais 0, rien. Cela signifie qu'un seul défaut, la plus petite critique, un seul échec, une seule déception, met en cause, fait voler en éclats leur identité tout entière. Pour eux, le contraire de la perfection n'est pas l'imperfection mais le néant, la vacuité totale.

C'est la raison pour laquelle ils oscillent constamment de la dépression à l'exaltation euphorique, entre tout et rien, du sentiment de supériorité à celui de ne rien valoir. Ils sont incapables de se forger, au milieu de ces deux excès invivables, une image plus vraie, plus pondérée, plus saine, et plus vivable d'eux-mêmes. Roi ou clochard, sainte ou putain : aucune nuance, nulle possibilité de voie médiane.

D'ailleurs, il est plus que probable que ceux qui revêtent cette cuirasse de perfection et de supériorité souffrent au fond d'eux-mêmes d'un complexe d'infériorité, d'un manque de confiance et d'amour de soi qu'ils cherchent à camoufler derrière l'excès inverse.

Il est certain que les plus froussards portent le masque d'une témérité indomptable. De même, ceux qui pontifient, de façon puritaine et rigide, sur la charité, la vérité et la morale, se comportent quelquefois, par-derrière, de manière égoïste, mensongère et amorale. Tous les don juans, obsédés sexuels, s'évertuent en fait à dissimuler, à leurs propres yeux et à ceux de leurs conquêtes, leur difficulté foncière à pouvoir aimer et se laisser aimer, à donner et accepter de recevoir.

Question : « Savez-vous pourquoi le tambour fait tant de bruit ? »

Réponse : « Parce qu'il est vide ! »

On exhibe toujours ce qu'on ne possède pas. Seule la renonciation aux fantasmes de grandeur serait susceptible de nous guider vers la vérité intérieure afin d'aider chacun à s'accepter et à s'aimer tel qu'il est, dans la conscience de ses fragilités. De cette manière, l'opération 10-1 se soldera ni par 0, ni même par 9, mais par 11. Le manque est paradoxalement source d'enrichissement.

Pour transformer un handicap, qu'il s'agisse d'une infirmité physique ou d'une fragilité psychologique, en moteur de croissance, il est nécessaire d'abord de l'accepter, sans honte, culpabilité ou inquiétude. Ainsi l'énergie psychique, gaspillée jusque-là dans les défenses, aussi inefficaces qu'épuisantes, sera utilisée par le Moi et investie de façon plus saine et satisfaisante.

C'est précisément ce message que Nasr Eddine cherche à nous faire entendre en jouant le rôle d'un anti-héros, personnage lâche et froussard :

Le prince a invité Nasr Eddine à l'accompagner à la chasse à l'ours. Mollah invente mille et une excuses pour s'y soustraire, mais finalement il se voit contraint de s'exécuter.

Lorsqu'il rentre à la maison, un ami l'attend pour lui demander comment la journée s'est déroulée.

— À merveille, répond Nasr Eddine.

— Combien d'ours avez-vous tués ?

— Aucun.

— Combien en avez-vous poursuivi ?

— Aucun.

— Et combien en avez-vous vu ?

— Aucun, répond encore Nasr Eddine.

— Alors pourquoi dis-tu que la chasse s'est passée à merveille ?

— Parce que quand on a aussi peur que moi des ours, même quand on n'en voit aucun, c'est bien largement assez !

* * *

Le roi prend Nasr Eddine pour un grand mystique doué de facultés surnaturelles. Un jour, il s'adresse à Mollah en présence de quelques invités étrangers :

— Je voudrais que tu démontres à mes invités que tu es un grand mystique. Raconte-nous tes visions extraordinaires. Si tu ne vois rien, je te couperai la tête.

— Je te vois, ô roi, installé sur un carrosse, porté par des lions ailés dans le ciel. Ton trône est bâti d'or, de diamants et de perles. Deux anges de chaque côté du trône te protègent des rayons du soleil en t'abritant sous un grand drap en soie.

Le roi, satisfait et ébahi par cette vision sublime, s'adresse à Nasr Eddine :

— Tu viens de me démontrer tes fabuleux dons de vision. Comment fais-tu pour t'arracher ainsi de la réalité et voir avec tant de clarté l'invisible ?

— Rien de spécial, mon roi, répond Mollah, soulagé, la peur de voir ma tête tranchée suffit.

Chapitre 14

Ce n'est pas ma faute !

Il est solidement établi d'un point de vue juridique, basé sur le sacro-saint principe de cause à effet, que la culpabilité est toujours la conséquence d'une transgression de la loi, d'un crime commis, d'une désobéissance. Voici, à ce propos, quatre histoires édifiantes :

Nasr Eddine et Kadija ont décidé d'accepter l'invitation d'une tante à passer quelques jours de vacances chez elle.

En rentrant chez eux, ils constatent que la maison a été cambriolée en leur absence. Pratiquement tout ce qui était transportable a disparu. Kadija accuse immédiatement son mari :

– C'est ta faute. Avant notre départ, tu aurais dû vérifier que tout était bien verrouillé.

Les voisins, avertis du cambriolage, réservent le même accueil à Nasr Eddine :

– Tu as sûrement oublié de fermer tes fenêtres, dit l'un.

— Tes serrures étaient en mauvais état, tu aurais dû les remplacer, reprend l'autre.

— Holà ! n'allez pas si vite en besogne, réplique Nasr Eddine, je ne suis sûrement pas le seul fautif.

— Et qui d'autre alors ? lui demandent en chœur Kadija et les voisins.

— Le voleur peut-être, répond Mollah.

* * *

Nasr Eddine demande à un des gamins du voisin d'aller lui chercher de l'eau à la fontaine du village.

— Fais attention de ne pas casser cette cruche, lui conseille Mollah, tout en lui administrant une bonne paire de gifles.

Le garçonnet, stupéfait, proteste :

— Pourquoi me frappes-tu, Nasr Eddine ? Je n'ai rien fait.

— C'est vrai, mon petit. Je te punis tout de suite, car quand tu auras cassé la cruche les gifles ne serviront plus à rien.

* * *

Nasr Eddine, lorsqu'il était encore étudiant, n'était pas très aimé par son nouveau proviseur, qui cherchait souvent à le prendre en défaut. Un jour, à la suite de la disparition d'un sac de riz, le proviseur ordonna à tous les étudiants de se mettre en rang et déclara : « Je peux découvrir facilement celui qui a osé dérober le sac de riz. Le voleur est reconnaissable aux grains de riz dans sa barbe. »

Le voleur pensa alors qu'il s'agissait d'un stratagème pour encourager le coupable à se toucher la barbe et par conséquent il resta immobile et ne fit aucun geste.

Mais Nasr Eddine se dit : « Ce proviseur cherche à se venger de moi. Il a dû semer quelques grains dans ma barbe pour m'accuser. Il vaut mieux que je m'en débarrasse sans tarder pour déjouer son plan. »

Aussitôt Nasr Eddine passe ses doigts dans sa barbe. Tous les regards se tournent alors vers lui.

— Je savais bien qu'un jour ou l'autre tu réussirais à m'avoir, dit Mollah au proviseur. Je suis fautif, certes, mais non de ce que tu crois.

* * *

Un des voisins de Nasr Eddine, souffrant d'une grave dépression à la suite de déceptions sentimentales et professionnelles, est obsédé par l'idée de suicide. Mollah l'a déjà, à plusieurs reprises, sauvé de la noyade.

Mais malgré tous les sermons et les paroles apaisantes, le déprimé est bien résolu à mettre fin à ses jours. Un jour, en dépit de la surveillance de Nasr Eddine, le voisin réussit à se noyer dans la rivière. Lorsque Mollah le repêche, il est déjà froid et inanimé. Nasr Eddine a peur d'être accusé par le village de négligence pour n'avoir pas réussi à empêcher ce suicide. Il décide alors de masquer la noyade en pendaison. Comme cela, pense-t-il, personne ne lui reprochera de n'avoir pu éviter cette forme de suicide que le déprimé n'a jamais tentée. Il suspend le cadavre par une corde à un arbre près de la rivière.

Dès que l'événement est découvert, tout le village accuse violemment Nasr Eddine :

– Tu n'as rien pu faire pour empêcher cet homme torturé par le destin de se pendre. Tu es un homme incapable et sans cœur.

Nasr Eddine se fâche :

– Vous parlez sans connaître la vérité. Cet homme ne s'est pas pendu. Il s'est, pour la dixième fois, jeté à la rivière pour se noyer. J'ai plongé pour la dixième fois et l'ai repêché. Je ne suis pas un homme sans cœur, puisque cette fois j'ai fait encore plus que d'habitude. Je l'ai accroché à cet arbre pour l'empêcher d'attraper froid.

* * *

Ces plaisanteries cherchent à mettre en cause et à inverser cette croyance consciente. La culpabilité n'est pas le fruit vénéneux d'un acte répréhensible, mais elle en est le moteur principal. Je ne suis pas condamnable d'avoir enfreint la loi, mais au contraire je commets une mauvaise action parce que je me sens, *a priori*, coupable. On ne peut calquer la moralité logique consciente sur l'éthique illogique de l'inconscient.

Certains enfants, issus de parents affichant une intégrité rigide et une probité de surface, se sentent attirés par des passages à l'acte délictueux, des transgressions de la loi infantiles, des larcins, des agressions gratuites, afin d'extérioriser, par procuration, une culpabilité parentale refoulée qu'ils ont reçue en héritage. « Les pères ont mangé des raisins verts et leurs enfants ont eu les dents agacées », disait Ézéchiel.

Beaucoup de délinquants exécutent des passages à l'acte délictueux poussés par une culpabilité inconsciente qu'ils n'arrivent pas à exprimer verbalement. Étrangement, pour eux, la punition remplit une fonction d'apaisement et les sécurise contre leur tension intérieure angoissante.

À l'inverse, les victimes d'agression manifestent souvent un sentiment d'autoaccusation assez surprenant. La très grande majorité des femmes victimes d'inceste ou de viol souffrent, en plus de la violence subie dans leur chair, d'un poids énorme de culpabilité comme si elles étaient responsables d'avoir été maltraitées. « Si je suis méprisée, c'est parce que je suis méprisable », disait l'une d'entre elles. La plupart des victimes de guerres et d'attentats réagissent de façon semblable.

Ainsi, la culpabilité ne se situe pas, contrairement à la logique consciente, du côté de l'agresseur, mais de celui de l'offensé, de la victime innocente, qui subit sans pouvoir se défendre.

De même, tous les enfants non désirés, mal aimés ou victimes de maltraitances parentales, développent à l'âge adulte les mêmes sentiments négatifs : « Si je n'étais pas aimé, si j'étais maltraité, j'en conclus que je n'étais pas aimable, que j'étais mauvais, nuisible, détestable, monstrueux, haïssable. »

Une mère élevée par l'Assistance publique, abandonnée à la naissance par ses parents et par conséquent n'ayant jamais rien reçu d'eux, se reproche, encore aujourd'hui, à soixante ans, de n'avoir pas été une bonne maman, alors qu'en réalité elle se prive de tout en se sacrifiant pour faire le bonheur de ses six enfants. Ceux-ci, se sentant accusés de gâcher la vie de leur mère, l'agressent et la blessent quotidiennement sans motifs apparents, par culpabilité inconsciente.

La pire des culpabilités, c'est bien celle qui ne correspond à aucune faute réelle consciente. Plus le sentiment de faute est massif et inconscient et plus la victime cherche masochistement à se désigner, à se faire punir, à se faire mortifier.

Elle s'interdit les petits plaisirs de la vie, en se privant de toute jouissance, en recherchant l'échec dans tout ce qu'elle entreprend, en se faisant rejeter par ceux qu'elle aime, en précipitant toutes sortes d'accidents ou encore en développant des maladies psychosomatiques qui ont valeur de châtiment et de pénitence.

C'est la raison pour laquelle Nasr Eddine, n'ayant pas dérobé le sac de riz, se désigne comme fautif complaisant en se grattant la barbe.

On pourrait diviser grossièrement les humains en deux catégories distinctes.

En premier lieu, les victimes complaisantes qui se sentent constamment coupables sans avoir jamais rien commis de mal. Elles se reprochent tout ce qu'elles font ou ne font pas, s'excusent pour tout et rien, ne disent jamais « non », n'élèvent jamais la voix et recherchent curieusement des bâtons pour se faire battre.

En second lieu, les « paranos » qui blessent, humilient, agressent, persécutent et offensent, sans éprouver de remords ni de mauvaise conscience. Leur tactique consiste à titiller la culpabilité inconsciente du premier groupe et à projeter sur leurs boucs émissaires toute leur haine en les accusant, en les désignant comme les vrais responsables, impardonnables.

C'est souvent la victime qui se voit, par-dessus le marché, contrainte à implorer le pardon de son bourreau paranoïaque.

Cela montre que l'absence totale de sentiment de culpabilité n'est pas le reflet d'un psychisme équilibré et sain. Elle voile, au contraire, une perturbation bien plus grave. Le sentiment de faute est un phénomène humain, naturel, normal, à condition qu'il ne soit ni totalement combattu et refoulé, ni massif et incontrôlable. L'idéal serait que chacun puisse « porter sa croix », sans la faire endosser par les autres, ni supporter celles de son entourage.

CHAPITRE 15

Démythifier pour mieux aimer

Nous l'avons déjà signalé, le nom de Nasr Eddine signifie la « victoire » ou le « gardien de la religion ».

Pourtant ces histoires le présentent sous un faciès anticlérical, désacralisateur, profane.

* * *

Un des étudiants de Nasr Eddine, se croyant plus sage et plus intelligent que les autres, dit un jour à Mollah :

– Pourquoi toutes ces agitations et pertes de temps ? Les gens n'ont-ils rien de mieux à faire que de s'affairer du matin au soir, dans toute la ville, comme une fourmilière ?

– Ignorant ! répond Mollah.

– Tu as raison, Maître. Ce sont des ignorants. Ils feraient mieux de se réunir tous ensemble en un seul lieu et de prier Allah le Tout-Puissant, surenchérit l'étudiant.

– Non, c'est toi l'ignorant. Pourquoi ne comprends-tu pas que si toute la ville s'assemblait au même

moment et en un seul endroit, la terre perdrait son équilibre et tomberait dans le néant ? Allah sait mieux que toi et moi, lance le Hodja.

* * *

Un fidèle, à l'article de la mort, appelle Nasr Eddine à son chevet. Il lui dit :

— Veux-tu, toi qui es un homme de foi et as la réputation d'être en contact avec l'au-delà, faire une prière pour faciliter mon passage dans l'autre monde ?

Nasr Eddine accepte, se met en position de recueillement, et clame :

— Ô Seigneur, aide cet homme. Ô Satan, aide cet homme.

Le fidèle, outré et étonné, se redresse en protestant :

— Mais que dis-tu là, Mollah ?

— Personne ne sait ce qui t'attend là-bas. Il vaut mieux ne prendre aucun risque en implorant l'aide de Dieu et de Satan à la fois.

* * *

Nasr Eddine se rend tous les jours à la grande et majestueuse mosquée de la ville. Cela dure depuis quelques semaines déjà. Il y demande un coup de pouce au Ciel pour conclure une affaire susceptible de lui rapporter de substantiels bénéfices.

Mais, malgré ses supplications, aucun dénouement ne pointe à l'horizon. Il commence à désespérer et à renoncer lorsqu'il entre un jour, tout à fait par hasard, dans une petite mosquée vétuste, non loin de la grande.

Il en sort après sa prière et rentre chez lui. Le lendemain, par miracle, l'affaire aboutit enfin, à son profit.

Un peu plus tard, Mollah se rend furieux à la grande mosquée et crie : « Toi avec toute ta grandeur, tu n'as pas été capable de faire en plus d'un mois ce que l'autre mosquée toute modeste a pu accomplir en une seule journée. »

* * *

Nasr Eddine a décidé de se faire faire une nouvelle soutane. Il se rend chez le tailleur du village, muni d'une belle pièce de tissu noir. Le tailleur prend les mesures et lui dit :

– Ta soutane sera prête dans une semaine avec l'aide d'Allah.

Nasr Eddine revient à la date promise et réclame son vêtement. Le tailleur lui déclare :

– Ta soutane n'est pas prête, Mollah. J'ai eu trop de travail. Reviens dans une semaine, elle sera prête avec l'aide d'Allah.

Une semaine plus tard, Mollah réclame à nouveau sa soutane.

– Je n'ai pas pu la finir. Ma femme a été malade. Reviens la semaine prochaine, elle sera prête avec l'aide d'Allah.

Nasr Eddine proteste :

– Je ne peux plus attendre. J'ai besoin de ma soutane. Essaie de me la faire sans l'aide d'Allah, puisque son aide te retarde.

* * *

L'ânesse de Mollah a rendu l'âme en mettant bas. Dans l'impossibilité de trouver du lait d'ânesse pour nourrir le petit, Nasr Eddine décrète qu'on lui donnera du lait de vache.

Tout se passe bien pour l'ânon, mais pas pour Mollah qui est contraint de se priver du lait pour sa consommation quotidienne.

Un soir, Nasr Eddine prie le Ciel d'ôter la vie à l'ânon pour pouvoir déguster de nouveau le bon lait de sa vache. Le lendemain, il découvre, consterné, la mort de sa vache.

Levant les bras au ciel, il dit : « C'est quand même incroyable que Tu sois incapable de distinguer un ânon d'une vache. »

* * *

Nasr Eddine reproche à Allah d'avoir été incapable de faire la différence entre une vache et un ânon qu'il souhaitait voir rendre l'âme. Il implore l'aide aussi bien d'Allah que de Satan afin que l'un et/ou l'autre facilite le passage de son ami du monde d'ici-bas au repos éternel, etc.

Disons d'abord qu'en tournant la religion en dérision, l'esprit nasreddien ne vise pas spécifiquement la religion au sens propre du terme, à savoir les institutions dites « sacrées » régissant les rapports entre l'homme et la transcendance.

Il s'agirait plutôt de la religion au sens large et figuré, à savoir toute idéologie, tout système de croyances et de pensées, tout pouvoir politique prétendant détenir la Vérité universelle (avec un V majuscule), première et ultime, persuadé de pouvoir connaître le Sens de la vie, de façon dogmatique et fanatique.

Dans cette perspective, on pourrait qualifier de « religions modernes », même si elles affirment paradoxalement leur athéisme, la Science, les Idéologies politiques totalitaires, qu'il s'agisse du communisme ou du fascisme.

Analysé sous cet angle, Nasr Eddine, loin de se réduire à la stature d'un simple anticlérical, mérite parfaitement le qualificatif de « gardien de la religion ». La vraie religion n'a rien à voir avec la bigoterie hypocrite. Elle n'a pas pour ambition de claustrer et d'assécher l'esprit, mais d'aider les humains à réfléchir pour sans cesse évoluer. Elle n'est pas celle qui aliène, emprisonne et terrorise par des tabous, mais celle qui vivifie la pensée en aidant la parole à devenir subjective.

Elle n'a nullement comme projet de fabriquer des robots moutonniers, soumis, malléables et d'aveugles pratiquants sous influence, manipulables. Elle vise au contraire à développer l'esprit critique et la recherche de la singularité.

Ces plaisanteries cherchent, en premier lieu, à adoucir, à pacifier les relations tourmentées qui existent entre l'homme et Dieu.

La désacralisation du divin, par le biais de l'humour, permet à l'homme de supporter sa petitesse, en réduisant, un tant soit peu, la sacralité radioactive, foudroyante du Dieu Tout-Puissant, espérant ainsi s'octroyer à lui-même un zeste d'importance.

Sinon aucun lien ne subsisterait (dans « religion » il y a l'idée de relier) entre une créature insignifiante, néantisée et un Dieu Tout-Puissant omniprésent, omniscient, dictant sa Volonté. Le déséquilibre serait alors absolu, radical, sans nulle possibilité de dialogue ou de face-à-face.

Sans un minimum de révolte et d'irrévérence contre le Père transcendant, le petit humain serait réduit au mutisme mutilant face à l'infinité du firmament.

D'ailleurs, il s'agit du même processus nécessaire de désacralisation dans la relation naturellement inégalitaire entre l'homme et la femme, entre le citoyen et le roi.

* * *

Une fois, Nasr Eddine, en arrivant au palais, aperçoit le barbier de la Cour, occupé à raser la tête et la barbe du roi.

Lorsque le barbier termine son travail, il invite le roi à s'admirer dans un miroir. Soudain le roi éclate en sanglots en découvrant son visage effroyable. Nasr Eddine aussi se met à pleurer en poussant des vagissements abominables.

Au bout d'un moment le roi s'arrête, mais Nasr Eddine sanglote de plus belle.

— Mais enfin, qu'as-tu à pleurnicher de la sorte ? lui demande le roi. Moi, j'ai pleuré à cause de la laideur de mon visage.

— Excusez-moi, mon roi, lui dit Nasr Eddine. Vous vous êtes regardé un seul instant et vous avez pleuré à chaudes larmes. Moi qui vous regarde tous les jours, des heures entières, n'ai-je pas le droit de me lamenter plus longtemps ?

* * *

Un autre métier exercé jadis par Nasr Eddine était celui de tailleur, qu'il prétendait pratiquer avec habileté. Un jour, le roi lui fournit une belle pièce de tissu incrusté d'or et lui demande de lui confectionner un beau manteau.

Mollah se met aussitôt à la tâche en présence du roi, résolu à dérober une partie du tissu pour son propre usage. En coupant le tissu, Nasr Eddine lâche un pet bruyant.

Le roi s'exclame en riant :

– Je n'ai jamais vu un tailleur aussi drôle que toi.

Pendant que le roi se désopile, Nasr Eddine coupe un morceau de tissu et le camoufle dans sa grande poche. Mollah continue, comme si de rien n'était, à façonner le tissu et, pour la seconde fois, lâche un pet encore plus sonore que le précédent.

Le roi se tord à nouveau de rire, se plie en quatre et se tape sur les cuisses :

– Tu es vraiment un excellent tailleur.

Pendant ce temps, Nasr Eddine coupe un autre morceau et le cache comme la première fois dans sa poche.

Le roi lui lance encore :

– J'ai beaucoup de plaisir à t'entendre. Recommence encore une fois. Recommence.

– Non, Votre Majesté. Si je recommence à vous faire rire, il ne vous restera plus de tissu pour le manteau.

* * *

Ainsi la figure royale, symbole de la puissance, devient sympathique et supportable.

Paradoxalement, cette dé-divinisation, loin d'aboutir à un athéisme simpliste, c'est-à-dire au rejet irrévocable du divin, favorise un lien plus sain, moins terrifiant entre l'homme et la transcendance. Dieu « veut » que l'homme parle. Il n'est plus dans une relation d'adversité et de domination avec les humains, mais plutôt dans celle d'alliance et de soutien :

Nasr Eddine projette depuis des années d'acquérir le champ mitoyen avec sa maison. Il économise sou par sou et mois après mois, se privant de la plupart des plaisirs non indispensables.

Finalement, il parvient à rassembler la somme nécessaire. Mais par malheur, la veille de l'achat, un voleur, découvrant la cachette en son absence, lui dérobe tout l'argent. Nasr Eddine est désemparé, il porte plainte mais sans résultat.

Alors, il fait un vœu en levant les bras au ciel : « Allah, si Tu arrives à retrouver mon argent, je Te promets d'offrir un mouton à l'imam. »

Or le même jour, non loin de là, une bande de pèlerins est surprise par un violent orage. Les pauvres croyants, craignant d'être emportés par le courant, font un vœu : « Allah ! si nous traversons cette pénible épreuve, nous organiserons une collecte dont le produit sera donné à la première personne que nous rencontrerons en arrivant dans le village. »

L'orage cesse. Les pèlerins ramassent une belle somme et se mettent en route vers le village. Par bonheur, la première personne qu'ils rencontrent, c'est Mollah, à qui ils remettent immédiatement l'argent, voyant en lui l'envoyé d'Allah.

Nasr Eddine compte les pièces. C'est exactement la somme qui lui a été dérobée la veille.

Alors Mollah lève les bras au ciel : « Allah le Miséricordieux ! puisque Tu as été capable de me retrouver en si peu de temps mon argent, veux-Tu me faire tomber tout de suite un mouton du ciel pour que je puisse le donner à l'imam ? »

* * *

En second lieu, toute foi authentique repose sur un minimum de doute, d'incertitude, de critique et de remise en question. Au contraire, tout fanatisme exalté, militant et prosélyte fonctionne comme une parade destinée à camoufler, en l'inversant, une incroyance et un manque profond de foi. La plus mauvaise roue du chariot fait toujours le plus grand bruit.

Le vrai incroyant est empli de certitudes dogmatiques délirantes. Il s'évertue à imposer son credo, alors que le croyant sincère doute de sa foi et accepte qu'elle ne soit pas partagée par certains. Lorsqu'on adhère vraiment à une valeur, on ne cherche pas à convaincre. Qui prouve trop, ne prouve rien !

L'homogénéisation forcée des convictions constitue le symptôme d'une pathologie religieuse et culturelle, par contre l'acceptation de l'hétérogénéité des croyances et de la pluralité des pratiques s'avère un signe de santé mentale. Tous les doigts de la main ne se ressemblent pas.

La terre, disait Nasr Eddine, perdrait son équilibre si toute la ville s'assemblait pour prier au même moment et au même endroit. De même, le vrai fidèle est celui qui se permet une certaine infidélité à l'égard de la pratique rituelle littérale au bénéfice d'une fidélité symbolique à l'esprit de la Loi.

Ce qui est sacré, ce n'est pas un livre, un lieu, un objet, un texte, une personne, etc. Un livre n'est, en fin de compte, rien d'autre que du papelard, un temple que des pierres et du plâtre, une statue que du bois et un prêtre qu'un mortel comme vous et moi. Ce ne sont là que des idoles périssables, éphémères, futiles, fugaces, relatives dans le temps et dans l'espace. Ils ne sont « saints » que dans la mesure où ils représentent un esprit, un sens, une valeur, un symbole, c'est-à-dire le désir et la demande du sacré que chacun abrite en soi.

La foi et le rituel religieux deviennent rapidement des lettres mortes et mortifères lorsqu'ils sont pris au pied de la lettre, au premier degré, de façon pointilleuse et littérale :

Nasr Eddine prie en compagnie de nombreux fidèles dans la mosquée de la ville.

Soudain, en pleine prière, un paysan s'exclame :

— Je me demande si j'ai bien fermé ma porte en partant ?

Son voisin de prière lui dit :

— Imbécile, tu as parlé et ta prière n'est plus valable. Tu dois tout recommencer maintenant.

Un autre intervient :

— Mais toi aussi, tu viens de rompre le silence.

Nasr Eddine dit à haute voix :

— Que Dieu soit loué ! Heureusement que je n'ai pas rompu, comme les autres, le silence.

* * *

Un jeune étudiant, érudit mais un peu tristounet, demande, une fois le cours terminé, à Nasr Eddine :

— Maître, quel est le secret de ton humeur joyeuse ?

Mollah répond :

— Moi, je sais ce qu'il y a dans le Coran.

Le jeune étudiant reprend :

— Moi aussi, Maître. J'ai lu plusieurs fois le Saint Livre. J'en connais nombre de passages par cœur. Que contient-il donc qui te rend si gai ?

— Quelques fleurs séchées offertes par ma mère et une lettre de mon meilleur ami Mohammed.

* * *

Nasr Eddine, contrairement à son élève érudit mais tristounet, est heureux parce qu'il sait *par son cœur*, et non *par cœur*, ce qui se trouve dans le Saint Livre : quelques fleurs séchées offertes par sa mère et une lettre de son meilleur ami Mohammed.

Enfin, ces plaisanteries, loin d'avilir et de dégrader le sacré, lui permettent paradoxalement de retrouver sa vraie place et sa vraie raison d'être.

* * *

Une fois, un très riche propriétaire vient consulter Nasr Eddine, réputé et apprécié dans le pays pour sa connaissance des subtilités de la religion.

– Je suis un musulman pieux. Je fais tout ce qu'il faut pour monter au paradis après ma mort. Je jeûne presque tous les jours. Je ne me nourris que de dattes et de pain sec.

– Tu n'es qu'un renégat, sous l'emprise du diable, s'écrie Nasr Eddine. Pour aller au paradis, il faut, au contraire, que tous les jours de ta vie soient un festin.

Le riche propriétaire, étonné par une telle réponse, s'en va, nullement rassuré quant à la conduite à tenir et à son destin. Kadija, ayant assisté à la conversation, interpelle son mari, lui reprochant de tenir de tels propos à un fidèle aussi vertueux.

– Calme-toi, femme, lui répond Nasr Eddine, si un homme aussi fortuné que lui se nourrit de pain sec et de dattes, il va s'imaginer que ses paysans n'ont besoin pour vivre que de l'eau et des noyaux de ses dattes.

* * *

Pendant un temps, Nasr Eddine gagnait sa vie en faisant traverser le fleuve avec une barque. Un jour, il a comme client un pédagogue. Au cours de la traversée, celui-ci interroge Mollah sur ses connaissances :

– Connais-tu la grammaire ?

– Non, je ne l'ai jamais étudiée, répond Nasr Eddine.

– C'est dommage. Dans ce cas, tu as perdu la moitié de ta vie.

Au même moment, un violent orage se déclare. L'eau envahit dangereusement la barque. Nasr Eddine interroge à son tour le pédagogue :

— Sais-tu nager ?

— Non, je n'ai jamais appris, répond le client.

— C'est bien dommage. Parce que nous coulons et dans ce cas tu vas perdre toute ta vie.

* * *

Lors de son séjour en Inde, Nasr Eddine fait la connaissance d'un yogi.

— Je consacre ma vie à étudier les créatures vivantes. Je suis surtout fasciné par les oiseaux et les poissons, dit l'ascète à Nasr Eddine.

— J'aime beaucoup les poissons, répond Mollah. Un jour, l'un d'entre eux m'a sauvé la vie.

— Fantastique, extraordinaire ! Ton témoignage me passionne, Nasr Eddine. Il confirme ce que je crois profondément. Il démontre l'interaction, la communion intime qui existe entre le poisson et l'être humain. Raconte-moi ton expérience.

— Ce n'est pas encore le moment. Il faut que nous fassions d'abord plus ample connaissance.

Les jours passent et le yogi devient de plus en plus impatient :

— Raconte-moi, je te prie, ta merveilleuse aventure avec le poisson qui t'a sauvé la vie, Maître Nasr Eddine.

Finalement, Mollah cède devant son insistance :

— Voilà, une fois, n'ayant rien avalé depuis plusieurs jours, j'allais mourir de faim. J'ai pu pêcher un

poisson. Il m'a sauvé la vie. J'ai eu à manger pour deux jours.

* * *

Un paysan interroge un jour Nasr Eddine :

— Comment fais-tu pour faire tes ablutions quand tu te trouves au bord d'une rivière ?

— Je me déshabille et plonge dans l'eau, répond Nasr Eddine.

— Mais faut-il regarder du côté de La Mecque, comme on le dit souvent ?

— Oui, répond Mollah. Mais moi, je préfère regarder du côté de mes vêtements. On ne sait jamais, avec tous ces voleurs qui rôdent dans les parages en ce moment !

* * *

Au cours d'un voyage, Mollah fait la connaissance d'un prêtre et d'un yogi. Ils décident tous trois de faire un bout de route ensemble. En pénétrant dans un village, les compagnons de Nasr Eddine lui disent :

— Nous avons tous faim. Va faire une quête en attendant que nous ayons fini nos prières.

Nasr Eddine s'exécute. Avec l'argent ramassé il achète une livre de halva. Il propose de le partager avec eux, mais à condition de se réserver la plus grosse part, arguant que c'est lui qui a collecté l'argent.

Ses deux compagnons refusent. Le prêtre réclame la plus grosse part, parce que, dit-il, il est hiérarchiquement supérieur à Mollah. De même, le yogi revendique une plus grosse part dans la mesure où il ne se nourrit qu'une fois tous les deux jours.

Finalement, d'un commun accord, ils décident d'aller dormir. Celui qui racontera le plus de rêves le lendemain, aura droit à une meilleure part.

Le prêtre dit en se levant :

– J'ai vu Jésus dans mon rêve. Il m'a béni et m'a donné Sa grâce.

Le yogi dit :

– J'ai vu Bouddha dans mon rêve. Il m'a dit que bientôt j'atteindrai le nirvana.

Enfin, Nasr Eddine prend la parole :

– J'ai vu un maître soufi, le plus saint de tous les saints. Il m'a dit : « Nasr Eddine, réveille-toi et mange tout le halva. » Alors, obéissant à ses ordres, je me suis levé et j'ai mangé le halva.

* * *

Nasr Eddine a entrepris un très long voyage. Au bout de quelques semaines, après avoir épuisé son argent et son stock de nourriture, il est complètement démuni et lutte contre la faim.

Un jour, assis sur le banc public d'une place, il assiste à une conversation entre deux hommes dont il devine que l'un d'entre eux est le serviteur du roi.

– Le roi cherche désespérément un bon médecin capable de guérir sa fille qui est gravement malade. Aucun, parmi les médecins de la Cour, n'a été encore apte à comprendre son mal.

Nasr Eddine, cherchant à profiter de cette situation pour apaiser sa faim, se mêle à la conversation et déclare :

– C'est Allah qui m'envoie. Je suis médecin. Amène-moi vite au chevet de la malade.

Le serviteur ne perd pas un instant et conduit Nasr Eddine auprès de la fille du roi.

Mollah, voyant que la princesse va bientôt rendre l'âme, dit au serviteur :

– Conduis-moi à la cuisine. Je vais préparer un remède et j'ai besoin de quelques ingrédients. Il me faut des dattes, du miel, des amandes et du halva.

Le serviteur obéit et laisse Mollah seul, à sa demande, pour qu'il prépare sa mixture. Nasr Eddine, n'ayant rien avalé depuis plusieurs jours, s'en donne à cœur joie.

Le serviteur, impatient, crie derrière la porte :

– Dépêche-toi de préparer ton mélange. Le temps passe. La fille du roi est en train de rendre l'âme.

Lorsque enfin Nasr Eddine est rassasié, il ouvre la porte de la cuisine. Il voit le serviteur pleurer à chaudes larmes.

– Hélas, la fille du roi vient de s'éteindre. Pourquoi as-tu mis tant de temps pour fabriquer le médicament ?

– Si je n'avais pas pris tout ce temps, répond Mollah, il n'y aurait pas un seul cadavre dans cette maison, mais deux, le mien et le sien.

* * *

Une spiritualité, salubre et salutaire, n'est pas antinomique de la vie, de la réalité et des besoins corporels. Elle n'est pas synonyme d'ascétisme, de martyre et de mortification du corps et de l'âme. Alors il vaut mieux savoir nager que d'être un subtil grammairien.

Le bateau qui chavire, c'est l'affaire du capitaine et non d'Allah.

Enfin, lors de ses ablutions rituelles, il vaut mieux regarder du côté non pas de La Mecque, mais bien de ses vêtements.

Il n'existe par conséquent aucune contradiction, aucune dualité inconciliable entre la spiritualité et la vie terrestre, corporelle, sexuelle, etc. Le corps, c'est l'esprit et vice versa.

Dieu est Satan, bon et méchant à la fois. Il s'agit des émanations multiples et complexes d'une même essence, engagées dans la même voie : celle que l'ensemble des religions décrivent d'ailleurs comme étant l'amour de la vie, de soi et du prochain.

CHAPITRE 16

Existe-t-il une vie avant la mort ?

L'homme a de tout temps craint la mort. Il n'est peut-être pas le seul, nous dit Nasr Eddine, puisque même une simple noix cherche à la fuir en se nichant dans un coin.

* * *

Nasr Eddine trouve, sur son chemin, une belle noix. Il prend une grosse pierre et la lance contre la noix, mais celle-ci roule sous la pierre et se niche dans un coin.

« C'est étrange, se dit Nasr Eddine, tout le monde a peur de la mort, même cette noix. »

* * *

– Lorsque je mourrai, déclare un jour Nasr Eddine à Kadija, en guise de testament, je voudrais que tu me fasses enterrer dans un vieux tombeau.

– Quelle étrange idée, tu as ! Quelle est la raison de ce souhait ? interroge Kadija, stupéfaite.

– *Parce que quand les anges arriveront pour faire le bilan des bonnes et des mauvaises actions de mon existence, je leur ferai signe que j'ai été jugé il y a bien longtemps, et qu'ils peuvent s'occuper de la tombe suivante.*

* * *

Pourtant, la mort est un destin inévitable, qui n'épargne rien ni personne. Tout ce qui vit ou ne vit pas, tout ce qui est, sera un jour appelé à disparaître, de façon irrévocable : civilisations, monuments, idéologies, amours, objets, animaux, plantes et humains.

Seulement, l'homme se sait mortel, contrairement aux autres qui ne le savent pas. Précisément, cette perspective peut, parfois, lui gâcher la vie et lui empoisonner l'existence. La mort nous fait peur parce qu'il s'agit d'un grand mystère, d'une gigantesque inconnue. Il est vrai que nous appréhendons souvent ce que nous ne connaissons pas, ce que nous avons du mal à maîtriser, à ranger dans une case familière de notre esprit rationnel ; par exemple, des étrangers différents de nous, ne vivant pas selon nos mœurs et coutumes, un endroit inconnu où, faute de repères, nous nous croyons perdus...

Ainsi, nous redoutons la mort, car nous ignorons ce qui nous attend derrière la porte. Mais, posons-nous sérieusement la question, ne savons-nous pas ou au contraire faisons-nous tout pour ne pas savoir ?

Après tout, la vie est remplie d'innombrables mystères aussi insondables : nous connaissons peu notre corps. Nous savons peu de chose sur nous-mêmes, les vrais sentiments de nos proches à notre égard...

Ce qui nous terrifie en fait, ce n'est pas uniquement la réalité de la mort physique. Aussi longtemps que nous sommes vivants, elle restera pour nous une notion inconcevable, irreprésentable. Lorsque nous serons partis, nous ne pourrons plus la ressentir, l'expérimenter, ni en livrer le moindre témoignage. Personne n'est encore revenu de l'autre monde pour nous décrire ce qui s'y passe.

Ce qui nous fait peur ne concerne donc pas seulement le côté mystérieux de la mort, mais notre attitude négative vis-à-vis d'elle, nourrie de nos défenses, de nos désirs, de notre refus et de notre lutte.

Par conséquent, plus nous cherchons à l'évacuer, à la bannir, à la refouler, à l'ignorer, à l'éloigner, plus nous en devenons prisonniers et esclaves. Plus vous appuyez sur un ressort, plus vous augmentez sa force. À l'inverse, plus nous la regardons en face, plus nous l'admettons comme une évidence naturelle et moins elle nous paraîtra sauvage, féroce, et redoutable.

Paradoxalement, l'apprivoisement de la mort par son acceptation se traduit, dans la vie quotidienne, par un plus grand amour de la vie, par une plus grande sérénité intérieure. Parce que en réalité toute peur exagérée de la mort est révélatrice de la peur de la vie elle-même : crainte des changements, avarice, repli sur soi, refus de communication, de liens et d'échanges.

Il n'est pas toujours nécessaire de transformer la réalité des choses. Quelquefois, il suffit de modifier le regard. Étant donné qu'on ne choisit ni de naître ni de mourir, alors tirons parti de la brève période qui les sépare.

D'ailleurs, la position de chacun face à sa mort biologique révèle son attitude inconsciente face à la vie elle-même. Seuls ceux qui ont pleinement vécu les différentes étapes de leur évolution, en acceptant l'ensemble des séparations et des changements, par exemple mourir à l'enfance pour renaître à l'âge adulte, pourront concevoir leur fin paisiblement.

* * *

Aujourd'hui Nasr Eddine est absorbé par des pensées philosophiques de première importance. Kadija lui demande l'objet de sa préoccupation.

— Faut-il se fier aux apparences ? s'interroge-t-il à haute voix. Quelquefois un homme paraît mort alors qu'il est bien vivant. Certains semblent vivants alors qu'ils sont morts. Comment distinguer un mort d'un vivant ?

— C'est très simple, lui réplique Kadija. Quand un homme est mort, il a les mains et les pieds glacés.

La conversation s'arrête là, jusqu'au jour où Mollah s'en va dans la forêt avec son âne pour couper du bois de chauffage. Soudain Nasr Eddine a la sensation d'avoir les mains et les pieds gelés. « Je suis mort », se dit-il. Il arrête alors son travail et s'allonge sous un arbre.

Un loup affamé, passant par hasard dans le coin, s'approche de l'âne attaché à un arbre quelques mètres plus loin, tue l'animal et se met à le dévorer avec une voracité insatiable.

Nasr Eddine, voyant la scène d'un œil effrayé, chuchote : « Ce loup a de la chance que je sois mort. Si j'étais vivant, il n'aurait pas agi ainsi avec mon âne. »

* * *

Une autre fois, toujours pour s'approvisionner en bois de chauffage, Mollah est en train de couper une branche sur laquelle il a pris place. Un fermier, assistant à la manœuvre, cherche à le mettre en garde.

– Si tu continues à scier cette branche, tu vas t'effondrer dans un instant.

Nasr Eddine persévère, la branche se détache et Mollah se renverse sur le sol, sans aucune égratignure par la volonté d'Allah. Aussitôt il se relève et interpelle le fermier :

– Dis-moi, toi qui es capable de prévoir l'avenir, peux-tu me dire quand je mourrai ?

Le fermier répond :

– Oui, lorsque ton âne lâchera un pet, ce sera l'annonce de ta mort. Au second pet tu seras mort.

Une semaine plus tard, Mollah va chercher du bois dans la forêt, en compagnie de son âne. Soudain, celui-ci lâche un pet vigoureux et puis un autre encore plus fort.

Mollah, concluant qu'il est mort, descend de l'animal et s'allonge sous un arbre. Des paysans se précipitent vers lui, pour le secourir. Mais, comme Nasr Eddine ne bouge plus, ils en déduisent qu'il a passé le pas. Ils vont chercher un cercueil au village, y placent Nasr Eddine et se dirigent vers le cimetière.

En route, arrivés au bord d'un lac, ils tergiversent sur la direction à prendre. L'un dit à gauche et l'autre à droite. Alors Mollah se redresse dans son cercueil et, montrant du doigt la route, dit aux paysans : « Quand j'étais vivant, je passais par ce chemin. »

* * *

Nasr Eddine, en interrogeant Kadija sur la distinction entre un mort et un vivant, ne cherche naturellement pas à différencier un être animé d'un cadavre. Son intention vise certainement bien plus loin. Un mort, répond Kadija, est quelqu'un qui a les pieds et les mains glacés, c'est-à-dire qu'il est psychologiquement froid, qu'il ne travaille pas, ne se sert pas de ses mains, ne marche pas, n'évolue pas, ne change pas, ne fait pas du chemin, ne désire pas. Un homme authentiquement vivant est un être psychologiquement engagé et présent.

Le loup dévore l'âne parce que le maître est inconscient, ne vit plus, est symboliquement mort. Par conséquent, le vivant n'est pas celui que l'on croit.

Nous connaissons tous autour de nous des personnes qui, bien que physiquement jeunes et vivantes, ne sont que des cadavres ambulants ou des automates, dans la mesure où elles ont cessé d'agir, de désirer, d'espérer et de croire. Bien sûr, elles mangent, boivent et travaillent, mais de façon végétative, robotisée, machinale. Elles sont sentimentalement ternes, engourdies, éteintes.

D'autres au contraire, bien qu'avancées en âge, conservent la jeunesse et la vivacité d'esprit, continuent à s'intéresser aux événements, à s'investir, à montrer de la curiosité, à aimer et à s'émouvoir.

D'ailleurs, le spectre de la mort est d'autant plus inquiétant qu'il fait cavalier seul, n'est plus compensé par les forces de vie qui ont déserté le camp. Cela signifie que moins on vit, plus la mort devient envahissante. Autrement dit, le meilleur moyen de relativiser son angoisse de mort est de saisir et de vivre les opportunités de l'existence. D'abord sur le plan de la réalité matérielle, mais aussi en cherchant à satisfaire les aspirations psychologiques : création intellectuelle et artistique, esprit d'initiative, curiosité et intérêt pour la connaissance, désir d'entrer en relation avec les autres pour donner et recevoir authentiquement et enfin une certaine quête spirituelle dont le psychisme a besoin pour continuer sa croissance. Si vous ne souhaitez pas être mort, alors soyez vivant !

* * *

Nasr Eddine voudrait surveiller la construction de son mausolée selon ses propres plans. Lorsque le maçon demande une avance sur travaux, Nasr Eddine proteste et promet de tout régler à la fin.

L'artisan se met à l'ouvrage et bâtit le tombeau en respectant scrupuleusement le projet de Mollah. Celui-ci inspecte la construction dans ses moindres détails et fait rectifier tous les menus défauts. Quand l'artisan réclame son argent, Mollah objecte :

— Je t'avais dit que je te paierais à la fin des travaux.

— Eh bien, j'ai fait tout ce que tu m'as demandé.

— Peut-être, mais il manque encore la pièce la plus importante.

– *Laquelle ?*
– *Le cadavre, répond Mollah.*

* * *

De même, procéder de son vivant à la construction de son mausolée n'implique pas, pour Nasr Eddine, le souhait morbide de précipiter son trépas.

Contrairement à l'époque moderne où la mort est bannie de l'existence, recluse dans les chambres d'hôpital, dans le temps elle faisait partie intégrante de la vie courante. Elle n'était pas considérée comme une dissolution dans le néant, mais comme une régénérescence, un changement, une renaissance. Le jour cédait sa place à la nuit, comme l'hiver précédait le printemps. La mort n'était pas appréhendée comme l'opposé radical de la vie, mais sa continuation, son complément.

Éros et Thanatos constituaient un couple indissociable. Il est écrit dans le Coran : « En vérité c'est Allah qui fend le fruit et le noyau de la datte. Il fait sortir ce qui est vivant de ce qui est mort, et il fait sortir ce qui est mort de ce qui est vivant. Tel est Allah. »

Pour cette raison, le décès d'une personne n'était pas considéré, ni par le mourant ni par son entourage, comme un événement injuste, inhabituel et anormal. La mort ne frappait pas certains par malchance, en épargnant d'autres par chance. Le mourant attendait sa mort, l'acceptait en s'y résignant. Il était placé au milieu de l'assemblée familiale, leur disait adieu, leur demandait pardon, priait Dieu de veiller sur eux, choisissait son lieu de sépulture et exprimait enfin ses volontés ultimes en faisant son testament.

De même, contrairement à ce qui se passe aujourd'hui, au Moyen Âge, le cimetière n'était nullement un espace lugubre et terrorisant, mais un endroit de passage, de rencontres, d'animations et d'échanges.

On y organisait des danses, des foires, des marchés. On y tenait le conseil municipal. Il servait aussi de terrain de jeux aux enfants et même de lieu de drague puisque les prostituées venaient y recruter leurs clients !

La préparation de la mort était donc le signe de l'acceptation d'un fait naturel. Pour cette raison, elle était subie et accomplie paisiblement. Nasr Eddine, en préparant sa sépulture, semble nous signifier : « Je pense à ma mort pour qu'elle ne pense pas trop à moi. Puisque le cadavre, la pièce la plus importante du mausolée, manque, la vie continue et je fais donc partie des vivants. »

Enfin, l'ensemble de ces blagues dévoile deux autres idées intéressantes. D'abord, l'impossibilité d'une réponse psychologique définitive, certaine et absolue à la question de savoir si on est vraiment mort ou vivant. La ligne de démarcation entre les deux états semble quelquefois floue, malgré les certitudes conscientes.

Elles mettent au jour, en second lieu, l'ambivalence de chaque être humain, constamment présente, partout et depuis la nuit des temps : la mort fait peur, mais elle séduit en même temps. Elle est à la fois redoutable et fascinante.

L'humour permet d'adoucir cette ambivalence, ce jeu de cache-cache, afin d'atténuer sa puissance effrayante, pour rendre paradoxalement la vie plus viable, vivable et vivante. Mieux vaut en rire, par conséquent.

* * *

Nasr Eddine se trouve sur la paille, ayant réalisé de mauvaises affaires ces dernières semaines. Il se dit qu'il pourrait peut-être tirer profit de son épreuve pour se requinquer. Il s'allonge au beau milieu d'un carrefour bien fréquenté et fait semblant d'être mort.

Une foule nombreuse se précipite autour de la dépouille de Nasr Eddine, pour la saluer. Un ami décide de faire une collecte. Une fois l'argent ramassé, plus de cinq cents rials, l'ami propose d'en utiliser cinquante pour les frais de l'enterrement et d'offrir le reste à la veuve de Mollah.

Entendant ces mots, Nasr Eddine se redresse comme un ressort et dit : « Merci, mes amis. Ne vous dérangez pas davantage. Je vais porter moi-même l'argent à Kadija. »

SECONDE PARTIE

L'humour juif et la psychanalyse

Le rire de Sarah

Je bavardais l'autre jour avec un ami sur les rapports entre la psychanalyse et le judaïsme. Voulant apporter de l'eau à mon moulin, il me dit :

– De toute façon, la psychanalyse ne pouvait être inventée que par un juif !

– Pourquoi ?

– Parce que, me dit-il, il fallait être juif pour imaginer un métier pareil. Voilà, tu restes tranquille chez toi. Tu ne bouges pas. Tu ne t'énerves ni dans les embouteillages, ni aux heures d'affluence dans le métro. Les patients impatients viennent te voir sur rendez-vous, quand cela t'arrange, toi. Ils te racontent leurs histoires, rêves et chagrins. Tu ne réponds même pas. Si tu dis un mot, les voilà en extase. Ils te remercient ensuite et te paient le tarif que tu réclames, et plus friands que jamais, ils demandent à te revoir ! Oui, il fallait être juif pour inventer cela !

Je n'ai ressenti dans cette réflexion humoristique aucune allusion antisémite, peut-être parce que l'ami en question était lui-même juif. C'est là toute la nuance. La même remarque faite par un non-juif aurait pu être prise au premier degré comme une pointe d'hostilité.

Bachelard disait dans *La Psychanalyse du feu* : « Il faudrait que chacun excelle dans l'art où nous sommes maîtres : se moquer de soi-même ! » Il s'agit là d'une des singularités du peuple juif, ou plus exactement de sa culture, capable de se moquer de lui-même, de rire et de faire rire, c'est-à-dire de se remettre en question, à travers l'humour...

Naturellement, cela ne lui décerne pas un certificat d'exclusivité en éliminant toutes les autres communautés, supposées méconnaître l'humour et ignorer ses vertus bénéfiques. Aucune culture ne pourrait, en définitive, se passer de l'humour en tant que miroir, oxygène de l'âme et outil d'expression de certaines vérités dérangeantes, ne pouvant s'énoncer dans le cadre officiel, rationnel, policé et courtois du discours habituel.

Seulement, la tradition juive a, depuis ses origines, deux mille ans avant Freud, accueilli et intégré le rire dans sa culture.

Voici un exemple : le nom d'Isaac en hébreu, Itzhak, le second des trois grands patriarches, signifie « celui qui rira » ou « celui qui fera sourire ». Lorsque le Seigneur annonce à Abraham « qu'un fils sera né à Sarah son épouse, l'an prochain à pareille époque », celle-ci « rit en elle-même » en entendant cette promesse.

Abraham et Sarah, nous précise le texte, « étaient vieux, avancés dans la vie, le tribut périodique des femmes avait cessé pour Sarah ». Sarah rit en elle-même, disant : « Après être flétrie aurais-je encore cette force ! Et mon époux est un vieillard. » Le Seigneur dit à Abraham : « Pourquoi a-t-elle ri en disant : "Eh quoi, en vérité j'enfanterai, alors que je suis vieille ?" » « Sarah nia en disant : "Je n'ai point ri" car elle craignait. »

À cette date, le patriarche avait quatre-vingt-dix-neuf ans et son épouse stérile approchait les quatre-vingt-dix ans. Rien d'étonnant, par conséquent, à ce que Sarah ait reçu cette nouvelle avec scepticisme et méfiance.

Ce premier rire biblique comporte en réalité un double sens :

Il traduit, en premier lieu, la tristesse profonde et le désespoir de la matriarche de ne pouvoir donner une descendance à Abraham : l'impossibilité biologique de concevoir et de mettre au monde un enfant à quatre-vingt-dix ans.

Il exprime, en outre, une certaine révolte à l'égard de la Transcendance, comme pour dire : « Pourquoi m'as-Tu rendue stérile, en asséchant mon ventre, en me refusant iniquement la joie légitime et naturelle de devenir mère, tout en accordant, par ailleurs, cette grâce à mon esclave Agar ? Pourquoi as-Tu promis, d'un côté, une descendance nombreuse, comme les étoiles du ciel et le sable du rivage de la mer, à Abraham, tout en m'interdisant l'enfantement ? Pourquoi cette incohérence ? »

Mais, par son ricanement, Sarah se moque aussi bien d'elle-même que du Seigneur Tout-Puissant. S'il ne s'agit pas ici d'une raillerie, d'une moquerie, d'un rire d'irrévérence et d'insolence, alors pourquoi la matriarche a-t-elle besoin de nier, par crainte, sa conduite et de mentir au Seigneur omniscient ?

Par conséquent, l'humour n'est pas seulement toléré, comme s'il s'agissait d'un phénomène marginal, mais il est clairement institué, intégré dès le départ dans la tradition biblique. Il ne s'agit pas d'une péripétie incidente ou indécente, mais d'un langage, d'une modalité de communication licite, chargée d'extérioriser certains non-dits, dans le but de tempérer et d'adoucir le face-à-face épineux entre la créature et le Divin omnipotent.

La seconde particularité du peuple juif a trait aux rapports singuliers qu'il entretient avec les mots, le verbe, le langage et la langue. Ce peuple a, de tout temps, cultivé l'amour de l'étude et du savoir. Un vrai talmudiste, digne de ce nom, est celui qui a pour mission de couper les mots en quatre afin de dépasser constamment leur sens premier, littéral, pour atteindre toujours un autre sens, symbole ou métaphore, inaccessible par essence.

C'est la raison pour laquelle le Talmud abonde en jeux de mots, jeux avec les mots, mots d'esprit, anecdotes, coq-à-l'âne, boutades et calembours. Cette manière ludique de manier le langage, cette latitude de désacraliser les verbes sacrés et de relativiser sans cesse le sens encyclopédique, exerce et habitue le lecteur de la Thora, dès son jeune âge, à se dégager de l'asservissement, de l'idolâtrie du mot fétiche, chosifié, cadastrant l'imagination et l'esprit en leur interdisant toute liberté vagabonde. D'où la dénonciation, par le biais de l'humour, qualifié hâtivement d'absurde, du mot à mot, des mots pris à la lettre, dans la fixité du sens unique, se révélant comme un cul-de-sac en définitive.

Voici à ce propos trois blagues :

– *Tu as pris un bain ?*

– *Pourquoi me demandes-tu cela ? Il en manque un ?*

* * *

– *Que fais-tu à tourner en rond dans la chambre à deux heures du matin ?*

– *J'ai perdu mon sommeil et j'essaie de le retrouver, mais en vain !*

* * *

David, le patron du restaurant du village, voit passer un paysan avec sa charrette pleine de fumier :

– *Que veux-tu faire avec ce tas de fumier ?*

– *Je vais l'étendre sur mes fraises.*

– *Oh, répond le restaurateur, je te ferai goûter un jour mes fraises à la crème fraîche, elles sont bien meilleures !*

Enfin, le troisième facteur essentiel qui a concouru à la naissance et à l'épanouissement de l'humour juif, aujourd'hui véritable institution, réside dans cette façon particulière de lire et d'interpréter le texte biblique.

Tous les grands commentateurs partagent, au-delà de leurs nombreuses diversités, la même conviction : il n'existe aucune Vérité dans la Thora. Chacun de ses versets pourrait supporter non pas une, deux, ou dix, mais bien six cent mille interprétations.

– Pourquoi six cent mille ?

– Parce que, disent-ils, lorsque le Saint, béni soit-Il, donna la Thora à Moïse, six cent mille hommes l'attendaient au pied du mont Sinaï.

Dès lors, la Bible n'est pas un texte figé, dogmatique, renfermant une Vérité unique, ni une seule signification. Elle apparaît plutôt comme un texte-prétexte qui exige, non pas d'être appris, mais commenté, analysé, disséqué, tourmenté même, pour être interprété, c'est-à-dire, pour être provisoirement compris, saisi.

Il ne s'agit donc nullement d'une gnose, d'une théologie ésotérique, d'une exégèse, d'un savoir rationnel et objectif, mais d'une herméneutique où la négociation, le commentaire, le marchandage dialogal clouent au pilori le dogmatisme janséniste (voir première partie : Qui ne connaît Mollah Nasr Eddine ?).

La conviction inflexible de détenir la vérité première et dernière ne peut que cultiver l'intolérance et l'agressivité face à la différence d'une parole autre. Toute foi qui ne doute pas d'elle-même devient folie et cultive le fanatisme.

La vérité se dit *emet* en hébreu, le mort *met* et la mort *mavet,* de la même racine, puisque le savoir figé éteint l'envie et la curiosité de continuer à apprendre et à chercher.

Dans ces conditions, chaque lecteur se voit encouragé à parler, à s'exprimer, à réfléchir, à imaginer, à innover, à chercher et à rechercher, toujours et encore, un sens nouveau, fût-il insolite et inhabituel. Il s'agit plutôt de dé-lire que de lire. La langue se délie. Chacun est invité à exprimer sa propre parole, subjective, fût-elle irrévérencieuse, en son nom propre et de sa vraie place, sans culpabilité blasphématoire, sans se laisser paralyser sous le poids du Dogme officiel, unique et universel, conformiste et conventionnel.

Une interprétation n'est jamais ni parfaitement juste, ni totalement erronée. Ainsi, le chercheur, éternel étudiant, jouit de la liberté de penser. Il n'est plus, face au texte, dans un rapport d'idolâtrie, de sujétion, d'esclavage et d'obéissance aveugle/aveuglante.

Dans cette optique, au-delà de leurs divergences rituelles et culturelles, le judaïsme et l'islam de Mollah Nasr Eddine partagent la même idée fixe de la non-fixité, la quête commune du sens, inépuisable, constamment en devenir et en cheminement.

L'islam d'Ismaël et le judaïsme de son frère Isaac (« qui fera sourire ») cherchent à faire voler en éclats, d'une manière semblable, les frontières artificielles et étriquées/étriquantes érigées par la raison raisonnante, entre le juste et le faux, le bon et le mauvais, le noir et le blanc, le bonheur et la souffrance.

Voici quelques blagues sur la relativité foncière de ces concepts, en apparences incompatibles et inconciliables, comme le furent les deux frères ennemis Ismaël et Isaac, les deux fils d'Abraham :

Moïse, Jésus, Marx, Freud et Einstein étaient juifs tous les cinq.

Moïse a dit : Toute la vie est gouvernée par la Loi.

Jésus a dit : Toute la vie est gouvernée par l'Amour.

Marx a dit : Toute la vie est gouvernée par l'argent.

Freud a dit : Toute la vie est gouvernée par le sexe.
Enfin Einstein a dit : Tout est relatif !

* * *

Un grand sage, sentant sa fin proche, réunit ses disciples pour leur léguer, en guise d'héritage spirituel, le concentré de sa sagesse, bientôt centenaire.

« Voilà ! la vie est comme une flèche », leur dit-il, sans commentaires, en une phrase !

Les disciples se mirent à réfléchir, à disserter, à discuter, à commenter, sans relâche, la phrase du grand maître. Qu'a-t-il voulu dire par là ? Que signifie cette image : la vie est comme une flèche ?

Mais plus ils cherchaient à comprendre, moins ils saisissaient le message latent. Un jour, de recherche en recherche, ils entendent parler, au hasard des conversations, d'un autre grand sage, aussi érudit que le précédent, mais qui enseignait à ses disciples une philosophie tout à fait opposée : « La vie n'est pas comme une flèche ! »

Ah ! cette découverte sème en eux l'inquiétude et le trouble : « L'un dit blanc, l'autre noir. À quel saint se vouer ? Qui croire ? »

Finalement, les élèves décident ensemble d'interroger le premier grand sage. « Voilà, tu nous as dit que la vie est comme une flèche. Mais un autre enseigne que la vie n'est pas comme une flèche. Alors ? »

Le sage prend sa tête entre ses mains, réfléchit un bref instant et répond : « On peut le dire aussi comme ça ! »

* * *

Un juif raconte avec enthousiasme ses souvenirs de vacances passées dans un milieu juif de New York.

– C'est absolument fabuleux ! Là-bas j'ai rencontré un juif qui était un grand érudit du Talmud. J'ai rencontré un juif capitaliste roulant en Rolls et employant plus de cent ouvriers dans son usine. J'ai rencontré un juif révolutionnaire communiste qui connaissait les œuvres de Karl Marx par cœur. Quelle variété extraordinaire !

– Mais quoi de plus naturel ? répond son interlocuteur. Les juifs sont tellement différents les uns des autres. Cela ne m'étonne pas du tout.

– Oui, mais ce qui est fantastique c'est qu'il s'agissait du même juif !

* * *

Un pauvre paysan juif vient se plaindre auprès de son rabbin :

– Ma vie est un enfer. Nous habitons, ma femme, ma belle-mère, mes huit enfants et moi-même, dans une petite pièce. Nous vivons les uns sur les autres. Notre souffrance est insupportable.

– Prends une de tes deux chèvres, dit le rabbin, et garde-la dans la pièce avec toi. Reviens me voir dans une semaine.

– Mais comment ferai-je, c'est impossible. Il n'y a plus de place.

Néanmoins, le pauvre juif s'exécute et retourne voir le rabbin une semaine plus tard.

– C'est mille fois pire qu'avant, dit-il, et en plus la chèvre fait ses besoins partout. La vie est devenue un véritable cauchemar.

— Prends ta seconde chèvre avec toi et reviens me voir dans une semaine.

L'homme pleure et proteste, mais se résout néanmoins à obéir à la volonté du rabbin.

— Je suis désespéré. Ma seule issue, c'est le suicide, mais cela est interdit par la religion.

— Maintenant, dit le rabbin, mets tes deux chèvres dehors et reviens me voir demain.

Le pauvre paysan s'en va et revient le lendemain :

— Merci, monsieur le Rabbin. Vous êtes un grand sage. J'ai suivi vos conseils en mettant les deux chèvres dehors. L'enfer s'est transformé en paradis. Ma maison est devenue grande, propre et agréable !

* * *

Un juif marche avec des chaussures beaucoup trop petites pour lui. Il a mal aux pieds et chaque pas intensifie sa douleur. Un ami lui demande avec étonnement :

— Je ne comprends pas. Tu chausses du 43 normalement, mais les chaussures que tu portes taillent à peine du 41. Tu es devenu fou ou radin ?

— Mais non ! Tu te trompes ! Je ne suis ni fou ni avare. Tu sais, j'ai plein de problèmes en ce moment. Ma femme m'a quitté, mon fils a raté son bac, les affaires marchent mal au magasin. J'en ai marre. Seulement quand je rentre à la maison et que j'enlève ces chaussures qui me font tellement mal, alors il m'arrive quelque chose de très agréable qui me fait oublier tous mes autres chagrins !

* * *

Moshé a vendu un poste de télévision à un ami. Celui-ci le rencontre à la synagogue et proteste :

— Dis donc, Moshé, tu es un voleur. Je t'ai acheté un téléviseur couleur. Je viens de l'allumer et je découvre avec stupéfaction que tu m'as refilé un poste en noir et blanc. Il y a tromperie sur la marchandise.

— Calme-toi un instant. Je ne t'ai pas menti, David. Je t'ai bien vendu une télé couleur. Viens, nous allons demander l'avis du rabbin, si tu veux.

Une fois la cérémonie religieuse terminée, Moshé interroge le rabbin :

— Dites-moi, monsieur le Rabbin, est-ce que pour vous le noir est une couleur ?

— Évidemment, répond aussitôt le rabbin, quelle question !

Moshé reprend :

— Et le blanc, monsieur le Rabbin, est-ce aussi une couleur ?

— Naturellement ! Le blanc est également une couleur.

Alors Moshé se retourne triomphalement vers David :

— Tu vois, je t'ai vendu une télé couleur !

* * *

Nathan, marchand de prêt-à-porter, décroche avec fureur son téléphone :

— Dis-moi, Mickaël. Je viens de recevoir les trois cents pantalons que je t'avais commandés. J'ai ouvert le colis et je m'aperçois qu'il manque une jambe à tous les pantalons. Tu es devenu fou ou quoi ? Qu'est-ce que

tu veux que je fasse avec trois cents pantalons à une jambe ?

— Mais calme-toi, Nathan. Ne t'énerve pas comme ça. Ça dépend de ce que tu veux en faire. Ce ne sont pas des pantalons à mettre, mais des pantalons à vendre !

* * *

Un voyageur de commerce se rendait un jour d'un bourg à un autre pour monnayer sa marchandise. Il rencontre sur son chemin un petit oiseau frigorifié, gémissant, criant sa détresse de toutes ses forces par son gosier meurtri. Le marchand recueille le volatile et le loge sous son bras pour le réchauffer et lui donner quelques forces.

Au bout d'une heure, voyant son protégé ressuscité par ses bons soins et tout à fait bien dans... ses plumes, le marchand se dit qu'il est temps pour le petit hôte de quitter le « lit » et de s'envoler de ses propres ailes. Mais où déposer le petit convalescent ?

Il était dans ces pensées lorsqu'il aperçoit un beau crottin tout rond et tout frais, c'est-à-dire fumant, sur son chemin. Le marchand y aménage un petit trou et y dépose délicatement le petit oiseau, pensant que celui-ci pourra profiter encore un moment, avant de s'en aller, de la chaleur douillette de ce crottin.

Mais, le petit oiseau n'a pas l'air très satisfait de cet abri provisoire et se met de nouveau à piailler vigoureusement.

Un renard, camouflé dans le coin, entend ses cris. Il s'approche de l'oiseau et l'avale en un instant.

Voilà une histoire un peu triste, mais qui peut nous donner au moins trois enseignements :

1) Si quelqu'un vous « met dans la merde », cela ne signifie pas forcément qu'il ne vous aime pas.

2) Celui qui vous « sort de la merde » ne vous veut pas forcément du bien.

3) Enfin, quand on « est dans la merde », il faut s'abstenir de le crier sur tous les toits !

* * *

Une série de questions que chacun se pose concerne la paternité de l'humour, qu'il soit juif, musulman, français ou africain. Qui a inventé ces blagues ? Comment serait-il possible de certifier avec rigueur leur filiation, leur nationalité exacte ?

Évidemment, personne ne saurait répondre avec précision à ce genre de questionnements. D'abord, parce que l'humour n'est pas l'œuvre d'un individu précis : il n'appartient à personne en particulier. Il est orphelin, pupille du peuple, en raison de ses pères innombrables. Il constitue plutôt un patrimoine culturel collectif, transmis oralement par le « téléphone arabe », avant d'être enregistré et transcrit sous sa forme achevée et finale. On pourrait avancer, en comparant la création humoristique à une naissance chez les humains, qu'il pèse aussi bien sur l'une que sur l'autre un contentieux, une incertitude certaine quant à leur filiation paternelle, à leurs racines originelles. Du point de vue symbolique, psychologique, le père n'est jamais père en raison de sa fertilité biologique spermatique, mais parce qu'il est reconnu, nommé, aimé, légitimé, désigné, identifié, institué comme tel dans le cœur et le désir de la mère. Le père fait alors confiance à la parole maternelle, adopte l'enfant en lui donnant son nom, celui qui lui a été transmis auparavant.

De même une « blague juive » n'est pas forcément inventée par les juifs, mais adoptée, aimée, élue, convertie par les rieurs et la communauté. L'enfant-rire Itzhak est un enfant adopté et converti.

Dès lors une même histoire pourrait aussi bien être cataloguée comme juive et musulmane. Elle s'enracine doublement dans les deux cultures, sans appartenir, de façon irrévocable, ni à l'une ni à l'autre. Tout dépend du désir de la mère rieuse qui, seule, détient le secret de la source.

De même, la pratique de la circoncision, comme signe d'alliance entre Dieu et Abraham, fut empruntée, à l'origine, aux Égyptiens, qui s'étaient probablement inspirés d'autres cultures.

Impossible par conséquent d'édifier une archéologie de l'humour.

Dernière interrogation enfin : Quel serait le nombre exact des blagues juives ? Pourrait-on les recenser, les dénombrer avec précision ? En existe-t-il cent, dix ou mille ?

La réponse à cette question comptable ne serait pas plus évidente que celle apportée aux autres. Les blagues, un peu comme les humains, naissent, vieillissent et meurent. Elles se modifient en tout cas, selon les époques, les conditions sociales, économiques et politiques, ainsi que les lieux où les diverses communautés juives ont vécu, hier au ghetto de Varsovie, aujourd'hui à Manhattan et à Tel-Aviv, demain nul ne sait où ! La seule issue serait d'opérer une distinction entre le contenu et la forme, le récit romancé et la structure, le thème dominant, l'idée de fond, la trame, le leitmotiv et la narration manifeste. Demandons-nous, de préférence, de qui et de quoi parle l'humour juif ? À qui s'adresse-t-il ? Quels sont ses refrains favoris ?

Une analyse structurale montre l'existence de quatre thématiques fondamentales, au-delà d'un nombre considérable d'histoires et par-delà la multiplicité de leurs versions fugaces :

1) le rapport entre l'homme et le divin,
2) la relation entre l'homme et la femme,
3) le lien entre l'homme et l'argent,
4) le contentieux entre l'homme et son prochain.

La même histoire peut se référer à plusieurs thèmes à la fois. Nous verrons bientôt que ces questions ne constituent nullement des préoccupations spécifiquement juives. Il s'agit, au contraire, de thèmes universels concernant tout un chacun, mais que l'humour se donne la mission de soumettre à la réflexion aussi bien des juifs que des non-juifs, bien avant que Sigmund Moïse ne leur révèle la Thora sur le mont viennois du Sinaï, peut-être, qui sait ? depuis le rire sarcastique de Sarah.

Ce qui spécifie une blague juive ne renvoie donc pas forcément à sa thématique, mais surtout à la façon dont celle-ci est prise en charge et élaborée. La caractéristique principale de l'humour juif, c'est l'autodérision !

Voici donc quelques autres roses, cueillies dans la roseraie de l'humour et ayant trait au divin, à l'argent, à la femme et au prochain. Tous ces objets de quête et de quémandage sont fondamentalement équivalents et interchangeables. Ils représentent tous pour le Moi des secrets insaisissables, des motivations absolues et des idéaux inaccessibles, hors de portée de l'entendement et de la main. Ils apparaissent tous comme étant des problèmes ingérables. Sauf peut-être par l'humour, qui, en les désacralisant partiellement, les rend humainement abordables.

Chapitre 1

L'homme et le divin

Le président des États-Unis rend un jour visite au pape. Il remarque sur le bureau du Saint-Père un petit appareil insolite. Afin de satisfaire sa curiosité, il interroge le pape sur l'utilité de cet instrument étrange :

– C'est un appareil téléphonique, lui répond le Saint-Père. Il sert à communiquer avec Dieu en ligne directe.

– Puis-je L'appeler ? lui demande le Président intrigué.

– Pas de problème !

Le Président parle pendant quelques minutes avec Dieu et il raccroche. Ensuite, il demande le prix de la communication.

– Cinquante mille dollars, lui répond le pape.

Il paie la note sans protester. Le lendemain, il rend visite, dans sa tournée, au Premier ministre d'Israël, et remarque sur le bureau de celui-ci le même « téléphone ».

– Je parie que c'est la ligne directe avec Dieu. Puis-je Lui passer un coup de fil ?

— Je vous en prie !

Le Président discute cette fois pendant une heure avec Dieu. Il raccroche et demande le prix de la conversation.

— Un dollar, lui répond le Premier ministre d'Israël.

— Oh ! Hier au Vatican pour à peine trois minutes de conversation j'ai dû débourser cinquante mille dollars. Ici pour une heure cela ne coûte qu'un seul dollar. Comment expliquez-vous cette énorme différence ?

— Rien de plus simple, monsieur le Président. Ici il s'agit d'un appel local.

* * *

Le rabbin Cohen surprend un jour sa femme Rachel au lit avec un goy [non juif].

— Ce n'est vraiment pas bien ce que tu fais là, Rachel. Si tu continues comme ça, bientôt tu finiras par fumer durant le shabbat [le samedi].

* * *

Ces deux histoires expriment l'amour mutuel qui relie le juif et Dieu. Le rabbin n'est bouleversé par l'adultère de sa femme que dans la mesure où celle-ci risquerait de commettre une infidélité bien plus grave vis-à-vis de Dieu, en profanant le saint jour du shabbat. L'adoration divine transcende, et de loin, l'amour de la femme.

La première histoire traduit, elle, l'affection de Dieu pour son peuple élu. Un simple coup de fil depuis le

Vatican coûte cinquante mille fois plus cher qu'une longue conversation depuis Jérusalem, en appel local.

Dieu préfère les juifs aux autres peuples. Il réside près d'eux, chez eux, dans une proximité fusionnelle immédiate, comme s'il s'agissait de deux amants.

Ce genre de favoritisme et de prédilection semble d'ailleurs étrangement coutumier dans la Thora. Yahvé agrée les offrandes d'Abel et repousse celles de Caïn, qui assassine, par jalousie, son frère innocent. L'Éternel se montre nettement plus favorable à Isaac, fils de Sarah, qu'à Ismaël, fils d'Agar, pourtant tous deux enfants du même Abraham.

Il se désintéresse du sort d'Ésaü, l'aîné d'Isaac, et privilégie le cadet Jacob sans même Se donner la peine d'exposer les motifs de Sa prédilection ni ceux de Sa répugnance.

Mais, voici d'autres histoires venant contrebalancer et contredire cette passion amoureuse débordante :

Un juif, athée et progressiste, décide d'inscrire son fils dans une école laïque très réputée et fréquentée par des enfants d'intellectuels et de riches. Une semaine après la rentrée, Jeremy revient de l'école et interpelle son père :

— J'ai une devinette pour toi, papa. Sais-tu ce qu'est la Trinité ?

— Pourquoi me poses-tu cette question ? réplique le père interloqué.

— Parce que moi, je sais ce que c'est : c'est le Père, le Fils et le Saint-Esprit !

Alors le père se met dans une colère pas possible et hurle dans les oreilles de Jeremy :

– C'est des histoires, tout ça ! Rentre-toi bien ceci dans la tête une fois pour toutes : Nous n'avons qu'un seul Dieu et nous n'y croyons pas !

* * *

Un alpiniste expérimenté grimpe un jour victorieusement les sommets recouverts de neiges éternelles d'une montagne. Juste avant de mettre ses pieds sur le plat, il dérape et sa corde casse. Le malheureux alpiniste se tient, tant bien que mal, en s'accrochant fermement à une pierre, au-dessus d'une énorme crevasse. Il tente désespérément de se redresser, mais il éprouve beaucoup de difficulté. Il se met alors à crier de toutes ses forces pour demander de l'aide :

– Il y a quelqu'un ?

Évidemment, personne ne répond.

– Il y a quelqu'un ?

Cette fois, une voix s'élève dans le silence :

– Oui, Je suis là, Moi, Ton Dieu !

L'alpiniste a bien entendu cette voix, mais, croyant qu'il doit s'agir d'une illusion de ses sens, ne répond pas. Il reprend une troisième fois :

– Il y a quelqu'un ?

La même voix lui répond de nouveau :

– Je suis là, Ton Dieu. Aie confiance. Lâche tes mains. Je t'envoie deux anges pour te récupérer. Tu ne risques rien.

L'alpiniste, encore plus inquiet, lance une dernière fois :

– Il y a quelqu'un d'autre ?

* * *

Un touriste va passer une semaine à Jérusalem, dans un petit hôtel, à côté du mur des Lamentations. Chaque matin, il croise en sortant de l'hôtel un vieil homme qui va prier devant le mur. De même, le soir, quand il regagne son hôtel, il retrouve le vieil homme recueilli devant le mur.

— Depuis combien de temps passez-vous vos journées ici ?

— Cela fera bientôt trente ans !

— C'est merveilleux, répond le touriste ébahi, trente ans de prière, toute la journée ? Mais dites-moi, pour qui priez-vous ?

— Le matin, je prie pour la paix dans le monde et la fraternité entre les hommes. L'après-midi, pour la disparition de la faim dans le monde, et pour vaincre les maladies de la surface de la planète...

— C'est formidable ! Mais qu'est-ce que vous ressentez quand vous priez dans un tel lieu sacré ?

— Ben, répond le vieil homme, j'ai l'impression de parler à un mur !

* * *

— Quelle est la blague juive la plus courte ?

— Dieu soit loué !

Une autre version :

— Que Dieu soit loué !
— Combien ?

* * *

Ce scepticisme, cette incrédulité, cette révolte et cette irrévérence à l'égard de la Transcendance constituent aussi, paradoxalement, un phénomène habituel dans la Thora.

Ève fut la première à transgresser l'injonction de Yahvé, lui ayant interdit de se nourrir du fruit de l'arbre de la connaissance.

Abraham protesta auprès du Seigneur lorsque Celui-ci décréta la destruction des villes de Sodome et de Gomorrhe sans distinguer les justes des méchants.

Moïse frappa le rocher dans le désert du Sinaï pour en faire sortir de l'eau, au lieu de lui parler, désobéissant ainsi à la volonté du Transcendant.

De même, les juifs, libérés de l'esclavage en Égypte, régressèrent à l'idolâtrie dans le désert du Sinaï, se prosternèrent devant le Veau d'or, au moment où Moïse était allé leur chercher les Tables des dix commandements.

Jonas se déroba aussi à l'ordre divin de se rendre à Ninive en Mésopotamie pour annoncer l'extermination de la ville à ses habitants. Pour ces raisons, la relation entre Dieu et ses fils se caractérise contradictoirement par l'amour et la haine, par la révolte et l'obéissance. Cela signifie qu'elle est ambivalente.

Voici quelques histoires drôles mettant magistralement en lumière cette bivalence :

Un juif prie Dieu : « Mon Dieu, je sais que nous sommes Ton peuple élu. Mais ne pourrais-Tu pas choisir un autre peuple pour changer un peu ? »

* * *

Moshé, un juif très pieux et pratiquant, est assis sur une grosse pierre au bord de la mer. Il récite ses prières de l'après-midi avec son ardeur habituelle. Soudain l'eau se met à monter. En peu de temps les pieds du fidèle sont trempés.

Un bateau passe. Les estivants lui font signe, mais, impassible, il continue sa prière. Un deuxième bateau apparaît. Le capitaine l'appelle et lui demande avec insistance de monter. À cet instant, l'eau de la marée entoure ses fesses, mais Moshé poursuit son activité.

Enfin passe un troisième bateau. On crie encore vers lui pour le sauver. Mais le croyant continue avec opiniâtreté ses prières. Finalement, il se noie, totalement englouti par la marée.

Il arrive dans le monde d'en haut et, très en colère, se met à critiquer l'Éternel :

— Pourquoi, mon Dieu, ne m'as-Tu pas épargné ? Moi, le plus humble de Tes fidèles. Tu m'as noyé alors que j'étais absorbé par la prière !

— Comment oses-tu dire cela, Moshé ? Tes reproches sont injustifiés. Je t'ai envoyé un premier, un deuxième et un troisième bateau, mais à chaque fois tu as refusé de monter !

* * *

En Israël, Moshé va voir le grand rabbin et lui demande :

— Je cherche du travail depuis longtemps. Pouvez-vous m'en trouver un ?

Le rabbin lui répond, après quelques secondes de réflexion :

— Oui, j'ai du travail pour toi. Tu feras le guet devant la grande porte de Jérusalem et dès que tu verras le Messie arriver, tu viendras l'annoncer !

— D'accord, est-ce bien payé, ce travail ?

— Non, lui répond le grand rabbin, mais tu auras la sécurité de l'emploi !

* * *

Moïse Cohen rend visite au rabbin de son quartier à New York.

— Rabbi, je voudrais faire circoncire mon chien.

— Je suis désolé, Moïse, mais je ne peux pas circoncire un chien.

— Je suis prêt à faire un don de dix mille dollars.

— Désolé, Moïse, même pour dix mille dollars, je ne peux pas circoncire ton chien.

— Allez, Rabbi, j'offre cent mille dollars si vous faites la circoncision à mon doberman...

— Ah, ça change tout, s'il s'agit de Doberman !

* * *

Devinette : pourquoi le prophète Moïse choisit-il le peuple juif et non un autre pour lui apporter les Tables de la Loi, les fameux dix commandements ? Pourquoi cet ostracisme ?

En fait, à l'origine, nous dit la blague, l'élection n'était pas décidée par Moïse. Il ne proposait pas deux mais une seule tablette. Il déambulait avec sa tablette de dix articles gravés dans la pierre sous le bras, comme un quelconque représentant de commerce. Il allait de peuple en peuple, envoyé par Yahvé, le grand patron de la multinationale.

Il propose d'abord sa marchandise au peuple A.

– Qu'est-il écrit là-dessus ?

– Il est écrit qu'il faut adorer le Dieu unique, etc.

– Non, merci. Nous avons déjà nous-mêmes une pléthore de dieux. Ton offre ne nous intéresse pas.

Moïse s'adresse ensuite au peuple B.

– Qu'est-il écrit là-dessus ?

– Qu'il ne faut pas tuer, mentir, voler, etc.

– Non, merci. Nous ne vivons que grâce à tout cela. Ta tablette ne nous séduit point.

Finalement, de marchandage en marchandage, Moïse finit par proposer aux juifs ses dix articles de foi. Ceux-ci ne lui demandent pas de leur expliquer le contenu de la tablette, mais le prix exigé en échange de la marchandise.

– Non, vous n'avez rien à débourser, c'est gratuit, rétorque Moïse, soulagé de pouvoir enfin caser sa tablette.

– Alors, puisque c'est gratuit, donnez-nous-en deux ! répondent les juifs, heureux de pouvoir réaliser ainsi une bonne affaire !

* * *

Voici donc comment furent adjugées les deux fameuses Tables de la Loi. Que signifie cette blague ? Que les juifs aiment trop l'argent ? Qu'ils sont radins, malins, usuriers, « Picsou », grippe-sous, etc. ?

Les juifs aiment l'argent, cela est incontestable. Mais, pas plus que les autres humains, qui probablement y pensent autant, sinon davantage, mais n'en parlent pas. Puisque l'argent, matière symboliquement fécale, même s'il n'a pas d'odeur, reste sale. Il est bien plus facile de voir la paille dans l'œil d'autrui que la poutre dans le sien, comme le disait justement un autre juif, Jésus, le premier chrétien.

On parle volontiers des Rothschild pour rappeler qu'ils sont juifs, sans jamais préciser l'appartenance religieuse de beaucoup d'autres « richards ». Mais il s'agit curieusement moins d'argent dans cette histoire que de la relation compliquée/complexe entre l'homme et Dieu ; relation tissée d'ambivalence, du besoin d'obéir et du désir de transgresser la Loi. Cette déchirure traverse, malgré les apparences, aussi bien celui qui se dit athée que le croyant (voir première partie, chapitre 15 : Démythifier pour mieux aimer).

Cette blague semble dire : « Non, la Loi ne nous a pas été sadiquement imposée, ni offerte par la Grâce. Nous l'avons acquise nous-mêmes librement, en négociant. Elle ne nous prive de rien. D'ailleurs, ce qui est écrit dessus ne nous intéresse pas. En plus, nous n'avons rien payé en échange. On a réalisé une bonne affaire. On l'a eue pour rien. Le peuple élu est celui qui élit. Ce n'est donc pas Moïse qui nous a forcé la main au mont Sinaï. Nous n'avons point adoré le Veau d'or en l'attendant, comme il est écrit dans l'Ancien Testament. »

L'humour sauve le Moi de l'assujettissement. Il n'est plus l'objet passif, esclave, sans désir ni liberté, la pâte à modeler ou l'automate face aux dix commandements, mais libre, conscient et consentant.

C'est assurément cette illusion qui rend possible l'intériorisation vivifiante de la Loi qui, autrement, serait parfaitement refusée, car mortifère et insupportable.

En effet, le psychotique et le pervers, en se situant tous les deux « hors la Loi », en la déniant ou en la détruisant, se déstructurent en se rendant de plus en plus esclaves de l'instinct.

À l'inverse, l'homme sain se libère paradoxalement, devient sujet libre et désirant en se soumettant à la Loi. Plus on refuse de perdre, moins on gagne (voir première partie, chapitre 8 : Réhabiliter la justice et la morale).

Cette blague comporte donc un double sens : la Loi, naturellement, instinctivement inacceptable, dans la mesure où elle a pour fonction de restreindre la toute-puissance du Ça, est joyeusement accueillie, adoptée, intériorisée par le Moi. Il s'agit même d'une excellente affaire puisqu'il a eu les deux tablettes pour le prix d'une seule, c'est-à-dire pour rien !

Un autre exemple : *Joseph prie tous les jours l'Éternel pour qu'Il le fasse gagner au loto. Un jour, devant l'insistance de Joseph, Dieu rompt son silence et interpelle Sa créature du haut du Firmament :*

— Depuis quand joues-tu et combien mises-tu ?

— Je n'ai encore jamais joué, Seigneur, répond Joseph penaud.

— Comment veux-tu que je te fasse gagner le gros lot ? Va cocher les petites cases d'abord !

Joseph se met donc à fréquenter le café-tabac et à cocher toutes les semaines les six fameuses cases, censées lui ouvrir la porte de la caverne d'Ali Baba !

De plus, pour mettre toutes les chances de son côté, il se rend régulièrement à la synagogue, se prosterne humblement devant le tabernacle, en proposant un marché à son Protecteur divin :

— Mon Dieu, fais-moi gagner le gros lot, je ferai don de dix pour cent de mes gains à la synagogue.

Joseph ressort pour la énième fois de la synagogue, rejoue pour la énième fois, mais perd pour la énième fois. Le découragement l'usant et l'envahissant à la longue, un jour il se décide à faire fonctionner la concurrence et à s'adresser au rival, bientôt deux fois millénaire, de Yahvé, c'est-à-dire à Jésus-Christ lui-même.

Il se rend donc à l'église d'en face et supplie le Seigneur Jésus de lui faire gagner le gros lot :

— Seigneur Jésus, fais-moi cocher les six bons numéros du loto. Je consacrerai dix pour cent de mes gains aux bonnes œuvres.

Joseph sort de l'église, joue au loto et, miracle... décroche enfin la super-grosse cagnotte : plusieurs millions.

Il n'est donc pas tout à fait faux que le loto c'est facile, ce n'est pas cher, et ça peut rapporter gros !

À l'instant même, ivre de bonheur, Joseph retourne, non pas comme promis à l'église, mais à la synagogue. Il se prosterne devant le tabernacle et chuchote :

— Merci, mon Dieu. J'ai enfin compris. Le vrai Dieu c'est Toi, parce que Toi, Tu n'as jamais cru à ma promesse de consacrer dix pour cent de mes gains à la synagogue, mais lui, il y a cru !

* * *

Cette blague ne signifie évidemment pas que les juifs soient obsédés par l'argent. Si c'était véritablement le cas, ils en parleraient bien moins. Elle évoque, en fait, la position incertaine du pauvre Moi face au Grand Autre, face au poids de l'invisible et de l'intangible Transcendance.

La relation foncièrement compliquée/complexe entre l'homme et Dieu, c'est-à-dire une relation ambivalente tissée, d'une part, de la demande d'amour et de protection et, de l'autre, du besoin de reproche et d'agressivité, de doute et de croyance, de transgression et d'obéissance, trouve à travers l'humour un happy end, une issue honorable. Ainsi, le Moi est sauvé de l'insignifiance et peut s'exprimer, émettre une parole, qui, face à la toute-puissance divine, soit autre chose que du vent.

Cette blague semble signifier : le Dieu des chrétiens est plus fort, plus protecteur, meilleur. Lui seul a été capable de me faire décrocher le gros lot. Toi, Dieu des juifs, Tu es un mauvais père, décevant. Tu ne nous protèges pas. Tu ne nous apportes rien. Tes enfants n'arrêtent pas d'en baver à cause de Toi. Et puis où étais-Tu pendant la Shoah où plus de six millions de Tes enfants, soit-disant chéris, ont fini carbonisés dans les fours crématoires? Pourquoi n'as-Tu rien dit, rien fait, rien empêché, pas même levé le petit doigt?

L'humour permet donc de régler ses comptes, de façon irrévérencieuse, de solder le contentieux, d'exprimer ses doutes, de blasphémer, de désacraliser, de mettre à mort l'image du Père-Dieu-Roi.

Comment montrer plus clairement que le judaïsme, contrairement à toutes les autres religions, est un athéisme profond et non une religion basée sur l'obéissance absolue, les dogmes et les rituels ?

* * *

« Quelle différence y a-t-il entre Dieu et un talmudiste ? » demanda un jour l'élève à son maître. Celui-ci lui répondit : « Dieu sait tout, alors que le talmudiste sait tout... mieux ! »

* * *

Bensoussan est en voiture et cherche désespérément une place pour se garer. Il attend, tourne en rond dans le quartier, va un peu plus loin... mais rien, aucune place. Il risque bientôt de rater son important rendez-vous d'affaires.

Il lève alors la tête vers le ciel et, désespéré, implore : « Mon Dieu, si Tu me trouves une place de parking, dans les cinq minutes, je Te promets de respecter désormais scrupuleusement la religion, de faire des dons... »

Soudain, ô miracle, avant même que Bensoussan n'ait pu finir sa phrase, une place se libère, juste devant lui !

Alors Bensoussan change de ton : « Cherche pas, mon Dieu, ça y est, j'ai trouvé ! »

* * *

Deux rabbins discutent pendant toute une nuit sur l'existence de Dieu. À l'aube ils arrivent à la conclusion que Dieu n'existe pas. Là-dessus, ils se séparent.

Au cours de la matinée, le premier surprend le second en train de prier. Il s'étonne :

– Mais, comment, tu sais bien que Dieu n'existe pas, tu fais tout de même tes prières ?

Le second répond :

– Qu'est-ce que Dieu vient faire là-dedans ?

* * *

Rav David rencontre Rav Moshé :

– Alors, il paraît que tu te prends pour le Messie ?

– Je ne me prends pas pour le Messie, je suis le Messie !

– Ah bon, et comment le sais-tu ?

– C'est Dieu qui me l'a dit !

– Quoi ? Moi ? Mais je ne t'ai rien dit !

* * *

L'humour permet l'expression de la déception, de l'agressivité, de la plainte, de l'insatisfaction et du doute, tout en favorisant paradoxalement la croyance, l'amour et la relation. Il permet d'accepter ce qui est, en s'en libérant un peu. « J'ai compris que le vrai Dieu, c'est Toi, parce que Toi, Tu n'as jamais cru que je donnerais quoi que ce soit à la synagogue ! »

L'humour juif est le complément indispensable du Talmud. On ne peut véritablement croire que parce qu'on doute. Sinon la certitude absolue frise avec le délire et l'hallucination, produit le fanatisme et l'exclusion (voir première partie, chapitre 11 : La vraie connaissance est intérieure).

On ne peut authentiquement aimer l'autre que si l'on est capable de lui dire « non », « merde », c'est-à-dire de verbaliser son ras-le-bol et son désaccord. Méfiez-vous de ceux qui sont tout amour, mielleux, comme de ceux qui, convaincus de posséder la vérité unique, ne se remettent jamais en question.

La fonction de l'humour est de constamment soutenir le Moi pour transformer sa défaite en victoire, afin de lui aménager une aire de jeu-je, une marge de manœuvre et de gestion face à Dieu, à l'amour et à la mort. Il met toujours au jour un conflit, une préoccupation, une ambivalence, tout en s'évertuant à les métaboliser, à leur trouver une issue, une porte de sortie plus harmonieuse, sans y laisser trop de plumes. Sinon, ce sera le blocage et la dépression.

Le drame du psychotique consiste justement dans le fait qu'il prend tout au premier degré. Il reste collé à la littéralité du mot, comme à celle d'une histoire. Méconnaissant le sens figuré, il prend les mots pour les choses, est rétif à la métaphore. Il est incapable de lire entre les lignes, ni d'entendre au-delà des mots. S'il fait souvent rire involontairement, il ne peut rire, incapable de se moquer de lui-même, convaincu qu'on ne cesse de se moquer de lui.

Freud écrivait : « L'humoriste semble dire : Regarde, voilà, le monde te semble si dangereux : un jeu d'enfant ! Le mieux est donc de plaisanter. »

L'humour aide à prendre du recul et de la distance face aux vérités crues et aux énigmes de l'inconscient. Il assouplit les frontières rigides, conventionnelles entre le vrai et le faux, entre l'intelligence et la bêtise, entre le permis et l'interdit.

Naturellement, ce ballottement entre amour et haine, respect et irrévérence, reproches et louanges, ne constitue pas une comi-dramaturgie spécifiquement juive. Il ne concerne pas non plus les seuls croyants, accusés de se débattre masochistement dans les sables mouvants névrotiques de superstitions naïves et aliénantes.

Ce contentieux intéresse tout un chacun, qu'il se dise athée, agnostique ou croyant. Il traduit, de façon générale, la trame psychologique inconsciente, qui fonde la relation de l'enfant à son père, incarnation première de la loi, de l'autorité et de la puissance. L'enfant qui somnole en chacun de nous est constamment pris, face à l'image paternelle, dans l'écheveau inconscient : demande de protection et envie de libération, fierté des racines et honte de l'héritage, critiques et compliments, désir de tendresse et soif de violence, besoin de soumission et nécessité de transgression et de désobéissance.

Le dialogue entre l'homme et Dieu le Père est le reflet symbolique de la relation inconsciente que l'enfant a entretenue avec son père réel, aimé ou haï, obéi ou méprisé, dans son enfance. Il s'agit également de la même ambivalence dans les rapports entre le citoyen et l'État providence, accusé de protéger une certaine classe au détriment des autres, de laisser faire ou de contrôler tout, de se montrer lâche ou au contraire trop dur. Les trois modalités de rapport renvoient à la même structure profonde, sont élaborées à partir des mêmes matériaux : la relation père-enfant et ses méandres.

C'est la raison pour laquelle l'athéisme hargneux et antireligieux comme le fanatisme exalté et intolérant traduisent tous deux les vicissitudes anciennes non dites et non dépassées, grevant la communication père-enfant. Une liaison saine ne peut s'établir que s'il existe un minimum de recul et de distance entre les deux extrêmes nocifs : la révolte aveugle ou l'absolue dépendance. L'humour a pour fonction d'aménager l'entre-deux, d'édifier le pont, le trait d'union qui sépare et paradoxalement relie.

Chapitre 2

L'homme et la femme

Voici trois histoires, glanées parmi tant d'autres, mais qui évoquent un thème identique, brodé sur le même canevas :

Une foule immense d'hommes s'est assemblée aujourd'hui à la porte d'entrée du monde d'en haut.

La voix d'un ange brise le silence :

– Vous allez vous partager en deux files séparées. Tous les hommes qui au cours de leur vie terrestre ont obéi sans protester à la voix et au désir de leur femme se mettront dans la file de gauche et tous les autres dans celle de droite.

Toute la foule se rue instantanément vers la file de gauche, tous sauf un. Dieu, assistant à ce phénomène étrange, interpelle l'homme qui se trouve seul dans la file de droite :

– Comment cela se fait-il que tu te tiennes dans cette file ?

– Ah, je ne sais pas, moi, lui répond l'homme, très étonné de la question divine, c'est ma femme qui m'a dit de me mettre là !

* * *

Un rabbin et un curé se rencontrent dans un congrès œcuménique. À l'heure du déjeuner, chacun tire son repas du sac.

Le curé s'adresse au rabbin :

– Monsieur le Rabbin, voulez-vous un petit bout de mon sandwich, un excellent jambon de Parme ?

– Ah non ! je vous remercie, monsieur le Curé. Le porc est totalement interdit dans ma religion.

– C'est vraiment dommage, lui répond le curé, pourtant le porc c'est bien bon, vous savez !

La journée œcuménique se termine et chacun s'apprête à rentrer chez soi. Le rabbin s'adresse au curé pour lui faire ses adieux :

– Au revoir, monsieur le Curé. J'ai été très heureux de vous connaître. Vous transmettrez mes salutations à madame.

– Je vous remercie, monsieur le Rabbin, lui répond son collègue chrétien. Seulement le mariage est interdit pour moi dans ma religion.

– Dommage, lui réplique le rabbin, pourtant c'est bien bon, une femme, meilleur que le porc, hein ?

* * *

Léa est l'épouse du maire d'une grande ville israélienne. Un jour, elle accompagne son mari pour visiter le chantier de construction d'une autoroute. Parmi l'assistance elle rencontre un vieux copain d'école, jadis son amoureux, travaillant comme simple conducteur d'engins sur le chantier. Elle l'embrasse et le présente à son mari.

Une fois rentré à la maison, celui-ci déclare à sa femme :

– Tu as bien de la chance de n'avoir pas épousé cet homme, Léa. Tu te rends compte, si tu l'avais fait, aujourd'hui tu serais la femme d'un simple ouvrier.

– Oh ! détrompe-toi, lui dit Léa. Si je l'avais épousé c'est sûrement lui qui serait aujourd'hui le maire de cette ville !

* * *

Dieu demande à un ange d'aller annoncer à un de ses vieux fidèles sa volonté d'exaucer son vœu le plus cher, pour récompenser sa foi et son comportement exemplaires.

– Mon souhait le plus important serait de pouvoir me rendre à New York aussi souvent que j'en aurais envie, pour voir mon fils. Je voudrais donc que Dieu fasse bâtir une autoroute directe depuis mon petit village des Pyrénées jusqu'à New York.

L'ange transmet la demande du fidèle à Dieu.

Celui-ci répond :

– Il s'agit là d'un désir un peu compliqué techniquement à réaliser. Retourne l'interroger pour savoir s'il n'aurait pas plutôt un autre souhait.

L'élu de Dieu répond d'emblée :

– Si, bien sûr, je voudrais pouvoir comprendre les femmes.

L'ange communique aussitôt cette nouvelle proposition à son Patron.

Celui-ci s'écrie :

– Holà ! Dis-moi, son autoroute, il la voulait à deux ou à quatre voies ?!

* * *

Ces blagues dépeignent une image de la femme nettement supérieure à celle de son congénère masculin. C'est elle qui domine son mari-honnête, marionnette d'époux.

Il serait préférable de s'imposer des interdits alimentaires plutôt que de renoncer à la jouissance du corps de la femme, dit le rabbin. Cette glorification des filles d'Ève, ainsi que la domination qu'elles exercent sur les fils d'Adam, apparaît sans ambiguïté aucune dans la doctrine biblique, taxée à tort, allez savoir pourquoi, de patriarcale, de « macho » et de phallocrate. La preuve en est que parmi les six cent treize commandements, aucun ne s'adresse à la femme.

Dieu, en effet, ne lui interdit explicitement jamais rien, à tel point qu'on pourrait se demander, face à cette accointance, si Dieu Lui-même n'est pas une femme.

Ensuite, les démêlés de la vie conjugale des trois patriarches Abraham, Isaac et Jacob avec les quatre matriarches Sarah, Rébecca, Rachel et Léa (Jacob ayant épousé deux sœurs) prouvent de manière éclatante que les patriarches étaient, pieds et poings liés, assujettis à la suprématie des matriarches. Celles-ci régnaient en maîtresses absolues, dictaient leurs désirs et volontés à leurs époux dociles, malléables et maniables.

Les pères bibliques exerçaient leur autorité en dehors de la famille, dans les domaines économique et militaire. Leurs épouses, par contre, régentaient la vie sentimentale et sexuelle de leurs conjoints. Exemple : Un jour, Rachel conclut un marché avec sa sœur Léa : « Si tu me donnes tes mandragores (plantes supposées receler des vertus magiques), en échange Jacob reposera cette nuit auprès de toi. »

Marché conclu ! Léa annonça au patriarche : « C'est à mes côtés que tu viendras, car j'ai payé le droit d'être avec toi... »

Jacob accéda, sans mot dire, à la demande de sa femme.

Autre exemple : Lorsque Abraham, le père bon et miséricordieux, dénonça, auprès du Seigneur, l'agressivité jalouse de sa femme à l'encontre d'Ismaël et d'Agar, il reçut comme réponse : « Ne sois pas mécontent au sujet de l'enfant et de ton esclave. Pour tout ce que Sarah te dit, écoute sa voix ! »

Enfin, est-il besoin de rappeler que le judaïsme n'est pas transmissible par le père mais seulement, de façon matrilinéaire, par la mère-femme. Le patriarcat juif rassemble, en réalité, par-delà les apparences, toutes les caractéristiques du matriarcat, les patriarches subissant, sans mot dire, la toute-puissance des matriarches.

Dans ces circonstances, d'inégalité foncière entre les deux sexes, et compte tenu de l'écrasante suprématie matriarcale, l'humour vole au secours du masculin pour le sauver de l'insignifiance afin que l'un ne soit pas quantité négligeable et l'autre toute-puissance.

Voici donc une série de blagues cherchant à ternir timidement le statut auréolé de la femme.

La première traduit l'angoisse masculine face à la sexualité, la peur de se voir trahi, trompé, cocufié, abandonné, humilié par la femme, supposée sexuellement affamée, gloutonne, vorace, insatiable.

L'humour vole alors au secours du sexe, soit-disant fort, afin de soulager sa crainte, en la déplaçant sur un autre sujet plus bénin. Comme pour dire : « Je n'ai pas du tout peur que ma femme jouisse avec un autre que moi. Qu'elle fasse l'amour avec n'importe qui, cela m'est parfaitement égal. Je ne suis pas jaloux du caissier. Ce qui m'inquiète c'est que celui-ci ait filé avec la caisse du magasin ! » L'intensité du rire est proportionnelle à la virulence du drame.

* * *

David téléphone à son ami Moshé :

— Au nom de notre vieille amitié, je voudrais te mettre au courant d'une affaire grave.

— Vas-y, David, je t'écoute.

— Tu sais, ton caissier en qui tu as toute confiance...

— Eh bien, quoi ? Que s'est-il passé ?

— Je l'ai aperçu hier, pénétrer furtivement dans un hôtel...

— Et alors, quel mal y a-t-il à cela ?

— C'est qu'il était, bras dessus, bras dessous avec ta femme !

— Tu m'as fait sacrément peur, David. J'ai cru que tu allais me dire qu'il avait filé avec la caisse !

* * *

Gaby rentre plus tôt que d'habitude de son travail. Il surprend sa femme au lit avec son meilleur ami Simon.

– Vraiment, Simon, tu me déçois. Moi encore, je suis obligé, mais toi ?

* * *

Un marieur présente pour la énième fois une jeune fille à un jeune homme en vue d'un mariage.

– Vous êtes un menteur, chuchote le jeune homme. Vous m'aviez affirmé que vous alliez me présenter, cette fois, une fille belle, mince, jeune, gracieuse et élégante. Vous avez le toupet de m'amener cette fille obèse, vilaine, mal habillée et de dix ans plus vieille que moi.

– Si vous voulez, vous pouvez parler plus fort, répond le marieur, elle est sourde !

* * *

Sarah est assise au bord du lit de son mari mourant. De fil en aiguille, Joseph lui demande :

– Nous nous sommes connus très jeunes tous les deux au ghetto. On avait à peine trois ans. Étais-tu avec moi lors de ce fameux pogrom à la veille de Pâques ?

– Oui, j'étais avec toi, mon chéri, répond Sarah.

– Tu te rappelles aussi lorsqu'on nous a expulsés du ghetto ? Étais-tu avec moi ?

– Bien sûr, Joseph. Je me souviens très bien. J'étais avec toi.

– Et puis, étais-tu avec moi quand nous nous sommes réfugiés chez ce paysan qui assassina mon père pour lui dérober son argent ?

– Oui, mon chéri. J'étais avec toi !

— Plus tard, reprend Joseph, lorsque ma mère et ma sœur Rachel ont été arrêtées par les Allemands et déportées à Auschwitz, étais-tu là aussi avec moi, Sarah ?

— Bien sûr, Joseph. J'étais avec toi.

— Et maintenant que je vais rendre l'âme, es-tu avec moi, Sarah ?

— Oui, mon chéri, je suis toujours et encore avec toi.

— Dis-moi, Sarah. Réponds-moi franchement. Ne crois-tu pas que tu me portes la poisse ?

* * *

Monsieur Blum avait demandé au marieur professionnel du ghetto de trouver un bon parti pour son fils. Le marieur revient une semaine plus tard, et présente la photo d'une candidate :

— Voici, monsieur Blum. J'ai trouvé une très jolie fille pour votre fils Mickaël.

— Mais il me semble reconnaître cette fille. N'est-ce pas Rachel, la fille du boucher ?

— Absolument, monsieur Blum. Elle a une très belle dot : deux millions, c'est extraordinaire !

— Oui, seulement lorsque j'ai vu Rachel la dernière fois, elle avait l'air de boiter. Boite-t-elle toujours ?

— Non, monsieur Blum, pas toujours, seulement quand elle marche !

* * *

Un juif français en vacances à Londres rencontre un autre juif... écossais. Ils bavardent, à bâtons rompus, ensemble. Le Français demande, au bout d'un moment, à son coreligionnaire :

– Mais, au fait, vous ne m'avez pas encore dit, que faites-vous à Londres actuellement ?

– Je suis en lune de miel, répond le juif écossais.

– Mais alors, si vous êtes en lune de miel, où se trouve votre épouse, la jeune mariée ?

– Ah, répond le juif écossais. Ma femme n'est pas venue à Londres avec moi, parce que c'est une ville qu'elle a déjà visitée !

* * *

Rachel dit à sa mère :

– Samuel a demandé ma main.

– Il te plaît ? demande la mère.

– Oui, mais il a des idées bizarres, il ne croit pas à l'enfer.

– Qu'il t'épouse et il y croira !

* * *

Sans cette désacralisation misogyne, la relation entre les deux sexes, trop déséquilibrée, deviendrait boiteuse et ferait rapidement naufrage.

En définitive, le lien entre l'homme et la femme est tendu par la même ambivalence que celle existante entre l'homme et le divin, avec la difficulté analogue d'essayer de gérer l'ingérable, dans l'espoir de dépasser les extrêmes et de cheminer dans la voie médiane.

Dans les deux blagues suivantes, la femme est présentée comme étant ce qu'il y a de pire et de meilleur à la fois.

* * *

Un psychanalyste juif accompagné d'une femme rencontre un ami très proche dans la rue.

– Tiens, tu tombes bien ! Je te présente ma fiancée Catherine.

Une heure après cette présentation, l'ami en question téléphone au psychanalyste.

– Dis-moi, Sigmund, est-ce bien vrai que tu vas épouser cette fille ou as-tu voulu me faire une blague ? Pardonne-moi, mais cette fille ne te mérite pas. Elle n'a aucun charme. Peut-être la trouves-tu d'une intelligence hors du commun ?

– Non, sur ce plan-là elle ne casse rien, répond le psychanalyste.

– Dans ce cas, tu l'épouses pour son héritage ?

– Non, pas du tout, elle ne possède aucun bien.

– Donc, elle doit être sensationnelle en amour ?

– Ah non, rien d'extraordinaire !

– Alors dis-moi, pourquoi veux-tu l'épouser ? Pourquoi ? En plus elle est bien plus vieille que toi.

– Tu as raison, David, riposte le psychanalyste. Catherine a dix ans de plus que moi, elle n'est ni sexy, ni fortunée, ni belle, ni intelligente. C'est vrai, tout cela. Mais tu sais, elle fait de ces rêves !

* * *

Cette blague confirme, s'il en était encore besoin, la suprématie psychologique de la femme, par-delà son apparence corporelle trompeuse, au-delà du masque et du maquillage. Seul un professionnel de l'âme, regardant avec les yeux de l'esprit, serait capable de saisir la vraie beauté sans embarras !

* * *

Moïse, le grand prophète biblique, savait qu'il allait vivre jusqu'à l'âge de cent vingt ans. Tous les ans, à l'anniversaire de sa femme, il lui souhaitait de vivre cent dix-neuf ans. Une fois, son épouse lui demanda, un peu excédée, le sens de ce vœu étrange :

– Pourquoi me souhaites-tu de vivre un an de moins que tes cent vingt ans ?

Moïse lui répondit :

– Afin que je puisse vivre enfin un an tranquillement !

* * *

Que signifie cette blague apparemment misogyne, dont nous connaissons de nombreuses variantes, en Orient comme en Occident ? (voir première partie, chapitre 5 : La misogynie orientale).

Que Moïse n'aime pas sa femme ? Qu'il souhaite sa mort pour s'en débarrasser au plus tôt et s'en donner à cœur joie le restant de ses jours ? Pourquoi Moïse, capable de tout obtenir de son ami Yahvé, ne lui demande-t-il pas de rappeler sa « moitié » au ciel vite fait, bien fait pour débarrasser le plancher ? Pourquoi une année seulement et non pas dix ou vingt ans ?

Voilà : en premier lieu, même le prophète biblique est aux prises avec des problèmes de couple, alors pourquoi pas nous, par identification ?

Par conséquent, l'agressivité entre les époux est un phénomène inévitable, naturel, normal. La relation entre l'homme et la femme n'est pas toujours parfaite, d'une harmonie sans nuages.

En second lieu, même le puissant Moïse peut s'avouer faible et dépendant à l'égard de sa femme. Si celle-ci devrait mourir un an (et pas plus) avant son conjoint, c'est que celui-ci ne pourrait pas lui survivre ou se passer d'elle plus longtemps que cela.

En fait, il n'existe rien de risible dans cette blague qui ne parle que de l'agressivité dans le couple, sous forme de souhait de mort, et de la dépendance affective du mari à l'égard de sa femme. Si on en rit, c'est pour trouver à cette situation ambivalente, tissée d'amour et de haine, une issue heureuse, agréable, c'est-à-dire supportable par le Moi.

Si on retranscrivait la même blague en une simple histoire clinique, cela donnerait : « Je voudrais que tu meures, mais en même temps, je t'aime et je ne pourrais pas me passer de toi plus d'un an. Je ne te survivrais pas plus d'un an. » On aurait plutôt envie de sortir son mouchoir !

L'humour se situe dans un entre-deux, à mi-chemin entre la souffrance et le dénouement heureux. Sa fonction essentielle consiste à aider le rieur à gérer, à accepter, à assumer, en l'exprimant, une situation d'angoisse et de tension, rationnellement inextricable.

L'humour, au-delà de son apparence de légèreté et d'insouciance, exprime une préoccupation triste, dramatique, tout en s'évertuant à la débloquer pour la faire évoluer vers des horizons optimistes.

Si l'humour nasreddien se montre loquace et féroce lorsqu'il est question de « rabaisser » la femme, par contre il reste, en ce qui concerne la mère, totalement muet et sans voix : peut-être parce que dans la culture de l'époque, la mère représente un tabou, un sujet sacro-saint difficilement abordable.

Que dit l'humour juif concernant la mère ? Disons d'abord que le seul thème traité concerne le lien mère-fils. Aucune blague sur les sinuosités de la relation père-fille, ni même sur ce qui se passe entre les filles et leur mère. Celle-ci est présentée d'emblée face à son fils, comme une mère tendre et aimante, souvent de façon excessive. Elle est surprotectrice, possessive, autoritaire, « emmerdante », culpabilisante. Elle maintient souvent son poussin dans une fusion amoureuse, une proximité asphyxiante.

* * *

Une mère juive est celle qui se lève au milieu de la nuit pour faire le lit de son fils quand celui-ci se réveille pour aller faire pipi.

* * *

Une mère juive téléphone à la gare et dit : « Allô, à quelle heure il arrive, le train de mon fils ? »

* * *

Quel est le prénom préféré des mères juives ? Thibault, parce que t'y es beau, mon fils !

* * *

Quelle est la station de métro la plus connue des mères juives ? Monge, parce que monge mon fils, monge !

* * *

Hanna a conduit son petit garçon de cinq ans à la plage de Deauville. Après l'avoir enduit copieusement d'« écran total », elle s'installe sous le parasol.

– Jonathan, ne t'éloigne pas de ta mère. Reste sous le parasol, tu risques d'attraper des coups de soleil.

– Jonathan, ne touche pas au sable, tu vas t'en mettre plein les yeux.

– Jonathan, ne va pas dans l'eau. Tu vas te noyer.

Puis, se tournant vers sa voisine de plage :

– C'est incroyable comme ce petit est nerveux, en ce moment !

* * *

Comme à l'accoutumée, Jeremy rend visite à sa mère, ce vendredi soir. Au cours de la conversation, il avoue à sa mère qu'il a entrepris une psychanalyse depuis quelques semaines. Sa maman l'interroge d'un air inquiet :

– Pourquoi, mon fils ? J'espère que tu n'as rien de grave ? Qu'est-ce qu'il t'a dit ton psychanalyste ?

– Il m'a dit que j'avais un complexe d'Œdipe, maman.

– Ce n'est pas grave, mon fils. Tu m'as fait peur. Ça va s'arranger, pourvu que tu aimes toujours ta maman !

* * *

Une jeune mère juive fait ses courses au marché en compagnie de ses deux enfants. Une ancienne voisine la croise.

– Qu'est-ce qu'ils sont mignons, vos enfants ! Quel âge ont-ils ?

– L'avocat a cinq ans et, dans deux semaines, le médecin aura trois ans.

* * *

Trois femmes juives prennent, comme à l'accoutumée, le thé ensemble. Chacune vante aux autres les mérites de son fils et la façon dont celui-ci cherche à la gâter.

La première dit : « Mon fils m'adore à tel point qu'il m'a offert le mois dernier une croisière autour du monde en première classe. »

La deuxième déclare : « Mon fils, il m'aime tellement qu'il m'a offert une rivière de diamants pour mes soixante-quinze ans. »

La troisième renchérit à son tour : « Ce n'est rien, tout ça. Mon petit David m'adore tellement qu'il va voir trois fois par semaine une psychanalyste qu'il paie quatre-vingts euros la séance pour parler, savez-vous de qui ? De sa maman ! »

* * *

Trois mères juives parlent de leur progéniture.

La première dit : « Mon fils est tellement riche qu'il pourrait acheter cash un quartier de Paris ! »

La deuxième dit : « Mon fils est tellement riche qu'il pourrait s'acheter Paris et New York tout entiers ! »

Alors la troisième intervient : « Hé, mais qui vous a dit que mon fils voulait vendre ? »

* * *

Quatre mères juives se retrouvent pour le thé.

– Aïe, aïe, aïe, dit la première.

– Aïe, aïe, aïe, répète la deuxième.

– Aïe, aïe, aïe, renchérit la troisième.

La dernière proteste soudain :

– Allez, on avait promis qu'on ne parlerait pas des enfants aujourd'hui !

* * *

À l'inverse de ces blagues, d'autres dévoilent l'exaspération du fils, ainsi que le souhait agressif déguisé de se délivrer de la mère encombrante.

Nous retrouvons ici la même ambivalence caractéristique que nous décrivions lorsqu'il était question de la femme et de la Transcendance : amour et haine simultanément.

* * *

Mickaël appelle tous les jours sa mère au téléphone, sinon ce serait le drame : « Tu ne m'appelles jamais ! Tu ne prends jamais des nouvelles de ma santé... »

Toutes les conversations sont d'ailleurs consacrées aux plaintes, toujours les mêmes, de sa maman, du genre :

– Madame Partouche m'a dit une vacherie à la communion de son petit-fils. Ma tension augmente. Mes genoux enflent. Je passe des nuits blanches. Mon diabète, mon cholestérol, mes rhumatismes...

Un vendredi soir, Mickaël appelle comme d'habitude sa maman :

– Allô, maman, ça va ?

– Très bien, mon fils. Merci. Et toi ?

– Excusez-moi, madame, j'ai dû faire un faux numéro.

* * *

Benguigui et Kamoun sont deux vieux associés et tiennent un commerce de tissus en gros. Ce sont eux qui fournissent la plupart des confectionneurs. Cette année, ils se sont laissé convaincre que la teinte à la mode sera le rouge. Ils décident, par conséquent, de remplir leurs entrepôts de milliers de rouleaux de tissu de cette couleur.

Malheureusement, le vent tourne et les créateurs de prêt-à-porter choisissent et lancent la teinte bleue. Les deux associés sont catastrophés. Ils sont bientôt en cessation de paiement, au bord de la faillite, faute de pouvoir écouler cette montagne de tissu rouge. Mais, miracle, un jour deux Chinois viennent frapper à leur porte :

– Nous sommes les envoyés de notre Grand Timonier Mao Tsé-toung. Afin de célébrer la Révolution culturelle, nous aurions besoin d'une très grande quantité de tissu rouge, pour en faire des habits et des drapeaux. D'abord, en auriez-vous suffisamment et ensuite pourriez-vous nous faire une offre intéressante ?

– Mais bien sûr, répondent les deux associés en chœur. C'est Dieu Lui-même qui vous envoie. Vive le Grand Mao Tsé-toung !

Au bout d'une demi-heure de négociations, tout le monde se met d'accord. Les deux grossistes sont aux anges et les Chinois sont également ravis des conditions de vente, mais avec une réserve seulement :

– Nous allons rendre compte de cette transaction à nos supérieurs. Si nos chefs s'opposent à l'affaire, nous vous enverrons très rapidement un télégramme. Par contre, si vous n'avez pas de nos nouvelles d'ici une semaine, vous nous expédierez toute la marchandise.

Le lendemain, les deux associés guettent le facteur. Dieu soit loué, il ne présente aucun télégramme !

La même scène se répète les jours suivants, deux, trois, quatre jours après, toujours aucun télégramme.

L'inquiétude croît. Le stress est à son comble. Les deux associés ne dorment plus, ne mangent plus rien !

Enfin, le jour fatidique arrive. Le facteur apparaît avec plus d'une heure de retard. L'enfer semblerait plus supportable que cette attente interminable.

– J'ai un télégramme pour vous !

Benguigui saute littéralement sur le facteur et lui arrache la maudite missive de la main. Il est au bord de la crise cardiaque. Il ouvre le télégramme et le parcourt nerveusement en un clin d'œil. Ensuite, il se retourne, apaisé et triomphant, vers son associé Kamoun, avec un éclat de rire, une explosion de joie :

– C'est rien, c'est rien ! C'est pas les Chinois, c'est ta mère qui vient de mourir !

* * *

Quelle est la différence entre un terroriste et une mère juive ? Avec un terroriste on peut négocier !

* * *

La fonction de l'humour consiste, ici aussi, à désacraliser l'image omnipotente de la mère, à la découronner en la ridiculisant, afin d'aider l'enfant, que nous resterons tous à jamais, à se dégager de la fusion matricielle, et à établir un minimum d'éloignement, dans le but d'assainir la relation.

Interrogeons-nous maintenant un instant sur la signification inconsciente de l'excessive sollicitude maternante. Signifie-t-elle que la mère juive, à l'instar des autres mamans, chérit trop son enfant ?

Racontons d'abord trois histoires désopilantes :

Sarah, jeune épouse depuis un an, rend visite à son médecin, le docteur Azoulay, pour se plaindre de la froideur de son mari :

— Vous savez, docteur, je suis désespérée. Malgré tout ce que je fais pour plaire à mon mari, il ne daigne même pas me regarder. On dirait que je n'existe pas. Il ne fait que me parler à tout propos de sa mère, de sa mère et encore de sa mère.

— Écoutez, madame, lui dit le docteur Azoulay, le seul moyen de reconquérir votre mari, c'est de le séduire au lit. Il s'agit là du seul domaine où sa mère ne pourra pas rivaliser avec vous. Mettez-vous des sous-vêtements noirs, avec des porte-jarretelles sexy noirs. Allez vous faire une beauté chez le coiffeur et l'esthéticienne. Parfumez-vous, maquillez-vous, etc. Et puis changez tous vos draps. Mettez des draps noirs en soie. Vous verrez votre mari sera ainsi incapable de résister à votre sensualité et à vos charmes.

Sarah exécute à la lettre les recommandations du médecin. Le soir, lorsque son mari rentre, épuisé, de son travail, il aperçoit, surpris, le changement radical intervenu dans le décor familial : les draps noirs, Sarah « vêtue » de noir...

Alors il s'écrie :

— Dis-moi la vérité, Sarah. S'il te plaît, ne me cache rien. Est-ce qu'il est arrivé quelque chose à maman ?

* * *

Une jeune épouse bien dévouée s'évertue depuis toujours à faire plaisir à son mari en lui préparant de bons petits plats. Elle dépense ainsi une grande partie de son temps et de son énergie à se procurer les recettes les plus appétissantes, les ingrédients les plus savoureux, les meilleures épices.

Mais à chaque repas, son mari, ingrat, lui rabâche la même rengaine désagréable : « C'était bien meilleur chez maman. »

Un jour, la vertueuse épouse décide de se révolter. Elle saisit les restes défraîchis de la semaine, les amalgame grossièrement, sans oublier d'y rajouter trois grosses cuillerées de coriandre et de harissa.

Cette fois, le mari s'extasie et la complimente : « C'est vraiment délicieux, ma chérie, ça a exactement le même goût que la cuisine de maman ! »

* * *

Après quelques années d'études dans une grande université américaine, le jeune Jeremy décide de venir passer quelques semaines de vacances en France. Il téléphone à sa mère pour lui annoncer la bonne nouvelle.

— Je suis ravie, mon fils. Quel bonheur de te revoir à la maison !

— Mais tu sais, maman, je suis marié depuis peu. Je préfère que tu le saches avant mon arrivée.

— Très bien mon fils. Mes félicitations. Pourquoi tu ne m'as pas prévenue ? On aurait fait un grand mariage à la synagogue là-bas, une belle fête...

— Mais c'est qu'elle n'est pas juive, maman.

— Ah bon ! ça ne fait rien, mon fils. Pour moi, l'essentiel c'est que tu sois heureux. Si vous vous aimez, quelle importance ?

— Il y a autre chose, maman. C'est une divorcée et elle a déjà trois enfants.

— Ah bon ! mais tu sais bien que j'adore les enfants, mon fils.

— Et puis, je voulais te dire aussi que ma femme est noire.

— Ah bon ! mais ça ne fait rien, mon fils. Tu sais bien que je ne suis pas raciste, moi. Alors dis-moi, mon fils, quand est-ce que vous viendrez à la maison ?

— La semaine prochaine, maman. Mais il vaudrait mieux que nous allions à l'hôtel pour ne pas vous déranger, toi et papa. Votre appartement n'est pas assez grand pour loger cinq personnes de plus pendant un mois.

— Comment, mon fils ? Tu n'habiteras pas chez nous ? Je t'assure qu'il y aura assez de place pour tout le monde. Toi et ta femme dormirez dans notre lit. Papa dormira sur le canapé du salon, et les enfants dans la chambre de ta sœur Sarah qui sera partie pour un stage en Israël.

— Et toi, maman, tu dormiras où alors ?

— Ne t'inquiète pas pour ta maman, mon fils. Moi, je raccroche et je meurs !

* * *

Dans ces histoires, le vrai conflit ne se situe pas entre la mère et son fils qui a épousé une Noire américaine, ni entre les maris et leurs épouses-mères dévouées, faisant l'impossible pour satisfaire le sexe et le ventre. Le tiraillement concerne les femmes qui se disputent le fils-amant.

Le désir du fils-mari semble tout à fait accessoire. Celui-ci n'est que l'agent de liaison, le messager inconscient, le jouet complaisant dans une intrigue débordant de rivalités, de jalousies et de concurrences entre femmes. Le fils-amant est utilisé, à son insu, dans un règlement de compte matriarcal où lui-même ne compte pas.

Il s'agit du calque des relations entre Rachel et Léa. Chacune cherchant à accaparer Jacob, le pantin complaisant. Dans ces histoires, le fils, en apparence adoré, n'est pas simplement aimé et respecté pour lui-même, pour ce qu'il est, mais pour ce qu'il représente, relatif à la valorisation phallique et à la sécurisation narcissique de la maman. Comme si chacune craignait que l'autre femme lui subtilise son fils-amant.

Cet excès de tendresse ne peut que bloquer l'accession du fils à la position d'adulte, le rendre sexuellement impuissant, le coincer dans la nostalgie des bons petits plats de son enfance.

Naturellement, ces thèmes ne concernent pas seulement les mères juives et leurs enfants. Il n'est pas nécessaire d'être juive pour être une mère juive caricaturale. Celle-ci se recrute, dans les mêmes proportions, chez les catholiques, les athées ou les musulmanes. Les mères juives ne sont nullement plus castratrices et plus possessives que les autres. Peut-être même un peu moins, paradoxalement, parce qu'elles en sont conscientes et se moquent d'elles-mêmes. Ce n'est déjà pas si mal !

Dernière blague enfin, qui se présente, encore une fois, comme une histoire d'argent, mais seulement en apparence :

David, encore jeune adolescent, vit avec sa famille dans une petite maison en face de celle d'un jeune couple catholique, récemment installé, et s'est épris de la jeune mariée, qui évidemment s'appelle Marie.

Un jour, décidant enfin de passer à l'acte, il demande à sa sœur Sarah de servir de messager entre lui et Marie : « Va lui dire que je suis follement amoureux d'elle et que je lui offrirai mille euros en échange d'une petite heure de réjouissances. »

Sarah refuse d'abord, mais, devant son insistance, finit par accepter cette mission délicate. Marie refuse cette ignoble transaction, mais finit, elle aussi, par céder, attendrie par la passion du jeune David et touchée à son talon d'Achille, l'argent.

David se rend furtivement chez sa bien-aimée, consumé par le buisson ardent du désir, mais muni des mille euros promis. Il repart une heure plus tard, rassasié et détendu, après avoir remis à Marie, en liquide, la somme convenue.

Manque de chance, Jacques, le mari de Marie, rentre précipitamment chez lui, sans que cela soit prévu, sur les traces de David : « Dis-moi, c'est bien David que je viens de voir sortir d'ici ? »

La pauvre Marie, se croyant prise en flagrant délit, joue le tout pour le tout et laisse échapper, de ses lèvres apeurées, un pénible « oui ! ».

Jacques reprend : « Est-ce qu'il t'a donné mille euros ? »

Marie, persuadée d'être victime d'une machination diabolique et estimant tout mensonge inutile, laisse échapper de son gosier meurtri un second « oui ! ».

Mais comme le pire n'est jamais là où on l'attend, ces deux aveux successifs apaisent instantanément l'infortuné mari : « Voilà, hier David est venu me trouver et a insisté pour m'emprunter mille euros, me jurant par tous les saints de te les rapporter aujourd'hui. Il a donc tenu parole et honoré ma confiance. J'en suis bien content ! »

* * *

Pourquoi s'agit-il dans cette blague d'une jeune mariée et non d'une femme mûre, d'un certain âge, d'une catholique et non d'une juive, d'une voisine récente et non d'une ancienne ? Pourquoi toutes ces précisions ?

Simplement parce qu'une Juive d'une autre génération évoquerait trop crûment la mère de David, la sexualité incestueuse entre Œdipe et Jocaste. Toutes ces précisions pour s'assurer qu'il ne s'agit nullement d'une passion incestueuse. Cette blague évoque l'angoisse que le jeune David, c'est-à-dire chacun de nous, éprouve face à l'amour œdipien déplacé, incarné par la jeune Marie, et que son infortuné mari, figure paternelle surmoïque et castratrice, tente vainement de contrecarrer.

Marie non plus n'a rien à se reprocher. Elle n'a pas trahi son mari, n'a nullement désiré David. Elle n'a fait cela que pour le « fric ». Ainsi, la jouissance devient désacralisée, donc possible. Elle n'a rien d'inquiétant, ne représente aucun risque, n'exige aucun sacrifice (mille euros).

Sans ce déni consolateur, sans cet apaisement, sans ce Tranxène de l'humour, le Moi serait réduit à l'impuissance, dans tous les sens du terme, écrasé entre l'enclume et le marteau, entre la puissance pulsionnelle du Ça et l'interdiction tyrannique du Surmoi, tirant à hue et à dia.

L'humour aide à s'aménager une position adéquate, viable et vivable, entre le Ça et le Surmoi, soulagé même d'avoir pu récupérer ses mille euros.

Sans la soupape de sécurité de l'humour, nous serions dans la position dépressive : le blocage sans possibilité de passage à l'acte ou la violence et la perversion, transformant le rêve en cauchemar. Les faits divers relatent souvent des histoires de cocus qui « flinguent » l'amant et la bien-aimée volage. D'ailleurs, le rire est d'autant plus intense que la tension anxieuse aura été vive.

CHAPITRE 3

L'homme et l'argent

Voici une série de blagues, parmi des dizaines d'autres, qui montrent la capacité singulière du juif de se moquer de lui, en s'incriminant à lui-même le vice dont les autres l'accusent et l'accablent de l'extérieur.

Elles soutiennent et confortent, en outre, l'image légendaire du juif riche, hanté par l'argent, cupide et radin. L'humour s'évertue enfin à dénoncer l'emprise de l'argent sur l'homme en général qui vend son âme au diable :

Deux questions :

– Quel est le vin préféré des vendeurs du Sentier ?

– Le vingt pour cent.

– Que dit un Père Noël juif, devant le sapin de Noël, le 25 décembre ?

– Bonjour, les enfants, qu'est-ce que je vous vends ?

Et un conseil :

— Il ne faut jamais tuer l'ours avant d'avoir vendu sa peau !

* * *

Trois amis se rencontrent au mariage d'un ami commun :

— Moi, dit le premier, je viens d'offrir aux mariés un service à thé pour douze personnes.

— Moi, dit le deuxième, je leur ai offert un service à café pour douze personnes.

— Moi, déclare enfin le troisième, je leur ai offert une pince à sucre pour au moins trois cents personnes.

* * *

Un juif en vacances au bord de la mer s'adresse à un autre juif :

— La mer baisse, aujourd'hui.

— Alors j'achète !

* * *

Dans une école catholique, un professeur interroge ses élèves :

— Pouvez-vous me donner le nom de la personnalité la plus importante de l'histoire de l'humanité. Celui qui donnera la bonne réponse recevra un très beau cadeau.

Pratiquement tous les élèves lèvent le doigt, mais le professeur décide d'interroger le seul élève juif de la classe.

— Toi, David, quelle est ta réponse ?

— Jésus, monsieur.

Le professeur, étonné, demande à David :

— Je ne comprends pas très bien. Pourquoi tu n'as pas plutôt cité Moïse ?

— Les affaires sont les affaires, monsieur, répond malicieusement le petit David !

* * *

L'argent, ça va et ça vient.

Quand ça vient, ça va !

* * *

Un coiffeur fait une coupe à un pasteur protestant. Lorsque son client s'apprête à le payer, le coiffeur répond aimablement :

— Non, mon père, vous n'avez rien à me régler, pour les hommes de Dieu, la coupe est gratuite.

Le lendemain, le pasteur retourne au salon de coiffure et offre au patron, en guise de remerciement, un Nouveau Testament.

Un autre jour, le coiffeur reçoit un curé comme client. Lorsque, en partant, celui-ci se renseigne sur le prix de la coupe, le coiffeur répond :

— Non, mon père, vous n'avez rien à régler, pour les hommes de Dieu, la coupe est gratuite.

Le curé s'en va, revient le lendemain et offre au coiffeur un petit crucifix en ivoire.

Enfin, c'est un rabbin qui vient se faire couper les cheveux. Au moment de payer, le généreux patron refuse :

— Non, monsieur le Rabbin, vous ne me devez rien ; pour les hommes de Dieu, la coupe est gratuite.

Le rabbin le remercie, s'en va, et revient le lendemain, avec... un autre rabbin !

* * *

Deux vieux camarades se rencontrent par hasard dans la rue, après des années de séparation. Ils ont tous les deux brillamment réussi dans la vie : appartements somptueux, maisons de campagne, voitures dernier cri... Ils prennent un verre et se remémorent les bons vieux souvenirs. Soudain, ils voient pénétrer dans le café un homme d'apparence misérable : c'est Joseph, un autre vieux camarade de la bande. Les cris de joie et d'étonnement remplissent le bar.

— Quel plaisir de se rencontrer après plus de quinze ans ! Qu'es-tu devenu, Joseph ?

— Ah, rien de particulier, je suis un simple ouvrier, marié et père de huit enfants. Nous habitons dans une HLM de banlieue et, faute de moyens, nous ne partons jamais en vacances.

— Allons fêter nos retrouvailles dans un grand restaurant, propose l'un des amis. J'ai ma Mercedes garée dans la petite rue en face.

— Excellente idée, renchérit l'autre.

— Mais vous plaisantez, proteste Joseph. Je n'ai pas les moyens de m'offrir un grand restaurant. Le repas me coûterait quinze jours de salaire.

— Mais ça ne fait rien, Joseph, répond l'un de ses riches amis. Ce n'est pas grave. Viens quand même avec nous, mais tu ne mangeras pas !

* * *

Samuel va chercher de l'argent liquide à la banque. Il signe un chèque de cinq mille euros au caissier. Celui-ci lui remet une liasse contenant cinquante billets de cent euros.

Avant de les empocher et de quitter l'établissement, Samuel vérifie attentivement la somme. Une fois, deux fois, trois fois, dix fois !... Bientôt une longue queue se forme derrière le client pointilleux. Le caissier contrôle son énervement et demande :

— Que se passe-t-il, monsieur ? Le compte n'est pas bon ?

— Si, si, répond Samuel, mais c'est juste... juste... juste !

* * *

David croise un vieux camarade de classe au marché du village.

— Que fais-tu là, Maurice ? C'est vraiment une surprise de te rencontrer dans cet endroit.

— Je viens d'acheter une maison de campagne dans le coin. Tu pourras venir manger quand tu voudras.

— Bien sûr, avec plaisir !

— Mais vraiment tu ne te gêneras pas. Nous serons ravis de t'accueillir. Voici l'adresse. Pour entrer tu pousseras d'abord la porte du jardin avec ton genou. Ensuite tu avanceras jusqu'à la porte de la maison. Tu la pousseras avec ton pied et tu entreras.

— Je te remercie de ton invitation, Maurice. Mais dis-moi, pourquoi me dis-tu de pousser les portes avec mon genou et mon pied ?

— Parce que quand tu nous rendras visite, tes bras et tes mains seront tellement chargés de cadeaux que

tu seras obligé de pousser la porte avec ton genou et ton pied !

* * *

Un vieux juif doit subir une petite opération chirurgicale, dans une clinique catholique. Lorsque la mère supérieure lui demande à qui elle doit envoyer la facture, le vieux juif répond :

— Je n'ai plus personne au monde. J'ai perdu toute ma famille. La seule parente qui me reste est une vieille fille qui s'est convertie au catholicisme et s'est faite religieuse.

— Un instant, cher monsieur, lui rétorque la bonne sœur, manifestement contrariée ; nous ne sommes pas des vieilles filles. Nous sommes mariées à Notre-Seigneur Jésus-Christ.

— Parfait, lui répond le vieux juif. Dans ce cas, vous devriez adresser la facture des frais médicaux à mon beau-frère !

* * *

David discute avec son fils :

— Mon fils, je veux que tu épouses une fille que j'ai choisie pour toi !

— Comment ? Mais enfin, je veux pouvoir choisir ma femme moi-même !

Le père répond :

— Mais cette fille est la fille de Bill Gates.

— Ah, dans ce cas...

Le lendemain, le père va voir Bill Gates.

– Bonjour, j'ai un mari pour votre fille.

– Comment, mais ma fille est trop jeune pour se marier.

David répond :

– Mais ce jeune homme est le vice-président de la Banque mondiale...

– Ah, dans ce cas...

Le surlendemain, David va voir le président de la Banque mondiale.

– Bonjour, j'ai quelqu'un à vous recommander comme vice-président de la Banque.

– Comment, mais, je n'en ai pas du tout besoin !

– Oui, mais ce jeune homme est le gendre de Bill Gates.

– Ah, dans ce cas...

* * *

Isaac a décidé d'offrir un beau cadeau à sa femme Rachel à l'occasion de leur anniversaire de mariage. Il se rend aux Galeries Lafayette et demande à rencontrer le directeur du grand magasin en personne.

– Voilà, je viens vous acheter votre magasin. Faites-moi une offre !

– Mais les Galeries Lafayette ne sont pas à vendre, monsieur. De toute façon, même si cela était le cas, vous ne pourriez jamais régler une telle somme. Vous vous rendez compte, ce magasin vaut cinq milliards d'euros ! Je ne plaisante pas, monsieur.

– Pas de problème, répond Isaac, marché conclu ! M'autorisez-vous à me servir de votre téléphone ? J'en aurai pour une minute.

Ensuite, sans attendre la réponse du directeur, ébahi par de tels propos, il décroche le téléphone et appelle sa femme.

– Allô, Rachel ! Écoute-moi bien, ma chérie. Tu vas dans notre chambre à coucher. Tu regardes sous notre lit. Tu trouveras trois valises, une grande, une moyenne et une petite. Prends la petite et amène-la-moi ici, en métro, tout de suite !

* * *

Voulant appeler la Banque de France, une dame compose un faux numéro. Elle tombe sur un commerçant du Sentier.

– Allô, je suis bien à la Banque de France ?

Le commerçant répond sans hésitation :

– Bientôt, madame, si Dieu le veut, bientôt !

* * *

Sarah consulte son médecin.

– Aïe, docteur, si vous saviez, j'ai des migraines horribles !

– Portez votre toque de vison pendant une semaine et vous serez guérie !

Une semaine plus tard, Sarah revient.

– Aïe, docteur, si vous saviez, j'ai des torticolis horribles !

– Portez votre étole de renard pendant une semaine et vous serez guérie !

Une semaine plus tard, Sarah retourne voir son médecin :

— Aïe, docteur, si vous saviez, j'ai des douleurs horribles dans le dos !

— Portez votre manteau de panthère pendant une semaine et vous serez guérie !

Sarah revient encore une semaine plus tard :

— Aïe, docteur, si vous saviez, j'ai des verrues plantaires horribles !

— Portez vos pantoufles d'astrakan pendant une semaine et vous serez guérie !

— Mais, dites-moi, docteur, j'ai une question à vous poser, comment font les goys [les non-juifs] pour se soigner ?

* * *

Dans un train express entre Tel-Aviv et Jérusalem, un jeune juif religieux se trouve assis à côté d'un vieil homme, apparemment très religieux aussi, vêtu de noir, avec barbe et chapeau...

Après un moment, le jeune homme s'adresse à son voisin :

— Auriez-vous l'heure, s'il vous plaît, monsieur ?

Celui-ci, imperturbable, reste silencieux, plongé dans sa lecture.

Un peu plus tard, le jeune homme repose sa question :

— Pourriez-vous me donner l'heure, s'il vous plaît, monsieur ?

Le vieil homme ne réagit toujours pas.

Enfin, le train arrive au terminus.

— Il est 17 heures 30 ! dit soudainement le vieil homme.

— Mais pourquoi vous me le dites maintenant ? Je n'ai plus besoin de savoir l'heure, rétorque le jeune homme.

— Si je t'avais répondu tout à l'heure, nous aurions lié connaissance. J'aurais appris que tu étais Untel. On aurait sympathisé, tu serais venu chez moi, je t'aurais montré ma fille. Comme elle est belle, ma fille, tu serais tombé amoureux d'elle et tu m'aurais demandé sa main... Tu t'imagines que je vais donner la main de ma fille à un garçon qui n'a même pas de quoi s'offrir une montre !

* * *

En Amérique, maître Blumenstein, avocat réputé, a fait graver sur sa plaque : « Deux questions, deux mille dollars. »

Un client entre dans son bureau, et lui demande :

— Mille dollars la question ? Vous ne trouvez pas que c'est un peu cher ?

— Non, répond l'avocat, quelle est la seconde question ?

* * *

Joseph rencontre une très belle femme sur le quai d'une station de métro. Il l'aborde et lui dit sans autres préliminaires :

— J'aimerais beaucoup faire l'amour avec vous, madame.

— Mais, monsieur, vous n'avez pas honte ? Vous me prenez pour une putain ?

– *Pas du tout, madame, qui est-ce qui vous a parlé d'argent ?*

* * *

Première question : Les juifs sont-ils tous des « richards » ?

Évidemment non. Ils n'appartiennent pas tous à une classe sociale homogène et monolithique. Ils ne possèdent pas tous des maisons de campagne, ne roulent pas tous en Mercedes décapotables. Certains sont fortunés comme Crésus, passent des vacances de rêve dans de somptueux palaces, d'autres survivent grâce aux Assedic et aux allocations familiales et, enfin, la majorité se répartit dans les classes moyennes.

Le mythe du juif thésauriseur et nanti est du même acabit que la légende de la supériorité sexuelle des Africains ou des Arabes. Il ne s'agit là que de fantasmes, envieux et agressifs à la fois.

Deuxième question : Les juifs sont-ils « radins » ?

Cette vision calomnieuse ne résiste pas non plus à l'examen. Certains sont de vrais écossais auvergnats, d'autres généreusement altruistes et charitables. Impossible de les fourrer tous dans le même sac.

Enfin, les juifs sont-ils obsédés par l'argent ?

Assurément pas plus que vous et moi. Tout le monde, sans distinction de religion ou de classe, chérit l'argent. Ceux qui affirment le contraire sont des hypocrites, des envieux, des masochistes ou des incapables.

Dès lors, comment expliquer ces fantasmes qui leur collent à la peau comme un tatouage ineffaçable ? Si les juifs se sont spécialisés dès le XIIe siècle dans le commerce de l'argent, les métiers de la finance et de la banque, cela ne représentait pas pour eux la concrétisation d'une inclination atavique ou la révélation d'un génie ethnique : ils y étaient historiquement contraints dans la mesure où la plupart des autres professions, à savoir la culture de la terre, l'artisanat et les armes, leur étaient formellement interdites par l'Église. Ils se sont adaptés à cette obligation originaire en la transformant en moteur d'évolution et de progrès.

D'autant plus que l'argent ne représente pas à leurs yeux une matière honteusement salissante et sale. Par conséquent, ils en parlent. Ils le montrent, l'exhibent aussi quelquefois. Ils le dépensent, en gagnent et en perdent, en donnent et en reçoivent. La vraie richesse est bien celle qui circule et s'échange d'une manière dynamique et vivante, sinon, paradoxalement, le possédant devient possédé par ce qu'il croit posséder.

Cette souplesse leur procure, d'ailleurs, une certaine distance leur permettant une manipulation et une gestion plus heureuses des finances. L'amour excessif rend l'amant crispé et impuissant.

Pour eux, l'argent, comme le sexe, ne constitue pas un tabou sacré ou désacralisant. Pour tous ces motifs, l'image du juif a servi, durant des siècles, d'écran de protection à l'ambivalence collective à l'égard de l'argent. D'un côté le dégoût et de l'autre l'envie du gain et de l'enrichissement. Le juif est devenu la caricature négative de l'avidité et de la corruption, tout en étant jalousé et admiré comme modèle positif et exemplaire de la fortune et de la réussite fulgurante.

Disons en passant que cette ambivalence collective face à l'argent est calquée sur l'ambiguïté des sentiments à l'égard de la sexualité et de la jouissance : désir mais aussi crainte inconsciente, attirance mais aussi répugnance. D'où le balancement de certaines personnes d'un extrême à l'autre, faute d'une distance suffisante, face à cette ingérable substance : fascination ou mépris, avarice ou prodigalité, constipation ou diarrhée, mesquinerie ou générosité, escroquerie ou probité.

Mais, que signifie l'argent? Quel est son symbolisme inconscient? Il représente l'amour, la vie, l'énergie psychique, l'éros, la libido, le désir. En hébreu, il se dit *essef*, mais *essef* signifie aussi « désir ».

Lorsque, dans la Thora, l'Éternel bénit les patriarches, il leur promet, en échange de leur fidélité, certaines récompenses : une descendance nombreuse, la terre de Canaan, mais aussi du menu et du gros bétail, des esclaves, des chameaux, des pièces d'or, la prospérité et l'abondance. À l'inverse, le retrait de Sa bénédiction à Job se traduit par le malheur, la mort des descendants, la pauvreté et le dénuement.

Le judaïsme ne préconise nullement l'ascétisme, l'austérité, la mortification du corps et la pénitence. Jouir du sexe et de l'or est un commandement. Si l'argent ne fait pas, à lui seul, le bonheur, il y contribue grandement. Il est l'outil qui permet la préservation et l'épanouissement de la vie, l'intégration à la réalité matérielle. En posséder rassure son possesseur quant à son statut d'être vivant. Il a une vertu revitalisante, comme s'il était susceptible de vacciner contre la mort et le dépérissement.

Justement, l'avare ne peut se séparer de son argent parce que toute dépense ravive en lui la crainte d'une hémorragie psychique, l'angoisse du dépècement. S'il tient une comptabilité rigoureuse de ses biens, c'est pour se rassurer, s'assurer qu'il n'est pas mort ou mourant et qu'il dispose encore de beaucoup d'argent/vie/temps.

Voici deux histoires où l'humour cherche à exorciser le thanatos menaçant :

Jacques, François, Alain et Moshé sont de vieux amis d'enfance. Un jour la bande conclut un pacte : lorsque l'un d'entre eux décédera, les trois autres déposeront chacun mille euros dans le cercueil du défunt.

Quelque temps plus tard, Jacques rend l'âme, emporté par une maladie incurable. Alain, François et Moshé se rendent au funérarium pour lui faire un dernier adieu et honorer leur promesse. Juste avant la fermeture définitive du cercueil, Alain y dépose deux billets de cinq cents euros. François fait de même en déposant cinq billets de deux cents euros. Enfin, Moshé approche, saisit les deux mille euros, les range dans sa poche et place sur le linceul un chèque de trois mille euros.

* * *

Autre exemple : Quoi de plus terrible que de faire ses derniers adieux à un mourant, surtout lorsqu'il s'agit de son bien-aimé papa ?

Abraham, riche confectionneur de la rue du Sentier, est à l'agonie. Toute sa famille l'entoure pour ses derniers instants. Il rassemble toutes ses forces, entrouvre un œil et demande d'une voix tremblotante :

– Joseph, es-tu là ?

– Oui, je suis là, mon père !

– Et, ma sainte femme, es-tu là ?

– Oui, je suis là, chéri, dit Sarah.

– Et toi, mon frère, es-tu là ?

– Oui, je suis à tes côtés, répond le frère.

– Et vous, ma fille Rachel et mon jeune fils Benjamin, êtes-vous là ?

– Oui, papa ! Nous sommes là, répondent en chœur les enfants.

Abraham, retrouvant quelque force, s'exclame avec vigueur :

– Mais, alors, si tout le monde est là, qui garde le magasin ?

* * *

Jusqu'à la dernière réplique, cette fameuse blague ressemble à un drame. Abraham est à l'agonie. Il réclame, un par un, tous les membres de sa famille. Comme un bébé à l'abandon, il s'accroche désespérément aux jupons de sa maman. Il a manifestement, comme chacun de nous, peur de la mort et ne peut se résoudre à supporter l'ultime séparation (voir première partie, chapitre 16 : Existe-t-il une vie avant la mort ?).

La dernière phrase, la chute, fonctionne, semblable au rêve, comme un mécanisme de déplacement : non, Abraham ne craint pas la mort, mais s'inquiète seulement du bon fonctionnement de son magasin.

Mais, il s'agit là d'un mécanisme singulier, original, à l'exact opposé de celui de la sublimation, et que j'appelle la « désublimation ». En effet, Abraham aurait pu dire, en toute cohérence : « Si tout le monde est là, où est le rabbin ? » ou « Venez, mes chéris, pour que je vous bénisse tous avant mon dernier voyage » ou « Pardonnez-moi si je n'ai pas toujours été parfait avec vous, à la hauteur de ma tâche » ou « Priez pour moi »...

S'il avait prononcé l'une de ces phrases, nous aurions été dans la sublimation et, par conséquent, dans la continuation du drame.

Mais en disant : « Alors qui garde le magasin ? », il crée la surprise, introduit une cassure, une « désublimation » qui fait rire. Il n'est donc plus question de sublimer la pulsion obsessionnelle anale du gain et de l'accumulation dans une spiritualité réactionnelle protectrice (Dieu, la religion, le paradis, la foi, la générosité, l'immortalité, etc.), mais de la retourner en sens inverse, à l'objet initial des pulsions partielles anales, c'est-à-dire à désublimer, en allant de haut en bas. C'est précisément cette cassure qui exorcise le déplaisir, qui produit le rire, qui gué-rit.

Cette blague cherche à nous transmettre un enseignement moral : « Arrêtez de vous morfondre et de verser des larmes. La vie ne s'arrête pas avec mon trépas. La mort n'est pas la fin de tout. L'essentiel c'est le magasin, vous serez là, la vie continue. » Bref, ce n'est pas le thanatos qui aura le dernier mot, mais c'est l'éros qui devrait le remporter à chaque fois.

Fin de l'histoire : Abraham avait exigé qu'on inscrive sur sa pierre tombale : « *Ici gît Abraham, fils de Jacob, né et mort à telle et telle date, etc., mais le magasin de confection de la rue du Sentier reste toujours ouvert à son aimable clientèle !* »

Par conséquent, l'humour a un sens. Il exprime une situation de tension anxieuse, ici il aide à accomplir un travail de deuil, tout en cherchant à l'amortir, à le dédramatiser, en lui trouvant une issue heureuse et vivante. Dans cette perspective, il fonctionne comme une soupape. Il possède une vertu cathartique, thérapeutique, qui, contrairement à celle du rêve, s'avère immédiatement et intuitivement compréhensible et efficace, sans nécessiter un travail d'association d'idées, d'analyse et d'interprétation. Nul besoin de disséquer une blague pour s'en payer une bonne tranche !

* * *

Voici maintenant d'autres blagues formulant toutes une demande d'amour, d'amitié et de reconnaissance, adressée aux amis, au conjoint ou à la Transcendance :

Jacob est au chevet de sa femme mourante, Léa, et lui tient la main pour l'accompagner dans ses derniers instants.

– Tu sais, Jacob, lui dit Léa, nous avons été mari et femme pendant près de cinquante-quatre ans. Nous avons eu des enfants et des petits-enfants. J'ai toujours été heureuse avec toi. Tu as été pour moi un mari parfait. Mais, pour te dire toute la vérité, j'ai néanmoins une petite chose à te reprocher.

– Pardonne-moi, ma chérie, avant de rejoindre le paradis, lui dit Jacob, les yeux brouillés par les larmes, le cœur empli de regrets et la voix tremblotante. Mais dis-moi, ma chérie, quel est ce reproche ?

— Eh bien, tu ne m'as jamais rien acheté pendant ces cinquante-quatre années de mariage !

— Pardonne-moi, ma chérie. Ce n'est pas de ma faute. Je n'ai jamais su que tu avais quelque chose à vendre !

* * *

Joseph se rend aujourd'hui à la synagogue et prie le Dieu Miséricordieux : « Seigneur, qu'est-ce que mille ans pour Toi ? À peine une minute ! »

Il dit à nouveau : « Seigneur, qu'est-ce que dix millions d'euros pour Toi ? À peine un centime ! »

Il reprend : « Seigneur, fais-moi cadeau, dans Ta Bonté Infinie, d'un centime ».

Une voix lui répond du haut de la synagogue : « D'accord, mais attends une minute ! »

* * *

Moshé et sa femme sont couchés depuis bientôt trois heures. Moshé se retourne constamment dans le lit et n'arrive pas à s'endormir. Myriam commence à s'inquiéter :

— Qu'est-ce qui se passe, Moshé ? Pourquoi es-tu si agité ?

— Tu connais notre voisin d'en face, Bénichou ? Tu sais que demain nous serons le 1er juin ? Voilà, je dois trois mille euros à Bénichou et je dois les lui rendre demain. Mais je n'ai même pas un euro pour honorer ma dette. C'est pour cela que je suis énervé et que je n'arrive pas à trouver le sommeil.

À cet instant précis, Myriam saute du lit, ouvre la fenêtre et crie à tue-tête :

– Bénichou ! Bénichou !

Le voisin, tiré de son sommeil, se précipite à la fenêtre :

– Qu'y a-t-il Myriam ? Qu'as-tu à me réveiller à deux heures du matin ? Il est arrivé quelque chose de grave ?

– Non, lui répond Myriam. C'est juste pour te dire que Moshé ne pourra pas te rendre demain les trois mille euros qu'il te doit.

Aussitôt Myriam referme la fenêtre, se remet au lit et dit à son mari :

– Dors bien, mon chéri. Maintenant c'est Bénichou qui ne pourra plus fermer l'œil de la nuit.

* * *

David négocie le prix d'un costume dans le magasin de prêt-à-porter du quartier qu'il fréquente épisodiquement.

– Ce beau costume vaut mille cinq cents euros, mais je vous le laisse à mille, dit le commerçant.

– Écoutez, marchande David, je suis un vieux client. Ce costume, je vous l'achète à cinq cents euros.

– Mais, vous voulez plaisanter ! Je l'ai payé moi-même huit cents euros avec la TVA.

– Alors, sept cents ?

– Ah non, proteste le boutiquier, à ce prix-là je perds de l'argent.

– Bon, allez, huit cents euros, marché conclu. On ne discute plus.

— D'accord, huit cents euros, puisque vous êtes un vieux client.

— Seulement, je n'ai pas mon chéquier sur moi. Emballez-moi le costume. Je repasserai vous payer demain matin.

Un ami qui a assisté au marchandage interroge David :

— Dis-moi, pourquoi tu marchandes pendant une heure alors que tu sais parfaitement que tu ne paieras jamais ce costume ?

— C'est vrai, répond David. Mais tu sais, je trouve ce commerçant bien sympathique. Pour cette raison, je ne veux pas qu'il perde trop d'argent !

* * *

Benjamin rencontre Jacob à la synagogue :

— Cela me fait très plaisir de te revoir, Jacob. Cela fait longtemps que je ne t'avais pas vu. On dirait que tu fais exprès de m'éviter. Au fait, tu ne m'avais pas emprunté cinq cents euros, il y a plus d'un an ?

— Si... si ! Tu as été très aimable de me prêter cet argent.

— Alors, dis-moi, Jacob, quand penses-tu me le rendre ?

— Ah ! Je ne connais pas l'avenir, Benjamin. Crois-tu que je sois prophète ?

* * *

Deux juifs sont en train de prier à la synagogue.

Le premier dit : « Seigneur, Roi de l'univers, Toi qui peux tout faire, tout décider, je T'en supplie, fais-moi gagner un million d'euros. Ce n'est rien pour Toi, pas même une goutte d'eau, pas même un grain de sable. »

Le second dit : « Mon Dieu, j'ai faim. Je T'en conjure, fais-moi gagner cinquante euros, pour que je puisse m'offrir un petit repas. »

Le premier, entendant cette supplique, s'adresse agacé à son voisin : « Tiens, prends ce billet de cinquante euros et va nourrir ta faim. Et puis tais-toi un peu et laisse le Bon Dieu s'occuper de mon affaire, bien plus importante que la tienne. »

* * *

David vient de monter une petite sandwicherie dans la rue commerçante du Sentier, juste en face d'une importante banque d'affaires. Un jour, un vieux camarade de classe, passant par là, pénètre dans le magasin. Après les salamalecs habituels, il demande à David :

— Dis-moi, j'ai besoin d'argent en ce moment. Si vraiment ça ne t'ennuie pas, peux-tu me prêter mille euros. Je te les rendrai dans un mois avec cent euros d'intérêts.

— Ah non ! rétorque David. Moi, ça ne m'embêterait pas du tout. Mais seulement tu vois cette banque en face du magasin ? Eh bien, lorsque j'ai ouvert ma sandwicherie, j'ai passé avec elle un contrat de non-concurrence. Moi, je me suis engagé à ne jamais prêter d'argent et eux à ne jamais vendre de merguez. Alors je ne peux pas !

* * *

Un rabbin, un curé et un pasteur discutent sur la manière dont s'effectue la quête à la synagogue, au temple et à l'église.

– Moi, dit le pasteur, je dessine un cercle par terre et je me place dedans. Je jette l'argent en l'air. Ce qui tombe dedans, c'est pour moi, et ce qui se trouve dehors, c'est pour le temple.

– Moi, dit le curé, je procède autrement. Je trace une ligne droite par terre. Je jette l'argent en l'air. Ce qui tombe du côté droit, c'est pour moi et ce qui tombe du côté gauche, c'est pour l'église.

– Moi, intervient enfin le rabbin, je règle cette affaire encore différemment. Je prends l'argent et je le jette en l'air en disant : « Seigneur, prends ce dont Tu as besoin. » Après je garde ce qui est tombé par terre !

* * *

Taïeb, un riche bijoutier, rencontre son ami Azoulay qui, comme d'habitude, insiste pour lui emprunter de l'argent.

– Ah, tu tombes mal ! Je n'ai plus un centime sur moi. Vérifie toi-même mes poches si tu ne me crois pas.

– Mais tu as sûrement de l'argent au magasin.

– Non, je t'assure, ma caisse est restée vide toute la journée. Je n'ai même pas aperçu un seul client.

– Et chez toi ?

– Chez moi ?... Je te remercie, ça va très bien. Simone, les petits, tout le monde va bien !

* * *

Maurice supplie, ce vendredi soir, l'Éternel à la synagogue : « Mon Dieu ! Sois miséricordieux avec moi ! J'ai des ennuis avec mon patron qui ne me paie pas. J'ai besoin de cinq mille euros en liquide. Je t'en supplie, fais-moi parvenir cette somme rapidement. Je ne peux plus attendre. Je te jure que, sur les cinq mille euros, j'en offrirai mille aux nécessiteux du quartier. Et puis Mon Dieu, si Tu ne me crois pas, prélève Toi-même les mille euros destinés aux pauvres et donne-moi les quatre mille euros restants tout de suite ! »

* * *

L'humour cherche ici à transmettre un enseignement, une leçon éthique qui aurait eu moins de chances d'être entendue et intégrée, si elle avait été exposée autrement : l'amour et l'amitié ne peuvent être mis en balance avec l'argent. Ce n'est pas là une marchandise qui s'achète et se vend. Sinon, au lieu de nourrir et de cimenter la relation, l'argent agira de façon négative et déstructurante. Certes, il symbolise l'amour, mais il ne faudrait pas confondre les deux registres impulsivement.

En effet, beaucoup de liens familiaux, amicaux et amoureux sont immolés sur l'autel du Veau d'or. Nous en connaissons tous des exemples autour de nous lors de certains divorces ou partages d'héritage. Chacun s'évertue à écraser l'autre pour obtenir toujours davantage.

Certaines jeunes filles épousent des hommes riches, non par amour pour eux, mais parce qu'elles sont fascinées par leur fortune et leurs comptes en banque. Elles se mettent ainsi dans un contexte de prostitution psychique et de dépendance.

Certains parents, incapables d'aimer simplement leurs enfants, cherchent à camoufler leur manque de tendresse en les « gâtant », en leur offrant d'innombrables présents, faute de pouvoir être affectivement engagés dans la relation et authentiquement présents.

Il ne s'agit pas véritablement ici d'un don inscrit dans la gratuité du désir, mais d'une quête à l'inverse, d'une demande égoïste de reconnaissance et d'amour. Ces pères et mères recherchent au fond, auprès de leurs petits, la tendresse dont ils se croyaient privés dans leur enfance.

D'autres, persuadés de ne pouvoir être aimés tels qu'ils sont, s'évertuent à obtenir l'affection de leurs proches en les achetant.

Dans toutes ces situations, la confusion entre le porte-monnaie et le cœur pervertit et déséquilibre la relation. L'un finit par se sentir débiteur, dominé, endetté, coupable, dépendant et redevable, contraint d'exécuter, en renonçant à ses propres désirs, les moindres caprices de son propriétaire, servilement.

Il serait donc préférable de séparer, de ne pas mélanger et confondre, la sandwicherie et la banque, de ne pas sacrifier l'argent à l'amitié et vice versa.

Ces blagues contiennent enfin un dernier message. Dans la majorité d'entre elles, l'argent dont il est question est, certes, itérativement quémandé et sollicité, mais il n'est finalement jamais accordé, touché, restitué, rendu, donné. On pourrait facilement imaginer que, s'il en était autrement, nous ne serions plus dans l'humour, mais dans les anecdotes tout à fait insipides et insignifiantes du genre : « – Pourrais-tu me prêter cinq cents euros ? – Bien sûr, les voilà ! »

Mais pourquoi la quête est-elle constamment, non pas franchement refusée, mais ajournée, retardée, provisoirement frustrée, remise au lendemain ? Parce que, nous l'avons déjà souligné, l'argent symbolise le désir, l'éros, la libido, l'énergie psychique. Si la demande se trouvait assouvie aussitôt formulée, le désir s'éteindrait. Il n'existerait plus de tension interne, de rêve, d'idéal, d'espérance, de projet.

La vraie jouissance, qu'il s'agisse de l'amour de la femme, de Dieu, ou de l'argent, n'est point la destination, la conclusion, le terminus, le point d'arrivée, mais plutôt l'approche, la trajectoire, le voyage, la marche. L'objet du désir n'est jamais l'objet réel à « consommer », mais le désir lui-même, à constamment conserver en éveil, stimuler.

L'ultime jouissance, orgastique, n'a pour objet, ni Dieu, ni les liquidités, ni la femme, tous les trois par essence indomptables. Dans la mesure où dès qu'on croit les posséder, on devient possédé, consommé par le désenchantement, ou par des surenchères sans fin. Ce qui aiguillonne et exalte le désir est toujours et partout l'espérance, l'attente du Messie, de la bien-aimée et de l'argent. L'essentiel c'est la quête, le cheminement.

Si un jour le Messie arrivait, on ne pourrait plus l'attendre !

Or l'essentiel c'est d'attendre. Attendre quoi ? Attendre qui ? Rien. Personne. Attendre !

Dernière blague sur l'argent, Dieu et l'amour du prochain :

Il est bien connu que les juifs pratiquants s'interdisent de manipuler et même de porter de l'argent sur eux le jour du shabbat. Or un samedi, au beau milieu de l'office à la synagogue, un fidèle découvre, en plongeant machinalement la main dans sa poche, un billet de cinq cents euros.

Cette découverte l'embarrasse énormément. Il s'interroge sur la façon dont il pourrait résoudre discrètement ce problème. Il lui paraît impensable de confier l'objet de la faute à son voisin, partageant la même morale. L'idée de faire disparaître le billet maudit sous la chaise ou dans une poubelle ne lui paraît pas non plus une solution raisonnable. Que faire par conséquent ?

Soudain un stratagème ingénieux lui vient à l'esprit. Il se saisit d'une des bibles de la synagogue et y glisse en douce le billet de cinq cents euros, face à la page des dix commandements où il est écrit : « Tu ne voleras point ! » Ainsi, pense-t-il, si jamais quelqu'un découvre le billet d'ici dimanche, il n'osera pas, devant l'Éternel, le lui subtiliser impunément.

Le lendemain, il retourne de bonne heure à la synagogue et se dirige, en toute confiance, vers la bible protégeant les cinq cents euros. Mais il ne trouve, avec étonnement, nulle trace de son trésor à la page des dix commandements. Néanmoins, il continue à feuilleter le Saint Livre nerveusement.

Soudain, il découvre, non pas un billet de cinq cents euros mais deux billets, l'un de deux cents et l'autre de cinquante euros, en tout deux cent cinquante euros donc, à la page exacte où il est écrit : « Tu aimeras ton prochain comme toi-même ! »

Chapitre 4

L'homme et son prochain

L'une des fonctions de l'humour consiste à dédramatiser, à faire rire des thèmes graves, tristes, voire tragiques dans le but d'alléger le Moi du poids de l'affliction, pour lui épargner le désespoir.

La question des rapports entre le juif et les autres fait partie de ces sujets douloureux. Pour ne pas en pleurer, il vaut mieux en rire !

Voici tout de suite trois histoires (mais il en existe bien d'autres) sur l'anxiété des fils d'Abraham, aux prises avec l'hostilité d'autrui, face à l'antisémitisme.

* * *

Benjamin rencontre son ami Salomon.

— Hier, il y avait un match de foot entre l'équipe de Varsovie et celle de Gdansk. L'équipe de Varsovie a gagné 3 contre 1.

— Ah bon, demande Salomon, tu crois que c'est bon pour nous ça ?

* * *

Ruben a entrepris une longue croisière en bateau. Au bout d'un jour de traversée, de violents orages éclatent. Le bateau, attaqué par de gigantesques vagues, finit par se briser et tous les passagers se noient, sauf trois : Ruben, François et Jacques.

Les trois survivants parviennent à atteindre une petite île déserte, après avoir été ballottés toute la nuit, agrippés à des planches de bois. Étrangement, cette île est peuplée par d'énormes troupeaux d'éléphants qui constituent d'ailleurs ses uniques habitants. Les trois miraculés s'organisent tant bien que mal pour y mener un long séjour, qu'ils pensent probablement interminable.

Un second miracle se produit néanmoins, au terme de plusieurs années d'attente, sans grand espoir. Un jour, ils sont repérés et sauvés par un bateau de plaisance naviguant dans les parages.

Mais, pendant toutes ces années, les trois miraculés ne sont pas restés désœuvrés. Chacun a écrit un livre sur les mœurs des éléphants de l'île. François a rédigé un essai sur leur vie sexuelle. Jacques a écrit un livre sur leur organisation sociale et le partage du pouvoir. Enfin Ruben a intitulé son manuscrit : « Les éléphants et la question juive » !

* * *

Un soldat nazi interroge un petit garçon qui joue tranquillement aux billes :

— Quel âge as-tu, mon petit ?

— Cinq ans, monsieur.

— Comment t'appelles-tu, mon enfant ?

– *Jacob.*
– *Quelle tristesse, murmure le soldat, si petit et déjà juif !*

* * *

Que disent ces histoires ? Trois idées essentielles :
D'abord, aucun événement ne paraît neutre, anodin, indifférent au juif, pas même un banal et insignifiant match de foot. Il est un éternel persécuté. Quand il ne l'est pas par les autres, il l'est par lui-même, perpétuellement tourmenté, sur ses gardes, tendu, vigilant, aux aguets.
En second lieu, personne, pas même les éléphants d'une île déserte, n'est indifférent à la question juive. Celle-ci intrigue tout le monde, sans exception et partout, y compris des bêtes au milieu de l'océan.
Enfin, l'antisémitisme, dont il est régulièrement victime, ne le vise pas personnellement en tant que tel, mais, à travers lui, le judaïsme, la judaïté. Au départ, le soldat allemand affectionne le petit garçon jouant aux billes. Seulement celui-ci a le tort de s'appeler Jacob plutôt que Helmut ou Hans.
Quelles sont les racines psychologiques de l'antisémitisme ? Il prend son origine dans l'opposition des juifs à s'assimiler aux populations auxquelles ils sont mêlés, à s'y dissoudre. Ils persévèrent à préserver leur différence, singularité, spécificité, bref, leur altérité. Plus précisément, toujours et partout où ils ont vécu, ils ont tenu à sauvegarder leur identité plurielle, civique et religieuse, ici français *et* juif, là américain *et* juif ou ailleurs persan *et* juif, sans les dissocier, sans

nulle antinomie entre les deux principes. La pratique culturelle, célébrée essentiellement dans l'intimité familiale ou communautaire, ne les a jamais empêchés de s'intégrer totalement et avec loyauté dans la culture de la cité : langue, tenue vestimentaire, etc.

Leur différence paraît d'autant plus dérangeante que physiquement elle est indécelable. Les nazis avaient imaginé toute une anatomomorphologie, dénommée en 1941 « l'évidence anthropologique », pour identifier l'indétectable « youpin ».

La vraie différence est philosophique. Celle-ci s'articule, dans la Thora, autour de l'axe de la séparation/différence. « Soyez saints, car je suis Saint, Moi l'Éternel, votre Dieu », répète sans cesse l'Éternel aux enfants d'Israël lors de la révélation du Sinaï. En hébreu la sainteté se dit *kodech*. *Kodech* signifie naturellement la perfection mais aussi la séparation.

Une analyse psychanalytique approfondie de l'ensemble des six cent treize commandements nous aide à découvrir, au-delà de leur apparence textuelle, absurde ou contraignante, leur signification symbolique et leur message latents : cheminer dans la voie de la différence en s'écartant de la confusion, de l'hybridité et du mélange. Cela signifie qu'il faut distinguer le conscient de l'inconscient, le fantasme de la réalité, l'instinct de la Loi, l'humain du divin, etc.

Le vrai projet c'est d'intégrer la loi de la différence des sexes et des générations, sacrifier l'androgynie et l'endogamie incestueuse, s'individuer, devenir soi, avec son désir et son destin propres, différents du rêve parental, distants du conformisme social, afin de parler subjectivement, en son nom propre et de sa vraie place. Impossible de tout être, tout prendre, tout avoir.

Ce projet ne concerne pas uniquement les juifs. Il comporte une portée universaliste. C'est précisément cette aspiration que l'antisémitisme reproche à la judaïté. Celle-ci a été accusée de déicide, du refus du dogme de « l'Immaculée Conception », de « la Bonne Nouvelle » et de la « Nouvelle Alliance ». Évidemment, puisque ceux-ci s'inscrivent en contradiction flagrante avec les concepts majeurs de la Thora : l'impossibilité d'une représentation humaine du divin, par essence innommable, invisible et incorporel, partout présent mais ne se situant nulle part. Dieu est un symbole. Il n'est pas une personne pouvant s'unir à une femme et la mettre enceinte. Il ne pourrait s'incarner en l'homme, ni l'homme en lui.

Nous sommes ici au cœur du contentieux, deux fois millénaire, entre juifs et chrétiens.

Mais ce qui différencie le raciste de l'antisémite, c'est que celui-ci ne considère pas « l'ethnie juive » comme inférieure à la sienne. Au contraire, il suppose chez elle un génie et des qualités dont il se croit déshérité : « Les juifs sont débrouillards. Ils réussissent dans la littérature, l'art, la politique, l'université et les affaires, etc. » Mais comme il ne peut s'avouer son complexe d'infériorité et sa haine de lui-même refoulés, il les projette sur le juif, bouc émissaire, en lui imputant une infériorité morale héréditaire : « Ils sont arrivistes, corrompus et radins. Ils s'infiltrent partout. C'est à cause d'eux si les choses vont mal, etc. »

Seulement, l'antisémitisme ne concerne pas spécifiquement les juifs, ce n'est pas une affaire de religion et d'ethnie. Il symbolise au fond la relation foncièrement ambivalente que tout homme entretient avec le voisin, l'enfant, l'adolescent, le conjoint, son semblable et prochain, mais aussi différent, étranger et lointain.

L'étrangeté, la différence de l'autre fascine et fait peur, suscite la haine et l'admiration, l'envie et la jalousie à la fois. La fonction de l'humour consiste dans les histoires suivantes à retourner, de manière défensive, l'agressivité subie contre l'agresseur lui-même, par vengeance et dépit :

Un mendiant, psychologiquement détraqué par suite de ses jeûnes forcés, frappe à toutes les portes du quartier en réclamant quelques sous pour s'alimenter. Il se présente comme étant Jésus de Nazareth.

– Donnez-moi une pièce pour manger, je suis le Messie, je suis revenu.

Certains lui donnent quelque chose par charité, d'autres lui ferment, illico, la porte au nez.

Bientôt, il finit par frapper à la porte du seul juif du quartier.

– Aidez-moi, donnez-moi une pièce pour manger. Je suis le Messie, je suis revenu.

Le juif se retourne alors vers sa femme en criant :

– Rachel ! Rachel ! Dépêche-toi. Amène-moi vite les clous et le marteau. Jésus-Christ est revenu !

* * *

Un juif surprend un jour son vieil ami, assis sur le banc public, plongé dans la lecture d'un journal... antisémite.

– Tu n'as pas honte de lire une saleté pareille ? Tu me déçois vraiment, Nathan !

– Mais réfléchis un instant, Jacob. Je vais t'expliquer. Tu comprends, quand je lis un journal juif, je ne vois que des mauvaises nouvelles et j'en souffre terriblement : attentat en Israël, antisémitisme en Pologne, attaque des Arabes contre un car de touristes ou contre une école maternelle, commémoration de la Shoah, profanation d'un cimetière, etc. Mais lorsque je lis un journal antisémite comme celui-ci, je me régale : « Les juifs contrôlent la presse et la télévision, ils sont tous médecins et avocats, ils dominent les lobbies influents au Congrès américain, ce sont tous des richards, etc. » Rien que de bonnes nouvelles qui remplissent mon cœur de joie !

* * *

Dans la première, le juif s'incrimine à lui-même le péché de déicide dont il est accusé, comme pour dire : « Oui, c'est exact. C'est nous qui avons crucifié Jésus-Christ. Nous ne regrettons rien. Si cela recommençait, nous ferions comme par le passé. »

La seconde histoire avoue le « défaut » de la débrouillardise : « Oui, vous avez raison. Nous sommes les plus forts. Nous nous sommes accaparé tous les pouvoirs. Tant pis pour vous, c'est comme ça ! »

* * *

Abraham, juif très pieux, est sur son lit de mort. Pressentant que sa fin est proche, il supplie sa femme Sarah d'aller chercher le curé du quartier. Celle-ci proteste d'abord, mais finit par obéir à la volonté de son mari. Le curé arrive aussitôt, tout surpris et ignorant le motif de la convocation.

– Voilà, monsieur le Curé, explique Abraham, je voudrais me convertir au catholicisme, immédiatement !

– Comment ? Mais vous plaisantez, cher ami. Vous souhaitez vous convertir au catholicisme ? Vous avez vécu en bon juif toute votre vie. Vous n'avez jamais cessé de manifester votre fierté d'appartenir au peuple élu. Que se passe-t-il ?

– Voilà, répond Abraham. Je ne voudrais pas mourir en tant que juif, mais en tant que catholique. Comme ça, il y aura un chrétien de moins sur la terre !

* * *

Un juif bouscule, par inadvertance, un antisémite. Celui-ci se retourne en criant :

– Sale youpin !

– Enchanté, monsieur. Moi, je m'appelle Klein !

* * *

Un curé et un rabbin se rencontrent lors d'un voyage en train. Ils discutent évidemment de Dieu, de Jésus, de la religion et de la foi. Le curé apostrophe le rabbin :

– Je n'ai jamais pu comprendre la bêtise de Judas. Comment a-t-il pu vendre Jésus pour trente deniers seulement ?

— S'il l'a vendu à ce prix-là, c'est peut-être parce qu'il ne valait pas plus que ça ! rétorque le rabbin.

* * *

Le pape vient d'arriver dans le monde d'en haut. Il aperçoit une longue file d'attente. Étonné de ne pas être aussitôt accueilli par les anges, il se résout à patienter comme tout le monde. Enfin son tour arrive et il se trouve face au Bon Dieu.

— Qui es-tu ? lui demande Dieu.

— Je suis le pape, répond-il, encore plus surpris de n'être pas reconnu tout de suite.

— Ah, le pape ! Qu'est-ce que c'est que ça ?

— Le chef spirituel des chrétiens, répond interloqué le pape.

— Les chrétiens ? Je ne vois pas.

— Oui, rappelle-Toi, Marie, Bethléem, Jésus, la croix...

— Ah oui, cela me dit quelque chose, cette histoire. C'est l'affaire que j'ai montée il y a deux mille ans. Elle marche encore ?

* * *

Un rabbin et un curé discutent de leur profession. Le curé interroge le rabbin :

— Avez-vous des projets ? Caressez-vous des ambitions ?

— Je voudrais seulement, dit le rabbin, pouvoir un jour diriger une plus grande communauté.

— Moi, j'espère devenir un jour cardinal, répond le curé.

– Et après ? demande le rabbin.

– Après ? Que voudriez-vous que je devienne ? Dieu ?

– Ah non, répond le rabbin, l'un de nous l'a déjà fait.

* * *

Un vieux juif meurt. Rencontrant Dieu au paradis, il fait le bilan de sa vie :

– La pire chose qui me soit arrivée, c'est quand mon fils s'est converti au catholicisme...

– Moi aussi, répond Dieu.

Le vieux juif reprend :

– Qu'avez-vous fait alors ?

– Un Nouveau Testament répond Dieu.

* * *

Un prêtre catholique apostrophe un rabbin :

– Dites-moi, monsieur le Rabbin, si la circoncision représente véritablement une pratique nécessaire et positive, alors pourquoi votre Dieu ne vous a-t-il pas fait naître naturellement circoncis ?

– Excellente question ! répond le rabbin. Je vous répondrai, dit-il au curé, dès que vous aurez éclairé ma lanterne au sujet du célibat des prêtres. Voilà : si votre Dieu ne voulait vraiment pas que vous vous unissiez à la femme, alors dites-moi, pourquoi vous a-t-il fait naître avec une quéquette ?!

* * *

Jésus était juif. En voici quatre preuves irréfutables :

1) Quand il avait trente ans, il était encore célibataire et vivait chez sa mère.

2) Il a exercé le même métier que son père.

3) Il était persuadé que sa mère était vierge.

4) Sa mère le prenait pour Dieu.

* * *

Ephraïm, un vieil homme très pieux, sent sa dernière heure approcher. C'est l'hiver, en plein milieu de la nuit. La tempête de neige, le froid sibérien, les chiens qui aboient, bref, le cauchemar.

Il appelle sa femme :

— Va vite chercher le curé. Je vais bientôt mourir. Dis-lui de venir tout de suite.

— Ne délire pas, mon chéri, lui dit sa femme. Pourquoi me demandes-tu d'aller chercher le curé ? Tu n'es pas catholique tout de même !

— Ne discute pas, va chercher le curé comme je te l'ai demandé. Je ne voudrais pas qu'on dérange notre rabbin par une nuit pareille !

* * *

Évidemment, l'antisémitisme ne traduit pas seulement la haine du chrétien contre le juif différent. Quelquefois celui-ci finit par introjecter le dénigrement dont il est l'objet et par se détester lui-même en raison de sa différence, en reniant son histoire et son héritage, en renonçant à ses racines et à ses origines ancestrales : « Si je suis persécuté, c'est parce que je suis mauvais, méprisable. Et puis j'en ai assez de souffrir à cause de mon identité. Je me convertis au catholicisme. Je serai ainsi comme tout le monde, pareil aux autres, "normal". Je ne voudrai plus me faire emmerder par les juifs ! Je m'appellerai désormais Dupont, Durand, et non plus Benguigui. Si les juifs s'assimilaient, la question juive ne se poserait plus », etc.

Voici donc quatre histoires concernant la haine de soi et l'antisémitisme... juif :

Moshé Benguigui se présente au bureau de l'état civil à la mairie et demande à changer de nom. Au bout de moult démarches fastidieuses et longues, il lui est permis de se faire appeler désormais Jacques Durand.

Mais, quelques semaines plus tard, il retourne à l'état civil et demande à changer, encore une fois, de nom. Il voudrait se faire appeler François Dupont.

– Mais, cela ne fait même pas un mois que vous portez votre nouveau nom. Que se passe-t-il, monsieur Durand ? proteste le fonctionnaire.

– Vous avez raison, répond-il. Maintenant lorsqu'on me demande mon nom, je dis que je m'appelle Jacques Durand. Je ne sais pas pourquoi les gens m'interrogent aussitôt sur le nom que je portais auparavant en me dévisageant. Je voudrais changer encore une fois mon nom pour pouvoir leur dire : « Eh bien, avant je m'appelais Jacques Durand et non Moshé Benguigui ! »

* * *

Samuel et Nathanaël, deux vieux copains, se promènent tranquillement dans le quartier. Le premier aperçoit soudain une pancarte sur laquelle il est écrit : « Nous offrons deux mille euros à qui se convertit au catholicisme. »

Nathanaël, un peu excité, totalement imperméable aux objections de son ami d'enfance, décide de tenter l'expérience. Il pénètre dans le local et réapparaît souriant au bout d'une demi-heure.

Samuel se précipite vers lui :

– Ça y est, ils t'ont donné deux mille euros ?

– Vraiment, répond Nathanaël, vous les juifs, vous ne pensez qu'à l'argent !

* * *

Monsieur Atlan a fait un vœu ; s'il gagne au loto il se convertira au catholicisme, en offrant deux cent mille euros pour le denier du culte à l'église. Ensuite, il achètera un manteau de vison pour sa femme Berthe et il offrira une Jaguar dernier cri à son fils David.

Monsieur Atlan va jouer au loto et, miracle, il décroche le gros lot. Il se rend immédiatement à l'église, se convertit au catholicisme et remet deux cent mille euros au curé comme promis.

Dès qu'il rentre à la maison, sa femme et son fils s'élancent vers lui :

– Achète-moi un manteau de vison, réclame Berthe.

– Achète-moi une Jaguar, insiste David.

Monsieur Atlan gronde alors :

– Je suis catholique depuis à peine une heure et voilà que je me fais déjà emmerder par les juifs !

* * *

Aujourd'hui c'est un jour faste pour ce vieux tailleur juif polonais, immigré à Londres depuis quelques années. Le gouvernement de Sa Majesté vient de répondre favorablement à sa demande de naturalisation.

Le vieux juif se prépare pour aller chercher sa nouvelle carte d'identité : toilette impeccable, costume trois pièces, monocle et canne. Juste avant de sortir il se regarde une dernière fois dans le miroir et se dit à voix basse : « Vraiment, quel dommage que nous ayons perdu les Indes ! »

* * *

Ici l'humour parvient à réunir magistralement en son sein les affects ambivalents contradictoires. Le désir de s'assimiler aux autres pour échapper à l'intolérance, mais, de l'autre côté, l'interdiction et la défense. Comme pour dire : « Non, ce n'est pas vrai, c'est pour rire. Il n'a jamais été question que je renie mon héritage et mes racines. »

L'humour aide à supporter l'insupportable.

Enfin, voici une dernière série de blagues où le juif, moralement attaqué, s'évertue, par compensation, à réconforter, à tonifier, à consolider son Moi. Comme pour dire : « Nous sommes bien plus intelligents que les autres. Nous sommes plus astucieux, plus ingénieux, plus instruits que vous tous. »

Sans cette assistance euphorisante de l'humour, revalorisante, consolante, analeptique, analgésique et anabolisante, le Moi mutilé, endeuillé, blessé dans son amour-propre et privé du narcissisme s'étiolerait telle une fleur et s'éteindrait comme une chandelle harcelée par la tempête.

* * *

La boutique de prêt-à-porter de Benchetrit se trouve en sandwich entre deux autres magasins de vêtements ; à gauche celui de Dupont, à droite celui de Durand.

Un jour, les deux concurrents apposent d'énormes affiches sur leurs vitrines respectives : soldes monstres, 50 % de rabais, prix écrasés ! etc.

Ce jour-là, Benchetrit ne vend rien. Il est désespérément réduit au chômage alors que les deux autres magasins ne désemplissent pas. Le lendemain, après avoir passé une nuit blanche, Benchetrit ouvre son magasin en affichant sur la devanture une immense pancarte : « Entrée principale ! »

* * *

Les jeux et les lieux de jeux sont totalement interdits dans cette petite ville de Varsovie. Pourtant, quatre personnes : deux curés, un pasteur et un rabbin, se réunissent clandestinement un soir ou deux par semaine pour jouer aux cartes.

À la longue ils finissent par être dénoncés et un soir ils sont surpris par la police. Ils camouflent promptement les cartes. Le commissaire de police entre dans une colère noire et les menace de prison.

Le premier curé avance pour sa défense :

— Celui qui vous a ainsi dérangé est un menteur. Je ne jouais pas aux cartes. Je discutais avec mes amis.

Le second curé jure aussi qu'il ne jouait pas, mais qu'il s'entretenait avec ses collègues de la religion et des choses de l'au-delà. De même, le pasteur jure sur tous les saints qu'il ne jouait point.

À ce moment-là, le commissaire hurle en s'adressant au rabbin :

– Et toi ? Tu peux jurer aussi sur ton Dieu que tu ne jouais pas ?

– Mais, avec qui voulez-vous que je joue ? répond le rabbin.

* * *

Les Allemands sont excédés qu'on les accuse de manquer de sens de l'humour. Un fonctionnaire allemand du IIIe Reich est chargé par son directeur d'enquêter sur ce sujet insolite.

Il parcourt toutes les villes à la recherche d'une définition satisfaisante de l'humour. Mais plus il cherche, moins il trouve. Un jour, il rencontre un vieux juif, patron d'une auberge, à qui il confie l'objet de ses déplacements.

– Je suis chargé de découvrir ce qu'est exactement le sens de l'humour.

– Je vais vous l'expliquer, monsieur, lui répond aimablement l'aubergiste. Prenons l'exemple suivant : Pourriez-vous me dire qui est le fils de mon père et n'est pas mon frère ?

L'enquêteur allemand réfléchit longuement, mais il se voit dans l'impossibilité de répondre à une telle devinette.

Le vieux juif vole alors à son secours :

— Eh bien, c'est moi, monsieur, Nathan Katzman !

Le fonctionnaire est heureux d'avoir enfin appris ce qu'est le sens de l'humour. Il repart sur-le-champ au ministère et remet aussitôt son rapport à son directeur.

— J'ai compris ce qu'est le sens de l'humour. Qui est le fils de mon père et n'est pas mon frère ? La réponse est très simple : « C'est moi, Nathan Katzman ! »

* * *

Monsieur Lauffer, riche confectionneur de la rue du Sentier, convoque son fils Nathanaël :

« Écoute, mon fils. Je suis fier de toi. Mais il arrive un jour où chacun doit choisir sa voie dans la vie. Après ton bac, que tu as réussi avec la mention "très bien", tu as voulu faire Sciences Po. Tu as fait Sciences Po et grâce à Dieu tu as réussi. Ensuite, tu m'as dit : "Papa, je voudrais faire Polytechnique", je ne me suis pas opposé, mon fils. Tu as fait Polytechnique et tu es sorti major de ta promotion. Puis tu es venu me dire : "Papa, je voudrais faire l'ENA." Là non plus je ne t'ai pas contrarié. Tu as fait l'ENA et tu as réussi. Enfin, tu m'as supplié pour que je t'autorise à faire Harvard. Là non plus je ne t'ai rien dit, mon fils. Tu as fait Harvard et tu as réussi. Mais maintenant, mon fils, il est temps pour toi de choisir. Dis-moi, tu vas faire confection pour hommes ou confection pour femmes ? »

* * *

Un juif religieux voyage dans un train. Un voyageur du compartiment lui adresse la parole :

— Dites-moi, pourquoi les juifs sont-ils plus intelligents que les autres ?

— C'est très simple, parce qu'ils mangent beaucoup de poisson.

Le juif sort aussitôt de son sac un beau hareng et se met à le déguster.

Le voyageur non-juif demande :

— Pourriez-vous me vendre la moitié de votre hareng ? Je vous paierai le prix que vous me demanderez.

Le juif accepte la transaction, coupe soigneusement le poisson en deux et tend une moitié à son compagnon. Celui-ci mange le poisson et demande le prix à payer.

— Cinquante euros, lui répond le juif.

— Voilà vos cinquante euros. Mais dites-moi, si ce n'est pas trop indiscret, combien avez-vous payé le hareng entier ?

— Cinq euros.

— C'est extraordinaire ! Vous avez payé cinq euros un poisson entier et vous m'en avez vendu la moitié pour cinquante euros, dix fois plus !

— Vous voyez, répond malicieusement le juif, le hareng commence à faire son effet !

* * *

Sur le vol Paris-Tokyo, un passager se trouve assis à côté d'une superbe jeune femme. Après l'avoir lorgnée du coin de l'œil pendant une heure, il finit par engager la conversation :

— Vous allez au Japon pour affaires ?

— Non, je vais assister à un congrès de sexologie destiné à établir le hit-parade des hommes les plus virils de la terre !

— C'est intéressant... Quel est le classement à l'heure actuelle ?

— Deux peuples sont classés ex æquo, avec les performances amoureuses complémentaires. Les Indiens d'Amérique latine sont inépuisables, et les juifs sont terriblement sensuels...

— Passionnant ! dit l'homme, de plus en plus émoustillé. Mais au fait, je manque à tous mes devoirs, je ne me suis même pas présenté. Je m'appelle Geronimo Lévy !

* * *

En Allemagne, un professeur d'histoire interroge un jour ses élèves :

— Pourriez-vous me dire pourquoi l'Allemagne a perdu la guerre 14-18 ?

Helmut lève le doigt :

— À cause des généraux juifs, monsieur !

— Mais, tu dis n'importe quoi, Helmut, répond le professeur. L'armée allemande ne comptait aucun général juif.

— C'est justement pour cela qu'on a perdu la guerre, monsieur !

* * *

Voici enfin une dernière blague juive, synthétisant de façon brillante les thèmes énoncés plus haut, complémentaires et interdépendants : Dieu, l'amour, l'argent et le non-juif, évidemment moins débrouillard et moins intelligent !

* * *

Un jour, un bonnetier juif reçoit la visite d'un collègue catholique concurrent, monsieur Dumas :

– Voilà, monsieur Chinsky, j'ai acquis l'année dernière un lot important de soutiens-gorge, en tout mille deux cents, d'une très bonne qualité. Je les propose régulièrement à mes clientes, mais impossible de les vendre. La raison en est qu'ils taillent un peu grand par rapport aux petites poitrines de mes clientes. Si vous le souhaitez, je pourrai vous les laisser en dépôt, à un prix défiant toute concurrence.

– D'accord, pas de problème ! répond le commerçant juif.

Monsieur Dumas dépose alors un colis contenant une centaine de soutiens-gorge, certains noirs, d'autres blancs.

Une semaine après, il téléphone à monsieur Chinsky qui répond immédiatement :

– Amenez-m'en encore deux cents. J'ai déjà liquidé le lot précédent.

La même conversation se répète trois, quatre fois, jusqu'à l'épuisement total de l'invendable stock de monsieur Dumas. En livrant le dernier colis, le bonnetier catholique demande timidement :

– C'est extraordinaire ! Vous avez pu vendre mille deux cents soutiens-gorge en deux mois, alors que je n'ai même pas pu en caser dix pendant plus d'un

an. Vous devez avoir des clientes avec des poitrines opulentes !

— Non, monsieur Dumas. Je n'ai présenté aucun de vos articles à mes clientes. Voyez-vous, je les ai coupés en deux. Je les ai ainsi transformés en deux mille quatre cents calottes de prière, que j'ai vendues, comme des petits pains, à des synagogues du département !

* * *

Table

II. L'HUMOUR JUIF ET LA PSYCHANALYSE

Composition réalisée par Asiatype

Achevé d'imprimer en septembre 2010, en France sur Presse Offset par
Maury-Imprimeur - 45330 Malesherbes
N° d'imprimeur : 155842
Dépôt légal 1re publication : octobre 2010
Librairie Générale Française - 31, rue de Fleurus - 75278 Paris Cedex 06

30/1851/2